众创空间
孵化服务能力耦合机理
及绩效提升研究

赵观兵 著

Research on the Coupling Mechanism of
Incubation Service Capability and Performance
Improvement of Maker Space

图书在版编目(CIP)数据

众创空间孵化服务能力耦合机理及绩效提升研究 / 赵观兵著 .— 上海：上海社会科学院出版社，2023
ISBN 978-7-5520-4199-6

Ⅰ.①众… Ⅱ.①赵… Ⅲ.①企业孵化器—研究 Ⅳ.①F276.44

中国国家版本馆 CIP 数据核字(2023)第 140847 号

众创空间孵化服务能力耦合机理及绩效提升研究

著　　者：赵观兵
责任编辑：周　萌
封面设计：黄婧昉
出版发行：上海社会科学院出版社
　　　　　上海顺昌路 622 号　邮编 200025
　　　　　电话总机 021-63315947　销售热线 021-53063735
　　　　　http://www.sassp.cn　E-mail:sassp@sassp.cn
排　　版：南京展望文化发展有限公司
印　　刷：上海龙腾印务有限公司
开　　本：710 毫米×1010 毫米　1/16
印　　张：22.25
字　　数：394 千
版　　次：2023 年 9 月第 1 版　2023 年 9 月第 1 次印刷

ISBN 978-7-5520-4199-6/F·735　　　　　定价：98.00 元

版权所有　翻印必究

国家社科基金后期资助项目
出版说明

后期资助项目是国家社科基金设立的一类重要项目,旨在鼓励广大社科研究者潜心治学,支持基础研究多出优秀成果。它是经过严格评审,从接近完成的科研成果中遴选立项的。为扩大后期资助项目的影响,更好地推动学术发展,促进成果转化,全国哲学社会科学工作办公室按照"统一设计、统一标识、统一版式、形成系列"的总体要求,组织出版国家社科基金后期资助项目成果。

全国哲学社会科学工作办公室

序　言

小微企业创业失败率一直居高不下,根据国家统计局2020年数据,全国有近一半小微企业寿命没有超过5年,经营10年以上的企业只占33%,而创业失败则造成社会资源的巨大浪费。基于此,以车库咖啡等形式呈现的众创空间应运而生,小微企业入驻众创空间成为当下创业情景选择的主要模式,众创空间的出现迎合了小微企业对创业空间和孵化服务的需求,其具有形式灵活多样、要素齐全、线上线下有机结合、全方位开放等孵化服务比较优势,不仅为创业者和小微企业提供硬件设施,而且在低成本下提供了专业化、定制化、顾客导向的服务平台,节约了创新创业资源。但小微企业在入驻众创空间后成长状况如何,在很大程度上依赖于众创空间所提供的各类孵化服务。这些孵化服务对小微企业创业绩效的影响究竟如何,小微企业资源禀赋在其中扮演什么样的角色,这些都需要展开研究,从而了解小微企业在入驻众创空间后其孵化服务影响创业绩效的"黑箱"。

在这样的背景下,本书基于社会网络理论、创业理论、制度创新论、中小企业服务论等理论基础,搭建理论分析架构,形成理论抽象描述,再依托问卷调查、结构方程模型、模糊集定性比较分析(fsQCA)、扎根理论等实证方法,结合问卷调查所搜集的一手数据,以及《中国火炬统计年鉴》《北大法宝》和《中国统计年鉴》等搜集的二手数据,对众创空间孵化服务能力影响因素识别及其效应、众创空间孵化服务能力对新创企业创业效能传导机理、众创空间孵化服务绩效评价与协同创新演化这三个方面进行了深入、系统的研究,进而形成众创空间内部提升和外部促进机制。

具体而言,在众创空间孵化服务能力影响因素识别及其效应研究方面,主要开展了关于众创空间孵化服务能力影响因素识别、制度创新对众创空间孵化服务能力影响效应、治理结构对众创空间孵化服务能力影响效应三个方面的实证分析。在众创空间孵化服务能力对新创企业创业效能传导机理研究方面，主要针对众创空间与新创企业价值共创机理、众创空间孵化服务能力对新创企业创业绩效影响机理、众创空间孵化服务能力调节下新创企业资源拼凑对其合法性的影响这三个方面开展了相关研究；在众创空间孵化服务绩效评价与协同创新演化研究方面，重点对众创空间孵化运营绩效评价、众创空间服务组织治理绩效评价、众创空间多主体间协同创新演化博弈三方面内容进行了深入研究；在众创空间孵化服务绩效内部提升和外部促进机制设计方面，结合上述研究结论，重点开展众创空间孵化服务绩效内部提升机制设计和众创空间孵化服务绩效外部促进机制设计。

通过上述内容的持续研究，形成如下研究结论。一是在众创空间孵化服务能力影响因素识别研究方面，从比对每个结果变量的条件组态中发现，政府行为、创新载体、技术环境这三个条件变量，作为核心条件重复出现次数最多，进而得出"政府行为＊创业导师＊创新载体＊技术环境＊经济环境"是实现众创空间孵化服务能力强化的最优条件构型。

二是在制度创新和治理结构影响众创空间孵化服务能力的研究方面，外部制度环境创新对众创空间的空间及设施服务能力和增值服务能力产生正向影响，但对基础服务能力不存在正向影响，内部运营制度创新对众创空间孵化服务能力的各个维度均存在显著的正向影响；众创空间外部治理结构对其综合服务能力和增值服务能力有正向影响，但对基础孵化能力影响甚微，众创空间内部治理结构对其各项孵化服务能力均具有正向影响。

三是在众创空间与新创企业价值共创机理分析方面，揭示了众创空间与新创企业价值共创的实现受到政策、互动、补贴、创新、人才、技术等因素的影响，这些因素之间必须通过有条件的组合共同构成众创空间与新创企业价值共创的充分条件，共同作用影响结果的发生，从而得出四种实现众创空间与新创企业价值共创的条件组态。

四是在众创空间孵化服务能力对新创企业创业绩效影响机理研究方面，众创空间基础服务能力对新创企业财务绩效产生显著正向影响，但对新创企业成长绩效和创新绩效不存在显著的直接影响，增值服务能力对新创企业创业绩效各个维度都产生显著的正向影响，专业服务能力对新创企业财务绩效和成长绩效产生显著的正向影响，但对创新绩效不存在显著影响。

五是在众创空间孵化服务绩效评价方面，大多数无效单元的众创空间处于规模报酬递减阶段，规模效率相差不大，孵化营业收入未达到理想值，无效单元主要受技术效率的影响；众创空间服务组织治理投入存在冗余过多的情况，治理环境、治理结构等方面问题也比较突出，同时产出仍不足，大部分组织仍处于治理规模较小的阶段。

六是在众创空间多主体间协同创新演化博弈研究方面，新创企业高收益分配系数下，众创空间选择参与协同创新，风投机构选择拒绝参与协同创新，新创企业低收益分配系数下，各主体均选择拒绝参与协同创新，中、低强度支持力度可以促进三方协同创新有序发展。

七是在众创空间多主体投入要素驱动价值共创的演化机理研究方面，第三方服务支持主体主导型、以众创空间为主的技术支持型以及全要素集聚型三种类型是众创空间内多主体价值共创的实现路径，政府部门、创投机构、科研机构等第三方服务支持主体的投入要素是价值共创的重要保障，众创空间内多主体价值与非价值共创之间存在因果非对称性关系。

八是在众创空间孵化服务绩效提升方面，内部提升机制上，优化众创空间内部治理结构，推进众创空间内部运营制度创新，设计众创空间与新创企业价值共创构型与策略，构建众创空间新型孵化服务模式，以及强化众创空间多主体协同创新机制；外部促进机制上，推进众创空间外部制度环境创新，优化众创空间外部治理结构，以及构建众创空间公共服务平台系统。

本书在主要内容和研究结论中，提炼形成如下创新点。一是基于知识图谱技术识别众创空间孵化服务能力的影响因素，运用 fsQCA 工具揭示众创空间孵化服务能力的最优条件构型、次优条件构型，和另外四个同样对结果具有充分性的条件构型；二是从制度创新和治理结构两个视角，分别揭示二者对众创空间孵化服务能力影响机理，证实众创空间内外部治理结构，以及外部制度环境和内部治理制度创新正向影响众创空间大部分孵化服务能力变量；三是剖析影响众创空间与新创企业价值共创的驱动因素，揭示众创空间与新创企业价值共创的充分条件，并结合众创空间、新创企业、政府三个层面按条件组态中的重要程度归纳为三种构型；四是识别众创空间孵化服务能力对新创企业创业绩效影响机理，证实了二者之间存在的传导效应；五是从众创空间孵化运营和服务组织治理两个视角，系统评价众创空间孵化服务绩效，揭示众创空间孵化服务效能；六是以"政府→外部创新创业环境→众创空间"为基本范式，设计众创空间孵化服务绩效内部提升和外部促进机制。

本书是 2019 年国家社会科学基金后期资助项目(项目批准号：19FGLB012)的主要研究成果,作者是项目主持人赵观兵,其负责全书设计、组织、统撰与定稿。参与本书撰写的项目组成员主要有：万武、张亦弛、张凤娇、谢华彬、石萌、徐璐、白雨、周文璐、李心恬、吴若琳、张露、仇文欣。本书的前期研究得到了江苏省政策引导类计划项目(BR2017025)的支持。

本书参考与引用的大多数文献资料在叙述中均以注释形式加以说明,统一收在"参考文献"中。但因数目众多,不免会有遗漏,加之作者研究水平有限,书中难免存在某些有待商榷的观点,恳请广大同行批评指正！同时本书的形成仰仗广大同行富有启发性的观点,作者在此深表谢意。

目录

序言 / 1

导 论

第一章 引言 / 3
 第一节 研究背景 / 3
 第二节 国内外相关研究综述 / 6
 第三节 研究思路和意义 / 19
 第四节 主要研究内容 / 22
 第五节 主要研究方法和技术路线 / 25
 第六节 主要创新点和应用前景 / 28

第二章 基本概念与内涵 / 31
 第一节 创业要素和过程 / 31
 第二节 众创空间基本概述 / 33
 第三节 众创空间孵化服务能力及其耦合内涵 / 37

第三章 理论基础 / 47
 第一节 社会网络理论 / 47
 第二节 创业理论 / 48
 第三节 中小企业服务论 / 50
 第四节 利益相关者理论 / 51
 第五节 制度创新理论 / 52

第一篇 众创空间孵化服务能力影响因素识别及其效应研究

第一章 众创空间孵化服务能力影响因素识别研究 / 57
    第一节 众创空间孵化服务能力影响因素的知识图谱构建 / 57
    第二节 众创空间孵化服务能力影响因素的 fsQCA 研究设计 / 63
    第三节 众创空间孵化服务能力影响因素的 fsQCA 计算检验 / 73
    第四节 众创空间孵化服务能力影响因素的 fsQCA 路径解析 / 86
    第五节 众创空间孵化服务能力的主要影响因素识别结果 / 89

第二章 制度创新对众创空间孵化服务能力影响效应研究 / 92
    第一节 变量指标界定与选择 / 92
    第二节 假设提出与模型构建 / 95
    第三节 量表设计 / 97
    第四节 量表初测 / 99
    第五节 数据收集与数据分析 / 105
    第六节 模型评价与假设验证 / 113

第三章 治理结构对众创空间孵化服务能力影响效应研究 / 118
    第一节 维度划分与变量研究 / 118
    第二节 假设提出与模型构建 / 124
    第三节 初测量表设计与数据分析 / 127
    第四节 正式问卷发放回收与数据分析 / 136
    第五节 模拟评价与假设验证 / 143

第二篇 众创空间孵化服务能力对新创企业创业效能传导机理研究

第一章 众创空间与新创企业价值共创机理研究 / 151
    第一节 变量选择 / 151
    第二节 研究假设与模型构建 / 154
    第三节 实证分析 / 156
    第四节 定性比较分析结果 / 162

第五节　假设检验 / 170

第二章　众创空间孵化服务能力对新创企业创业绩效影响机理研究 / 173

　　第一节　维度划分与变量度量 / 173

　　第二节　研究假设与模型构建 / 178

　　第三节　量表设计 / 182

　　第四节　问卷发放与数据分析 / 184

　　第五节　模型评价与假设检验 / 195

第三章　众创空间孵化服务能力调节下新创企业资源拼凑对其合法性的影响研究 / 203

　　第一节　变量界定 / 203

　　第二节　假设提出与模型构建 / 205

　　第三节　研究设计和数据分析 / 206

　　第四节　模型验证与假设检验 / 212

第三篇　众创空间孵化服务绩效评价与协同演化研究

第一章　众创空间孵化运营绩效评价研究 / 219

　　第一节　众创空间孵化运营绩效评价指标体系设计 / 219

　　第二节　众创空间孵化运营绩效评价模型构建 / 220

　　第三节　众创空间孵化运营绩效评价数据来源和分析 / 223

　　第四节　众创空间孵化运营绩效评价模型计算 / 226

　　第五节　众创空间孵化运营绩效评价结果分析 / 233

第二章　众创空间服务组织治理绩效评价研究 / 235

　　第一节　众创空间服务组织治理绩效评价指标体系设计 / 235

　　第二节　众创空间服务组织治理绩效评价 BCC 模型构建 / 238

　　第三节　众创空间服务组织治理绩效评价数据来源和分析 / 240

　　第四节　众创空间服务组织治理绩效评价实证分析 / 243

　　第五节　众创空间服务组织治理绩效评价结果分析 / 251

第三章 众创空间多主体间协同创新演化博弈研究 / 254

第一节 众创空间多主体间关系分析 / 254

第二节 众创空间多主体间协同创新演化博弈模型构建 / 255

第三节 渐进稳定性分析 / 259

第四节 演化稳定策略求解 / 263

第五节 众创空间多主体协同创新仿真分析 / 265

第四篇 众创空间孵化服务绩效提升和促进机制研究

第一章 众创空间孵化服务绩效内部提升机制设计 / 275

第一节 优化众创空间内部治理结构 / 275

第二节 推进众创空间内部运营制度创新 / 280

第三节 设计众创空间与新创企业价值共创构型与策略 / 283

第四节 构建众创空间新型孵化服务模式 / 289

第五节 完善众创空间多主体协同创新机制 / 293

第二章 众创空间孵化服务绩效外部促进机制设计 / 297

第一节 推进众创空间外部制度环境创新 / 297

第二节 优化众创空间外部治理结构 / 300

第三节 构建众创空间公共服务平台系统 / 302

第三章 结论与展望 / 306

第一节 研究结论 / 306

第二节 研究展望 / 308

参考文献 / 311

附 录

附录一：制度创新对众创空间孵化服务能力影响的调查问卷 / 331

附录二：治理结构对众创空间孵化服务能力影响的调查问卷 / 335

附录三：众创空间孵化服务能力对新创企业创业绩效影响的调查问卷 / 339

导 论

第一章 引 言

第一节 研究背景

　　中国的经济正处在转型期,传统的依靠高投入、人口红利等推动GDP增长的粗放型经济增长模式已经结束。2015年,党中央、国务院从我国发展全局出发,提出用"大众创业,万众创新"的双创理念来迎接经济新常态的到来。自此之后,新登记的小微企业、个体工商户出现了井喷式增长,极大地激活了小微型企业的活力。在创新驱动发展战略的指导下,小微企业占有着举足轻重的作用,其数量占我国市场主体的绝大多数,创造的国内生产总值和税收不容忽视,是国家建设创新体系和提升自主创新能力的重要力量。资料显示,自我国提出"双创"以来,每天新增市场主体超过4万家,其中新登记小微企业近1.4万户,企业活跃度保持在70%左右。另一方面,小微企业创业的失败率比较高,有数据表明,欧洲、日本中小企业的平均寿命为12.5年,而在中国,小微企业平均寿命还不到3年。资料显示,我国小微企业创业的失败率在70%左右。失败的原因学术界还没有达成共识,有学者将其归因于创业者因素——很多创业者缺少创业经验,对创业政策了解不多,在管理、营销、团队建设等方面缺少相关知识;还有人认为是由于缺少创业资源,尤其是创业资金的短缺,迫使很多创业计划被扼杀在摇篮里,导致企业出现现金流断裂等情况。

　　在"双创"和"互联网+"的浪潮当口下,2010年以上海新车间为标志的中国众创空间开始出现并迅速增长,众创空间的发展满足了企业对降低创业门槛和提升良好的创业环境与服务的需求。该概念最早来源于欧美,"众创空间"是指为小微企业成长和个人创新创业提供低成本、便利化、全要素的开放式综合服务平台,欧洲的Hackspace、美国的makerspace等都是国外众创空间发展的代表,并推动了科技创新与经济发展。经过多年的发展,国外的众创空间已经发展到了比较成熟的阶段。但在中国,众创空间仍然是一个比较新颖的行业。2015年3月,在国务院办公厅出台了《国务院办公厅关于发展众创空间推进大众创新创业的指导意见》之后,众创空间才受到了社会人士、学者的关注和研究。众创空间在呈现井喷式增长的同时,服务人员人均年运营收入、单位面积年运营收入分别仅为15.3万元/人、606元/平方米,平均空置率超过30%,工位平均面积高达24平方米/个,简单地"跑马圈地"造成部分社会资源的抢占和浪费,"空架子""杂货铺"等弊病逐渐显现出来。随着众创空间数量的激增,其发展正经历"罗生门",一边是深圳地库孵化器耗光100多万元后破灭引起业内轩然大波,一边则是业内的佼佼者创新工场登陆新三板,众创空间发展状况究竟如何,众说纷纭。相对滞后的外部制度环境、良莠不齐的内部运营机制、概念大于实际的"一拥而上"都在制约着众创空间的发展。不少众创空间是在政府的扶持下才得以生存的,还无法"断奶",亟待通过创新促进众创空间可持续性成长。

目前学术界关于众创空间的相关研究主要涉及众创空间的服务内容、运行模式、制度环境、生态系统等方面。一部分文献重点在政策解读方面,都基于《国务院办公厅关于发展众创空间推进大众创新创业的指导意见》对众创空间要素、功能和模式进行解读和界定(王佑镁与叶爱敏,2015[1];Travis Good,2015[2];Kroski等,2013[3];卫武等,2021[4]),随着研究的深入,越来越多的文献基于众创空间的生态系统对众创空间的构建、运作模式进行定性解读(Khan MR,2013[5];陈夙、项丽瑶和俞荣建,2015[6];胡海波等,2020[7];Halim,2020[8])。

那么,在党的十九大确定"我国经济已由高速增长阶段转向高质量发展阶段"、党的二十大强调"创新是第一动力"背景下,如何高质量发展众创空间,如何揭示众创空间发展的真实水平这一"黑箱",这就需要对众创空间孵化服务能力及其培育机制、发展策略展开研究。

一、我国众创空间的演进历程

众创空间起源于美国的"车库创业",众创空间的业态发展已比较成熟。我国众创空间的发展还处在起步阶段,对众创空间的发展现状与演进规律的研究,有助于推动众创空间的良性发展。[113]

上海新车间是我国第一家众创空间。《中国火炬统计年鉴》的统计数据显示,2017~2021年间,我国众创空间的数量不断增长,增速均在15%以上,数量位列全球第一,仅2020年国家备案的众创空间数量突破2300个。孵化器、创客空间是众创空间主要业态形式,孵化器和众创空间演进历程主要分四个阶段(见图1-1)。[113]总体而言,众创空间还处于发育期,北京、上海已出现众创空间联盟组织的形式。

图1-1 我国众创空间演进历程图

二、我国众创空间的发展布局

根据科技部火炬中心先后三次的审批及公示,截至2020年,我国的国家级众创空间(即已通过官方备案的众创空间)共达1 337个(第一批136个,第二批362个,第三批839个)。其中山东省最多有162个(青岛66个),之后依次是北京(125个)、广东(109个)、浙江(98个)。天津、深圳、上海分别为73个、69个和47个。2016年全国国家级众创空间的地区分布见图1-2[114]。

第三方数据挖掘和分析机构艾媒咨询公司从企业扶持能力、项目经验等多个维度对中国入选国家级众创空间的过千家众创空间进行综合评估,最终评选出2020年中国众创空间综合竞争力排行榜top50。其中,来自北京的有25家,占比50%,在数量上独占鳌头;6家来自上海,占比12%;深圳5家,占比10%,其中以腾讯众创空间最具影响力;广州4家,占比8%。[114]

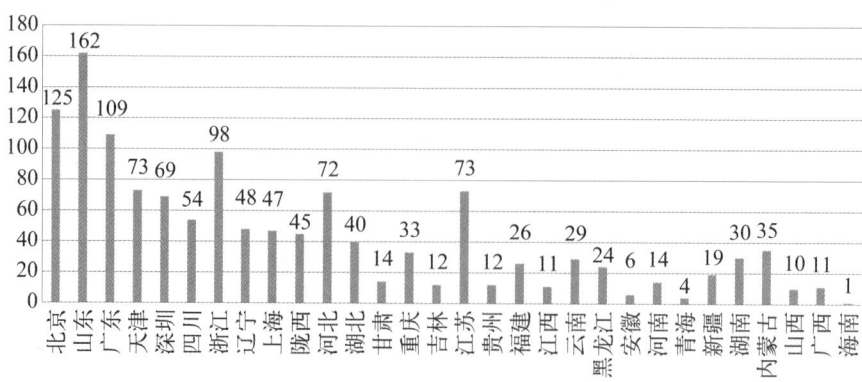

图1-2 全国国家级众创空间的地区分布图(单位:个)

第二节 国内外相关研究综述

一、众创空间内涵研究综述

(一)众创空间概念界定

国内外学者关于"创客""创客空间"的研究日趋增多,而我国对众创空间的研究才进入起步阶段。2006年11月,欧洲创建了Living Lab网络,将其作为推动欧洲创新系统升级的关键部分;它本质上是一个创客空间,特别采用现代信息技术,调动和汇集全社会的"智慧和创造力"。创客空间是一个供创客分享知识与兴趣爱好(如IT、技术、科学、电子艺术等),并合作动手、创造的平台,是一个真实存在的物理场所(马莉丽,2014)[9]。Schlesinger、Islam和MacNeill(2011)[10]总结创客空间应具有六大特质:创客空间的运营者和创客处于平等关系;不以营利为目的、对外开放的基础平台;对他人的创意抛开偏见与歧视;注重科技和创新;拥有一个共享交流平台;有愈挫愈勇的创新精神。Kera D(2012)[11]从文化视角对众创空间进行内涵揭示,他认为创客空间是一种配备了硬件和软件服务的非正式组织结构,创客在分享创意和技术过程中在创客空间内形成了创新氛围。Kroski(2013)[3]认为创客空间是创意与DIY(Do-It-Yourself)的空间,人们可以聚集创造、发明和学习,创客们可以使用3D打印机、软件、电子、工艺和实验室等各种硬件设备。John T.Sherrill(2014)[13]通过对苏格兰邓迪附近三个创客空间:Tin Roof、MAKE Aberdeen和57 North的剖析,认为每个创客空间都应该在物理配置、会员资格和目标等基本功能方面存有自身特色。Travis(2018)[2]将众创空间划分为协同工作、自主创业、集中开发三种模式。

我国众创空间在国外创客空间的基础上,强调创业孵化功能,重视商业价值的实现。王佑镁、叶爱敏(2015)[1]认为,众创空间基于科技部对部分一线城市创客空间和孵化器基地等产业集群的调研,根据时代背景和国情提出的概念。刘志迎、陈青祥和徐毅(2015)[14]从狭义和广义的角度界定了众创空间的概念,狭义上,众创空间是创客空间和技术众包平台的集合,广义上,众创空间是互联网时代背景下,基于新时代的创新创业特点和需求,通过以市场为主导、提供硬件设备、增值服务和资金融通各类专业化服务模式,以创业成本,推动大众创业为目的,构建的全要素、开放式的综合服务平台。吕秋慧等(2021)[15]将众创空间的服务行为区分为办公场所服务、投融资服务、培训咨询服务三种类型。卫武和赵璇(2021)[16]从平台的角度讨论众创空间开放对孵化企业商业模式创新影响,研究表明平台开放可以促进企业商业模式创新。段文奇等(2021)[17]采用Lotka-Volterra模型对众创空间生态系统共生模式进行分析,探究众创空间生态系统中的要素主体以及要素主体间的互动模式。

随着对众创空间内涵的挖掘,众多学者从创业生态环境角度进一步解释众创空间内涵,创业生态环境不仅包括创客以及创业环境(Valdez,1988)[18],还包括创业基础要素(Vogel,2013)[19]和创业过程(Lancker et al.,2016)[20]。Adner R 和 Kapoor R(2010)[21]认为众创空间构建的纵横交错的创业生态网络嵌入到了企业的创业过程中,并随着创业生态环境不断嵌套、演化,具有明显的创业生态系统的特征。陈夙、项丽瑶和俞荣建(2015)[6]赞同众创空间具有大众化、自组织与无边界等创业生态系统特征,因此他们定义众创空间是一个具有某一特定物理空间的复杂的创业生态系统,并汇聚了具有相似兴趣、爱好的创客或创业者。孟国力等(2016)[22]认为,众创空间是一种新型的孵化器2.0,是融合创业创新培训、资金融通、咨询服务、新媒体推广等综合服务的创新创业生态网络。黄世芳(2016)[23]认为众创空间是不断完善的创新驱动机制所形成的创业微生态环境。向永胜和古家军(2017)[24]从对浙江润湾创客中心案例分析中,总结众创空间是一个结合双生态(产业+服务)、多要素、全过程孵化的创业生态系统。刘芹良和解学芳(2018)[25]认为众创空间应是一个包含"孵化器+创客空间+Living Lab"的垂直、多元化的生态结构。尹国俊和蒋璐闻(2021)[26]将创新创业资源聚集模式分为创业咨询、融资对接、综合生态、产业链和办公空间模式。

(二)众创空间与其他创业载体对比

1. 众创空间与传统孵化器的区别

自2012年后,中国的孵化器转变为创新驱动发展阶段,创新成为适应经济新常态、推动产业结构转型升级的第一动力,并迎来互联网创业大潮,众创空间成为顺应这一时代的产物(李燕萍、陈武和李正海,2016)[27]。传统孵化器通过提供研发生产经营场地、共享服务设施和系统性企业服务降低企业的创业成本,帮助初创企业独立运作、健康成长,并提高初创企业的存活率。[270] Lindtner(2015)[28]认为众创空间是寄生孵化器或者创业园中的服务平台,为其提供知识产权、财务管理等方面的服务。Harnett、Tretter、Philipp(2015)[29]认为众创空间是更加注重培养技能的学习和掌握新信息的能力的地方。

以往孵化器的服务机制可概括为市场化搜寻,以新创企业需求为导向,采取一对一寻价机制,孵化器为新创企业直接提供相应服务。王佑镁、叶爱敏(2015)[1]认为众创空间与孵化器服务内容略有重叠,但比后者范围更大,强调创新与创业、孵化与投资相结合。王节祥等(2016)[30]以阿里百川为例,认为众创空间服务机制则是新型的平台化匹配,即建立虚拟服务平台,众创空间内存在跨边网络效应。乔辉和吴绍棠(2016)[31]认为,相较于传统意义的科技孵化器,初创企业进入众创空间孵化的阻碍更少,特别是在向创业人才提供相关服务方面显得尤为明显,众创空间不但向有志投身于创新创业事业的人才提供实际场所等硬性资源,而且还提供法律援助、投融资服务等短缺的软性资源。陈显中、陈岩(2020)[32]指出众创空间与传统孵化器的区别,认为众创空间提供的是"全新增值服务",理想的众创空间不仅可以为企业家和初创企业提供物质空间,而且可以提供网络平台的综合服务主体,整合信息、知识和技术,形成可以共享的价值网络,在其中得以成长。本书通过文献梳理,以及对众创空间访谈资料的整理,认为孵化器和众创空间的差异如表1-1所示。

表1-1 传统孵化器和众创空间的对比表

名称	传统孵化器	众创空间
外延视角	不具备大众化的特点,缺乏全方位的创业服务体系	门槛更低,更便于创客成长的创业服务平台;融创业培训、投融资对接、工商注册、法律财务等于一体,具备全方位的创业服务生态体系
功能视角	主要采取一对一询价机制,为新创企业直接提供服务	在线下平台的基础上搭建线上平台,创业者可自由匹配服务,而相关服务可能并非完全由众创空间直接提供,入驻企业之间会形成跨边网络效应而实现共生依赖

续表

名　称	传统孵化器	众创空间
环境视角	——	具有资源、技术与知识的选择性、开放性和共享性
战略定位	战略目标是推动技术转移，定位于服务创新落地，服务于企业硬件建设	战略目标是推动创新供给侧改革，定位于服务创新源头，关注创新环境、创新人才、创新能力、创新要素集聚，构建创业生态系统

资料来源：根据李燕萍和陈武（2017）等人的文献整理[250]。

2. 众创空间与创客空间的区别

与国内学者所认可的"众创空间"不同，西方概念的"众创空间"多以"创客空间（hacker space）"的形式存在，为创客空间所提供的服务由有形服务（办公场地、办公设备等）和无形服务（管理咨询、团队建设）组成（Abduh et al.，2007）[33]，需要根据创客的创新需求进行资源的重新整合，它所强调的是创新（Kera，2012）[11]。从共享经济角度出发，创客空间中软、硬件以及互动合作等要素造就了创客们的独特行为模式（Bauwens，2012）[35]。创客空间是能够为创业者提供基础设施、沟通以及各种资源的平台（Muhammad & Alqatan，2020）[36]，是重新以"共享"理念进行资源配置的场所，创客空间给创客提供低廉租金的场地，低价而专业的创业服务，实现资源的合理配置。

众创空间的概念从范围上要大于创客空间，因此创客空间也可以看作众创空间的组成部分。通过对现有文献的整理，将众创空间与传统孵化器、创客空间的区别进行对比，具体见表1-2。

表1-2　众创空间、传统孵化器和创客空间的区别表

名　称	众创空间	传统孵化器	创客空间
特　点	无边界、开放	满足标准才能入住	注重创新
盈利模式	房租+服务收费+股权投资等	服务为主、收益为辅	兴趣爱好为主、收益为辅
表现形式	车库、咖啡馆等	科技孵化器、科技园、创新创业服务中心	开放的工作室、加工车间

资料来源：根据文献整理。

（三）众创空间类型

以运行模式为依据，国外学者将众创空间（即创客空间）划分为协同工

型、自主创业型、集中开发型三种(Travis Good,2015)[2]。以经营目的为依据,众创空间可分为社群化空间、Fab Lab 创新实验室、营利性空间三类(Apodaca,2016)[37],如表 1-3 所示。

表 1-3 国外众创空间的分类表

类别	名称	成立时间	国别	特点
创新实验室型	Chaos Computer Club	1984 年	德国	特色是找出重大的计算机技术安全漏洞。创客们聚集一起分享各类思想和技术,通过使用 3D 打印机等设备,将创意转为新产品
	Access Space	2004 年	英国	配备有激光切割设备、3D 打印机等,涉及包括电子、艺术、科技等多领域的多媒体实验室
社群化空间型	Mctalab	2006 年	奥地利	是一个为艺术创意爱好者们提供的、涉及黑客文化、IT 和数字艺术等领域合作交流的物理空间
	Noisebridge	2007 年	美国	为创客提供相关课程和研讨会,追求自由、互助的创客文化
商业营利空间	Techshop	2006 年	美国	通过教学和支持人员为入孵企业提供创业课程,盈利同时收取一定的会员费,提供所需焊接设备、金属板材加工设备等工具
	WeWork	2011 年	美国	会员制,为会员提供办公场地、配套服务和资金融通,主打共享办公场地租赁服务的房地产公司

表格来源:根据 Travis Good(2015)、Apodaca(2016)等研究结果整理。[2]

国内许多学者对众创空间采取了多种分类方式。投中研究院 2015 年对我国众创空间的类型进行了归纳,依据众创空间的功能和特征,将众创空间的类型分为七种模式,分别为:活动聚合型、培训辅导型、媒体驱动型、投资驱动型、地产思维型、产业链服务型和综合创业生态体系。[1]通过分析中国众创实体发展现状,中国现存的众创空间主要存在以下几种模式:产业链模式、互动交流型模式、培训开发型模式、O2O 模式、人才培养孵化模式、投资—服务型模式(武丽娜,2016)[38]。还有学者从参与主体、创业企业的服务阶段和专业服务能力两个角度对众创空间进行分类(刘春晓,2015)[39]。在不同阶段,创业教育、创业孵化、天使投资、创业社区等各类服务靶向集聚,推动创业生态链的良性循环。[115]

众创空间还可以进一步划分为大型企业主导型众创空间以及由传统孵化器和产业园区转型来的众创空间（王节祥、田丰和盛亚，2016）[30]。Innocentive网站认为，基于互联网的商业模式背景下，众创空间可以分为两个类型：一种类型是创客线上洽谈研发和项目承接，线下自己开展研发；另一种类型是建立互联网虚拟创客空间，针对某一研发议题进行远程探讨，分享各自的想法和创意（林祥、高山和刘晓玲，2016）[40]。

二、众创空间孵化服务能力研究综述

国内外众创模式的发展已经有十多年的历史，권영훈（2011）通过基于技术的创业型小企业业务孵化服务的最佳实践，提出了一体化商业成功模式[41]。创客空间经历了早期会员制社群、网络开放组织、国际化创客运动、产品孵化平台的形态转变。

（一）众创空间孵化服务能力的内涵界定

乔辉和吴绍棠（2016）[31]认为众创空间在于弱载体化，而服务能力包括能为入驻企业提供资源、信息、机会等软实力。吴杰、战炤磊和周海生（2016）[42]认为众创空间作为一种新型服务平台，在促进创业方面具有突出功能，功效源于三个方面：整合创新创业资源、提升创新创业效率、弘扬创新创业文化。王友双和高晓文（2017）[43]提出孵化服务是众创空间的无形商品，是其生存发展的核心要素，通过孵化服务，众创空间将初创者的潜在价值转变为市场所认可的社会价值，最终实现其本身价值。孙学智等（2017）[44]将孵化服务看作孵化载体提供给在孵企业的产品，认为众创空间应整合资源、提供增值服务与培养创新人才。伍蓓等（2018）[45]认为众创空间是为创业企业和团队提供服务。Carvalho等（2019）[46]提出，企业家的感知与每个企业每个孵化阶段的要求相联系，不仅在传统和技术创业载体之间，而且在所研究的国家之间也存在一定的差异，主要基于企业家在不同孵化阶段所使用的孵化服务类型。曹俊娜和赵鹏（2020）[47]提出，孵化服务质量和水平是创新产业能否高质量发展的关键要素。

（二）众创空间孵化服务能力的构成结构

黄彦菁和孙丽江（2015）[48]认为众创空间的服务能力分为八个部分，包括空间及设施、技术支持、金融支持、信息支持等。姚晓芳（2016）[49]认为众创空间针对处于萌芽或者早期阶段的企业，提供创业指导、投融资等各类服务。陈凤、项丽瑶和俞荣建（2015）[6]对众创空间的创业服务功能作了如下概括：一是创业能力构建与创业孵化功能，降低创业成本、提高创业成功率；二是创业资源集聚和地带信号识别功能；三是从点到面驱动与促进社会大众创业，有利于调动社会公众的创业激情。李斌(2019)[50]指出影响众创空间服务水平的三个因素是资源的集聚能力、服务是否同质化、众创空间本身盈利模式。潘冬等(2019)[51]提出应当充分利用政府资源和影响力对众创空间孵化服务进行优化。Stephanus(2019)[52]认为孵化服务应包括获得经营场地、公共设备、行政支持、技能发展培训，获得专业和专门技能，获得财政资助、联网接入。Halim(2020)[8]构建了孵化服务的框架，包括四个阶段：准备、孵育前、孵育和孵育后，每个阶段都有自身的活动，为帮扶下一个阶段而准备结果。

（三）制度创新与众创空间孵化服务能力的关系

国内外学术界对众创空间的建构与发展方面的研究较多，但研究制度创新对众创空间孵化服务能力影响的文献数量偏少。Manso(2011)[53]通过研究发现，一种有效的合约可以对企业创新起到激励作用，即在短时间内要能够接受创新不成功的风险，但在长时间的过程中给予创新对象足够多的回报。乔应平(2015)[54]提出，法律制度环境与众创空间发展的适应与称合程度会通过融资制度、人力资本制度以及我国的创新科技制度等直接影响到众创空间的发展速度与质量，并提出制度创新的突破路径可以从政府管理制度创新、法律制度创新、重构公民创新文化教育与认同三个角度考虑，其中法律制度创新从资金、人才、技术等角度分析，包括构建我国众创空间财政金融联动支持模式，以创新人才培育为主的人力资本制度创新、完善鼓励众创空间创新的科技创新制度体系。Vanderstraeten等(2020)[55]采用权变方法来审查孵化器的人力资本和制度环境如何影响孵化器的服务共同发展指导性，得出"人力资本和企业家精神的规范和认知制度环境都允许孵化器具有指导性，从而为定制服务提供的共同发展奠定了基础"的结论。

三、众创空间绩效评价研究综述

国内对众创空间绩效的研究还不太成熟，相关的研究也很少，而关于孵化器的绩效研究已经相对成熟。代碧波和孙东生(2012)[56]构建了科技企业孵化器运行效率的评价指标体系，运用 DEA 方法，对东北地区 14 家国家级科技企业孵化器的运行效率进行了实证分析，指出提高孵化器的孵化能力和经济效益是改进效率的重要途径。苏翔(2015)[57]通过对比不同地区的科技企业孵化器的发展情况，运用比较分析和案例研究探讨了区域经济及科技对该地区科技企业孵化器发展的影响。众创空间绩效研究大多从制度环境、发展历程等方面进行分析，相关评价研究较少，主要体现在以下三个方面。

（一）整体绩效评价

综合国内外研究,在整体绩效评价的指标选择上大致分为三类。一是众创空间孵化绩效,选择指标有孵化成活率、组织数量等。Hackett 等(2004)[58]选择了在孵化企业的成活率、成功度等。Mubaraki 和 Busler(2011)[59]选择的指标包括组织中的企业数量、企业管理者人数、可以提供的就业岗位数量等。二是孵化器的投入产出和孵化器的收益指标。三是对于整个社会和经济的相关影响,如企业的税收数额、能够提供给社会的就业岗位等。单鹏和裴佳音(2018)[60]在众创空间绩效评价体系构建时,采取层次分析法(AHP),收集北京13家众创空间相关数据作实证分析。薛婷(2016)[61]从高校众创空间研究出发,构建高校领域评价体系。许亚楠等(2020)[62]将众创空间的评价研究分为两个方面,一方面是服务能力,另一方面是资源利用效率。

（二）运营绩效评价

目前国内对于众创空间整体绩效评价体系已逐渐成熟,催生了更多细化研究。周明昕等(2020)[63]设计了一套科技孵化器的运营绩效评价体系,运用层次分析法,结合相关数学理论,确定了一套众创空间运营绩效评价体系。陈章旺和黄惠燕(2020)[64]从投入、产出两方面构建众创空间绩效评价指标体系,运用因子分析法针对目前我国众创空间组织的运营、政策资源倾向度、后续治理发展、年度利润获取这四方面,收集29个众创空间相关资料进行评价,最终得出要加强目前的众创空间运营能力以及发挥地域特色的结论。

（三）治理绩效评价

祝健(2013)[65]运用层次分析法,在确定各指标的权重后,从运营发展能力和技术创新能力两方面构建了众创空间治理绩效指标评价体系,并提出了日后的发展方向,指出要进一步完善众创空间的管理机制,强化各方合作,为社会创造更好更宽松自由的创新环境。任兴旺等(2019)[66]在综合前人的相关经验上,将定性和定量相结合,从投入和产出两个角度进行众创空间指标体系的构建。

四、众创空间治理研究综述

（一）众创空间治理机制

国外的研究认为区域孵化器协会在区域技术孵化网络的治理发展中发挥了关键作用。M. McAdam 和 R. McAdam(2008)[67]指出,制度化网络促进企业成功孵化,制度化网络在培育技术型初创企业时发挥了决定性的作用。Z. Pa'lmai(2004)[68]认为,孵化器的外部网络是一种典型的制度合作体系,一个高效科学的框架可以为这个体系的运转提供保障。这个体系在整个区域创新系统中扮演了决定性的角色,为区域内科技资源的流动开创性地提供了"传统孵化"和"网络孵化"两种功能。

国内对于众创空间治理机制的研究主要认为是由市场机制在起主导作用。侯艳兵(2019)[69]认为为了合理地分配利益、更好地使众创网络趋于稳定,孵化网络的治理机制需要在契约治理机制和信任治理机制两者中求其平衡,取优去劣,要降低众创网络的维护治理成本。契约治理机制通过它的强约束性在众创空间网络治理初期起到了一个维护平衡的作用,而信任治理机制则能够因为长久以来形成的价值认同和合作信任更有利于众创空间网络的后续运营。耿合江(2019)[70]在分析高校众创空间的治理机制时,认为高校的治理机制相较于信任治理和契约治理多了以共创为目标的文化治理机制和以服务为目标的系统保障机制,其构建的"四位一体"高校众创空间知识价值共创治理机制,丰富了中国众创空间治理机制的相关研究。

(二)众创空间治理模式

国外对于区域技术孵化网络的治理模式最为精准的概括为"多中心化"。"多中心"最早见于2009年诺贝尔经济学奖得主Ostrom,他认为多中心就是说多个治理主体共同治理,以一种平等、合作的角度化解矛盾和冲突。[71] McGinnis(2005)[72]认为区域技术网络的"多中心"治理意味着地方政府、地方孵化器组织、孵化器、其他实体和孵化企业作为治理主体,共同提供相关服务和产出资源,创造出更有效率的产出。针对具体实例的研究,Dousay(2017)[73]在谈及创客空间的定义和区分时,说目前存在的创客空间模式主要分为两种,一种是开放式访问,接受捐赠,或者为3D打印或设备使用等特定服务收费;另一种是在以pk-12学习为代表的封闭式访问,仅仅接收特定人群进行访问。在研究基于学校的创客空间运行模式时,呼吁学校开放管理,跨学科协同合作。

目前我国众创空间(包括孵化器)的类别,从投资主体来讲主要分为以下四类:政府投资型、高校科研投资型、社会资本投资型以及多重投资型。目前我国对于民间资本型的治理模式研究较多。束云霞(2013)[74]认为目前我国的民营孵化器占比逐年攀升,其治理模式更加灵活多变,与市场结合十分紧密,孵化模式多样,创造的治理理念也很丰富,有着天然的优势。目前我国的民营科技孵化器的治理模式以杭州颐高创业园为例可以简要概括为资源整合、重视服务、产业集聚三个方面。目前政府投资型众创空间(即政府主导型孵化器)面临着管理体制僵化等多重问题。徐原媛(2019)[75]在研究优化国有孵化器的治理模式时,引入PPP模式,即改进公共服务供给方面投入,能够有效改善公共服务供给资金困难和治理困难等状况。

（三）众创空间治理困境

国外在探讨众创空间治理方面存在的掣肘时，对于具体困境的表现研究不多，认为整体社会治理环境下对于政府的较多依赖和社会资源的较少依赖产生冲突，从而导致困境出现。因此其着重于研究如何平衡政府和社会组织之间的关系，探讨资源依赖的倾向性在众创空间治理中承担了什么样的角色。Benjamin Gidron(1992)[76]认为政府和社会组织之间互相提供资源的关系是一种合作关系。Brown(2002)[77]以政策为中心点，提出了致力于社会组织协调治理、相关能力养成、促进共同交流合作的社会组织孵化器。

王舵(2018)[78]在分析治理空间存在的困境时以当前背景作为切入口，其谈到一是由于要实现目标的"政企合谋"导致了一些不良的攀附现象，致使众创空间治理陷入困境，加重了治理负担；二是同时地方的区域竞争使得地方利益陷入博弈，无法真正实现治理资源的合理有效利用；三是传统科技管理制度与目前的创新理念要求不合，治理产生困难。刘建国(2017)[79]认为目前存在的众创空间治理问题主要有三：一是治理失灵问题致使目前众创空间市场出现混乱；二是众创空间治理本身存在资金利用不良、长期利益与短期利益产生冲突的问题；三是我国目前的众创空间治理模式仍处在发展阶段，还不成熟，没有形成统一的治理模式。

五、众创空间与新创企业之间关系研究综述

新创企业既小又新且缺乏资源(伍蓓等,2018)[45]，早期阶段更是离不开金融资源、社会资源和人力资源，其商业化进程的实现充满艰辛和挑战(Soetanto & Jack, 2013)[80]；在此情况下，将资源进行整合和高效利用对于新创企业来讲极其重要。众创空间具有资源聚集特征，正好可以消除资源壁垒(Patton, 2014)[60]，为入驻的新创企业提供金融、技术和社会等方面的服务。资源和网络是新创企业发展的必须因素，也是众创空间拥有的孵化法宝(Soetanto & Jack, 2013)[80]；新创企业在发展过程中，不能仅仅满足于自身所需的各种资源(Neumeyer & Santos, 2018)[52]，还需融入众创空间创业网络，借助网络中其他主体提供的异质资源，激发创业机会，减少创业成功的不确定性。众创空间中的新创企业和小微企业有蓬勃的创新活力和热忱的创业热情，但在创新过程中仍然面临着资源匮乏的困境，亟须龙头企业的支持来提升创新动力(Zahra & Nambisan, 2012)[35]；龙头企业为新创企业提供资源帮助时，依靠其独特优势成为众创空间生态系统中的重要参与主体，并与风投机构以及科研院所等一起服务于新创企业(Tilson et al., 2010)[29]。作

为服务平台,众创空间连接着创业主体、资源主体、服务机构,在创新创业过程中扮演着桥梁纽带的作用(Soetanto & Jack,2011)[80],对于创新创业的发展具有十分重要的意义。

(一)众创空间与新创企业的价值共创机理

众创空间其实是相对于传统孵化器来定义的,20 世纪 90 年代后期,IT行业革命改变了孵化行业的一些基本规则(Grimaldi & Grandi,2005)[81],孵化器的关注点已经从原来的提供基础服务和工作平台转向了不太有形但更有效的业务支持型服务(Bergek & Norrman,2007)[82],且在创新 2.0,大众创业、万众创新的背景下,一种专注于企业早期创业的新型的孵化器,即众创空间应运而生(Chinsonmboon,2000;郝君超和张瑜,2016)[83][84]。它被认为是支持创新和面向技术的企业家成长的有前途的政策工具(Lamine W,Fayolle A,2016)[85],且作为创新创业发展的重要载体,众创空间对社会经济的发展有着重要的意义(崔祥民和田剑,2018)[86]。

新创企业通常被认为是创新和创造新工作的关键驱动力(Colombo & Delmastro,2002)[87]。但对于新创企业来说,许多都缺乏内外部资源(Lukeš & Zouhar,2016)[88],利用稀缺资源实现可持续性和增长是新公司面临的主要挑战(Chan & Lau,2004)[89];其次,由于鼓励全民创新,虽然提高了创业者的热情,但"大众"的能力不可避免会有参差,需要有正确的引导来支持他们完成创业。而众创空间一直是科技创新的重要组成部分,它们作为中介将初创企业与大学、投资者、行业、政府等网络联系起来,加速了企业资源的获得,也为企业提供了信誉和建立联系的机会(Rothschild & Darr,2005)[90],并通过众创、众包、众筹和众扶的"四众"融合推动创新要素实现充分流动和形成最佳配置,为新创主体能够得到多层面、全方位的扶持提供保障(王丽平和房敬慧,2021)[91],以帮助他们将早期的高风险构想转变为现实。同时,新创企业在接受了众创空间的服务后,也能作为参与者为众创空间提供服务,且入驻众创空间的企业的质量以及其能为众创空间提供的创新科技也影响着众创空间的发展,因此众创空间与入驻企业、外部服务商等的互动过程也是众创空间的价值共创过程(胡海波等,2020)[7]。

由于众创空间具有自组织、开放性、共享性、草根性以及较低的准入门槛(Moilanen,2012)[92],加之数字化的增加和通信成本的降低,用户创新平台的指数在增长(Mahr. D & Lievens. A,2012)[93]。有学者认为众创空间提供了一个灵活、创造性和支持性的环境,以帮助创新,使成员将产品从想法转化为现实(Holm,2017)[94]。与此同时,有学者开始将孵化器及众创空间的发展放在生态的角度来考虑,Soetanto(2013)[80]认为孵化器要转变关注焦点和发展方式,即让企业在由孵化器为基础的环境生态中相互作用,自我生长出有益的社会网络。也就是说创新生态系统中主体间能够通过开放创新与资源共享实现价值共创(Vargo S & Lusch R,2016)[95]。而众创空间和新创企业作为创新生态系统的重要组成部分,理应做到资源共享从而实现价值共创。亦有研究从人才、资金、行为、经济、政策、技术、市场等内外部因素方面讨论众创空间创新发展受到的复合影响(杜宝贵,2020)[96]。其中,熊丽君(2020)[97]认为入驻企业类型在众创空间创业环境与新创企业绩效影响机制中起到了相应的调节作用。戴亦舒等(2018)[98]则从创新生态系统的角度,对多元主体通过开放合作以达到各自价值获取及整体的目标,进而实现价值共创进行了阐述。现有对众创空间与参与主体关系的研究大多从众创空间运营主体的角度出发,但事实上,众创空间入驻企业的数量与质量在众创空间的发展过程中同样发挥重要作用(胡海波等,2020)[7]。

(二)众创空间公共服务能力与新创企业合法性的关系

新创小微企业由于资源的匮乏及合法性的缺失,其成长与发展面临诸多挑战。现有文献鲜有对众创空间与合法性关系的研究,王友双和高晓文(2017)[43]总结了众创空间公共服务能力提高将增强企业创新能力、加速科技成果的转化、加速企业成长壮大,而创业者关系网络对新创企业获取合法性也具有显著积极影响(田宇,2018)[99]。因此,本研究认为,众创空间所提供的优质孵化服务能够增强创业者的关系网络,从而为新创企业获取合法性提供便利。

(三)众创空间多主体间协同创新关系研究

从全球来看,为新创企业服务的众创空间以及国外的创客运动呈现"现象级"的发展,一起被视为下一场工业革命的先兆(Browder et al.,2019)[100]。现有文献对众创空间协同创新相关的研究已取得了一定成果,研究内容涉及创新创业的过程和机理。其中,张鸣哲等(2019)[101]阐述了城市众创空间中各主体的协作过程、目标需求及空间偏好,进而得出众创空间集群形成的机制;崔海雷等(2020)[102]针对中国众创空间存在的问题,对众创空间的模式及运行机制进行了研究;张静进等(2019)[103]结合 DEA 模型分析我国众创空间各省份之间创新效率的差异,研究表明众创空间的发展离不开政府的资助、引导和监管,也离不开专业化服务机构的支持;韩莹(2020)[104]从实践角度剖析新创企业创业拼凑对企业创新绩效的影响机制,提出新创企业的创业拼凑可以促进企业创新绩效的提升;田颖等(2018)[105]提出涉及人力、结构和关系的三维框架,并构建了能够反映智力资本协同创新作用于创客创新绩效的理论模型。

同时,亦有学者从政府补贴(高涓和乔桂明,2019)[106]、众创空间孵化服务(王兴元等,2018)[107]、资金和设备支持(王是业和武常岐,2017)[108]等方面研究了对新创企业创新产出的影响。此外,在模型研究方面,Liu 等(2018)[109]针对政府干预下的企业、政府以及研究机构三者合作创新行为进行了研究;刘新民等(2019)[110]建立众创空间三方演化博弈模型,研究发现相对于政府规制,初始意愿对各博弈主体演化行为的影响更加明显。

六、研 究 述 评

众创空间已成为中国经济新常态热词,并引起国内外学者的广泛关注,但众创空间是"双创"研究领域的新构念,相关研究呈现出碎片化、重现象描述、轻理论等特点。

(一)众创空间内涵外延研究

从内涵外延来看,众创空间因考察视角不同而有所差异。在用户上,众创空间主要是从一系列开源软硬件与数据等要素的共享技术方面着手(Kera. D,2012)[11]。众创空间是创意空间,创新创业者们可以使用 3D 打印机、软件、电子、工艺和硬件用品等各种工具(Kroski E,2013)[3];众创空间也是那些有创意的个体或团队活动的空间,在这个空间里,他们认识不同领域的朋友;众创空间更是一个免费或付费的开放空间,任何人在这里可以进行创造、发明和产品化(NESTA,2016)[77]。在流程管理上,众创空间的经营管理过程主要包括战略规划、模式选择、资源配置、服务保障以及可持续发展等方面,是融合了协同工作、创造活动等核心板块的连续统一体,贯穿起来的"连线"是聚焦于企业创新创业的行为逻辑。在政策规范上,国家政策、操作规范等规章制度属于"软环境"范畴,众创空间是顺应网络时代创新创业特点和需求,通过市场化机制、专业化服务和资本化途径构建的新型创业服务平台(科技部,2015)[111]。

(二)众创空间孵化功能研究

从孵化功能来看,众创空间向在孵企业提供的主要"产品",是以专业化服务推动创业者应用新技术、开发新产品、开拓新市场、培育新业态[250]。在经济社会发展层面,众创空间能够促进创新创业资源集聚,形成经济发展的新动力(陈凤等,2015)[6],在物理配置、会员资格等基本功能方面存有个性化特色(Sherrill,2014)[13],为创新创业者提供开发硬件和软件,使他们专注于以用户为中心和自己的作品,运用科学技术实现个人制造(Kroski E & Apodaca,2016)[3];在企业层面,众创空间拥有具体的社会化孵化功能,包括聚集天使投资人、各类投资机构,为初创企业提供融资服务,利用媒体优势为企业提供包括投资、信息等各种资源在内的线上线下综合性创新创业孵化(王佑镁和叶爱敏,2015)[1],促成企业形成竞争优势和降低创新创业成本,将初创团队和企业的潜在价值转变为被市场所认可的社会价值,实现其价值增值,并在更加广泛的层面上实现协同创新创业(吕力等,2015)[12]。

(三)众创空间发展逻辑研究

从发展逻辑来看,对众创空间认识视角的不同也使其呈现出不同的逻辑路径。[250]创新2.0背景下的众创空间具有DIY导向、资源可及、开放共享等多样属性主张(王佑镁和叶爱敏,2015)[1],移动互联视角强调参与式与创新民主化(刘志迎等,2015)[14],创新创业角度强调开放式创新、市场驱动/需求导向的发展逻辑(顾琰,2015)[34],生态系统则着重突出众创空间的"众""新"和无边界等逻辑路径,具有无边界、自组织与客户化等创新创业生态系统特征(陈夙等,2015)[6]。

(四)众创空间培育策略研究

从培育策略来看,美国的众创空间是一个多层次、多机构的广泛体系,政府支持只是为众创空间的建立起到引导作用(Freitas,2010);德国的众创空间由政府联合半官方组织和社会服务中介,为中小企业提供全方位、系统性的有效服务(Czarnitzki,2013);意大利主要是扶持社会各方力量,建立、完善各种形式的众创空间(Mazzanti,2011);中国目前主要致力于建立政府引导型众创空间,通过其市场化、专业化、集成化,为小微企业创新和个人创业提供低成本、便利化、全要素的开放式综合服务平台(吕力,2015)[12]。

总的来说,现有的研究有从创新创业和生态系统等视角对其内涵外延展开阐释,但尚需结合新时代背景下高质量发展新规律的特点加以诠释;也有的研究着重突出了众创空间在战略管理、资源配置等方面的功能,却鲜有研究涉及其内在运行机制和外在拓展功能,而内在运行机制又关系到各个子模块间的契合关系,影响众创空间的绩效,外在拓展功能则关系到众创空间的服务能力。[250]因此,本书在整合国内外相关研究成果的基础上,尝试为中国众创空间理论研究和建设实践提供理论指导和实践参考。

第三节 研究思路和意义

一、研究思路

众创空间是党的十九大实施创新驱动发展战略、扶持双创的重要举措,是小微企业双创服务体系建设的未来骨干架构和重要载体。党的十九大确定的"我国经济已由高速增长阶段转向高质量发展阶段"赋予了众创空间精神实质和丰富内涵，决定了众创空间应采用"质量第一、效益优先"的高质量发展方略。随着新时代的到来，高新技术产业不断发展，入驻企业对众创空间的期望越来越高，众创空间只有不断提高服务能力才能紧跟时代步伐。

本研究以创业理论、社会网络论、中小企业服务论、利益相关者论、制度创新理论等为理论依据，通过对众创空间和新创创业企业的调查，剖析众创空间孵化服务能力影响因素识别及影响效应，探究众创空间孵化服务能力对新创企业创业效能传导机理，设计众创空间孵化运营与服务组织治理绩效评价体系，在对众创空间进行问卷、访谈等调查研究的基础上，对众创空间的相对绩效和影响机制进行实证研究，进而在此基础上，设计针对性的众创空间孵化服务绩效内部提升和外部促进机制，从而为指导众创空间的建设提供理论依据和实践建议。本研究的基本思路如图1-3所示。

二、主要观点

本研究主要观点有以下三点。

第一，众创空间能有效解决新创企业创业空间和资源匮乏问题，是落实小微企业扶持政策的有效载体。在市场经济中，政府对小微企业的服务一般不是直接的干预，而是通过众创空间等中间组织进行间接引导，众创空间相比于一般性区位能为小微企业提供更好的创新创业孵化服务和生存空间，双创活动发生率和成功率明显更高。

第二，创新创业环境对众创空间高质量发展有着显著的直接影响，政策的制定实施能优化众创空间外部双创环境，间接促进众创空间持续成长。小微企业服务由社会化中间机构实施和完成，各地政府部门要支持众创空间等社会化中间组织，有义务对中间组织给予指导，优化其发展环境。

第三，小微企业发展的关键仍然在于自身的努力。政府与众创空间等服务平台的扶持只是为小微企业自身的经营提供良好的生存空间，但不能取代企业的自我修炼，小微企业应积极地创业成长。

三、研究意义

(一)理论意义

在传统创新模式下，大公司根据多数人的需要进行生产，而根据长尾理论，除了大多数人的需求，还剩下一个长尾，这些需求无法得到满足。如果需求者自己进行生产，将支付高昂的费用却无法获得规模报酬。随着众创空间的逐步发展，其不仅为创业者和小微企业提供相应的硬件设施，而且在低成

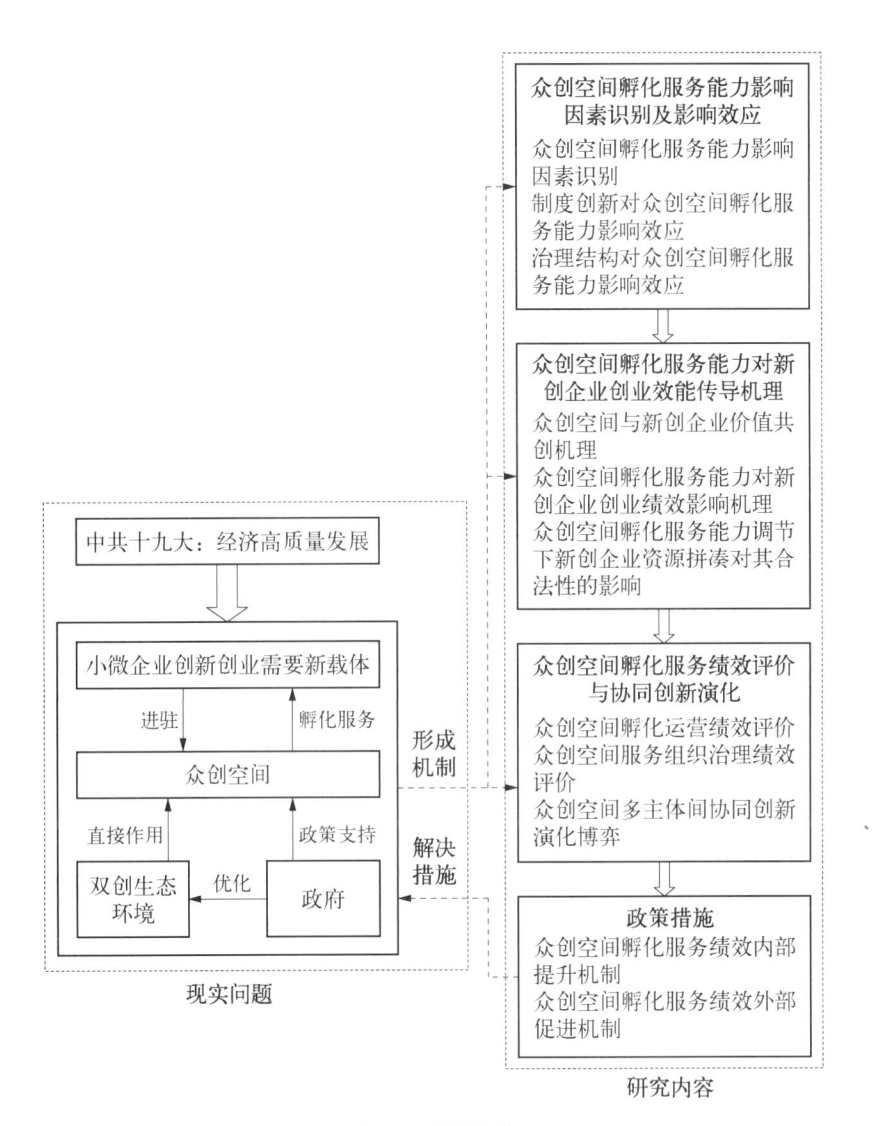

图 1-3 研究思路图

本下生产少数人需要的产品的同时也提供了专业化、定制化、顾客导向的服务平台，不仅加快了科技成果的转化，而且节约了资源，无论现在还是将来，众创空间的发展都具有重要意义。

目前，关于众创空间的研究理论并不成熟，对影响小微企业创业绩效要素的研究主要集中在社会资本、创业环境、创业政策与导向等方面，该部分研究的理论相对比较成熟，而将制度创新、众创空间的孵化服务功能与小微企业创业绩效结合的研究几乎是空白。所以希望通过本项目的研究，挖掘出嵌入众创空间的双创活动成功率高于一般性区域的原因，弥补相关理论的不足,为后来的研究者提供理论上的情境参考。

(二)现实意义

多数研究认为众创空间代表了一种不可避免的积极创新,但考虑到其盈利能力通常很低,可能存在"众创泡沫"风险。已有研究提出质疑,认为空间上过度集中可能不利于创新创业的发生,因为彼此间同质性高而差异性低,容易陷入"抱团取暖"。在"大众创业,万众创新"的时代背景下,小微企业创新创业也拥有了时代特点,政府部门要根据其特点推出与时俱进的优惠政策,以最大程度上扶持小微企业度过企业萌芽期。本研究的现实意义在于:第一,指导众创空间建设,为众创空间的资源配置与服务维度的设立提供理论支撑;第二,引导创业者积极地利用众创空间,实现取众创空间之长补己之短,提高创业成功率,提升小微企业创业质量;第三,判明影响众创空间孵化服务绩效的关键因子,对众创空间的孵化服务绩效进行评价,并对众创空间孵化服务绩效提升给出相应的对策建议,以期为众创空间的发展提供参考。

第四节　主要研究内容

一、众创空间孵化服务能力影响因素识别及其效应研究

(一)众创空间孵化服务能力影响因素识别研究

本研究运用Citespace工具绘制出以"众创空间孵化服务"为关键词的共现图谱和聚类图谱,而后确定对众创空间孵化服务能力具有影响的影响因素为条件变量,再结合众创空间相关的文献,选出六个能充分代表条件变量的要素(众创空间享受财政资金支持额、众创空间总收入、众创空间的创业导师人数与其他服务人员数的总和、众创空间提供工位数、各地区研发机构数、各地区金融服务机构数),以及选出四个能够反映众创空间孵化服务能力强弱的结果变量(众创空间当年服务的初创企业的数量、众创空间举办创新创业活动数与开展创新教育培训数、初创企业吸纳的就业人数、常驻初创企业拥有的有效知识产权数量)[62]。在此基础上,通过运用fsQCA工具,分析结果变量中每个条件变量的必要性,得出能够强化众创空间孵化服务能力的充分条件构型。通过比对每个结果变量的条件组态,得出最优条件构型、次优条件构型,和另外四个同样对结果具有充分性的条件构型。最后,依据四个重要的条件变量、六个条件构型,以及对比最优条件构型和次优条件构型,得出对众创空间孵化服务能力有显著影响的制度创新和治理结构变量。

（二）制度创新对众创空间孵化服务能力影响效应研究

本部分提出制度创新与众创空间创业服务能力因果关系的假设，分别构建制度创新的两个潜在变量与众创空间创业服务能力的三个潜在变量之间的关系，提出六组假设，构建相应的预设模型，并遵循量表开发规范程序，进行量表设计，将量表进一步细化制作调查问卷，完成初测研究和调查问卷的发放与回收，从而形成正式量表，再以在江苏部分地区开展大样本问卷调查所收集的数据为基础，以结构方程模型为主要方法，运用 SPSS、AMOS 等软件对数据进行处理分析，主要包括数据检验、因子分析等，并对样本数据进行统计分析，进而对预设模型进行拟合指数分析，根据结果进行模型修正，以及对所提出的假设进行检验，得到相应检验结果。

（三）治理结构对众创空间孵化服务能力影响效应研究

本部分通过对众创空间治理结构、孵化服务能力进行理论归纳和文献整理，构建理论研究框架，进而对众创空间治理结构和孵化服务能力这两个潜变量进行维度划分及其相关观测变量界定，并提出众创空间治理结构与孵化服务能力的关系假设，再分别阐述代表众创空间治理结构的两个潜变量与代表孵化服务能力的三个潜变量之间的关系，提出六组假设，并构建相应的理论模型。在此基础上，对五个维度变量进行量表设计，通过量表生成调查问卷，基于问卷调查的数据，运用 SPSS、AMOS 等软件进行分析，重点对预设模型进行拟合分析，排除其中不合理假设，得到研究结果。

二、众创空间孵化服务能力对新创企业创业效能传导机理研究

（一）众创空间与新创企业价值共创机理研究

本研究采用质性研究方法，以中国 31 个省份的众创空间作为研究样本，基于已有相关文献，从政府、众创空间、新创企业三个方面出发共筛选出六个影响众创空间与新创企业价值共创的驱动因素，并通过模糊集质性研究方法，运用 fsQCA3.0 对样本数据进行测量、校准和分析，得出众创空间与新创企业价值共创机理，并进一步给出众创空间与新创企业价值共创的策略构型。

（二）众创空间孵化服务能力对新创企业创业绩效影响机理研究

本研究聚焦于小微企业双创基地为代表的众创空间孵化服务能力对企业创业绩效的影响方式和程度，将孵化服务分为三个维度：基础服务、增值服务和专业服务；将新创企业创业绩效分为三个维度：财务绩效、成长绩效以及创新绩效，并基于此作出九组假设，基于镇江市江苏大学大学生创业孵化基地、科技创业园等众创空间获取的一手数据，使用 AMOS 结构方程模型

进行验证,并修正不显著的路径与初始模型,得到相关结果。

(三)众创空间孵化服务能力调节下新创企业资源拼凑对其合法性的影响研究

本研究对新创企业资源拼凑、合法性和众创空间公共服务能力进行概念界定,分析资源拼凑与合法性的相互作用机理,提出变量间的理论假设,选取我国长三角地区典型众创空间为研究样本(有效样本为172个),以结构方程模型为主要实证分析法,运用 AMOS、SPSS 等统计软件,以众创空间孵化服务能力为调节变量,分析新创企业要素拼凑、顾客拼凑和制度拼凑三个资源拼凑的维度对新创企业合法性的基础效应和调节效应。

三、众创空间孵化服务绩效评价与协同创新演化研究

(一)众创空间孵化运营绩效评价研究

本研究在对众创空间孵化投入和产出变量进行合理的维度划分基础上,构建众创空间孵化运营绩效评价指标体系和模型,以数据包络分析等为工具,在充分掌握大量第一手资料的基础上,以江苏23个众创空间为对象进行实证模拟,通过综合效率、技术效率、规模效率和规模报酬等参数,评价众创空间孵化运营绩效,找出绩效不显著的原因,并验证指标体系的科学性和实用性。

(二)众创空间服务组织治理绩效评价研究

本研究在通过文献研究和专家意见的基础上,运用投入导向的 BCC 模型,建立系统的众创空间服务组织治理绩效评价 DEA 模型,同时收集江苏省20家众创空间的投入产出数据,运用 DEA 模型对这20家众创空间的服务组织治理绩效进行评价。

(三)众创空间多主体间协同创新演化博弈研究

本研究在价值链视角下,构建众创空间、新创企业、风投机构三方协同创新演化博弈模型,系统分析众创空间、新创企业、风投机构协同创新的演化过程,并结合 Matlab 仿真展示新创企业收益分配系数、众创空间支持力度、供应链协同强度等参数变化对众创空间、新创企业、风投机构演化行为的影响。

四、众创空间孵化服务绩效内部提升和外部促进机制设计

(一)众创空间孵化服务绩效内部提升机制设计

本部分内容基于上述实证分析结果,针对性设计众创空间孵化服务绩效内部提升机制。一是优化众创空间内部治理结构,具体而言,包括优化众创空间内部组织构架、构建完备的众创空间管理体系、构建完善的众创空间内

部孵化服务系统、完善众创空间人才开发与提升机制共四方面的对策建议；二是推进众创空间内部运营制度创新，具体而言，包括构建多元化盈利机制、提高专业化管理水平、打造以高效率为目标的运作机制、完善标准化监管体系四个要点；三是设计众创空间与新创企业价值共创构型与策略，具体而言，包括众创空间与新创企业价值共创构型、众创空间与新创企业价值共创策略、众创空间与新创企业价值共创机制、众创空间与新创企业价值共创保障措施共四方面的对策建议；四是构建众创空间新型孵化服务模式，具体而言，包括基础服务普惠模式、增值服务孵化模式、专业服务定制模式、综合服务衍生模式四个要点；五是构建众创空间多主体协同创新机制，具体而言，包括推动协同创新收益公平分配、强化众创空间多元合作融合、增强各协同创新主体连接、驱动多主体要素价值实现四方面的具体内容。

（二）众创空间孵化服务绩效外部促进机制设计

本部分内容主要是基于第一篇至第二篇实证研究结果，构建众创空间孵化服务绩效外部提升机制，主要包括三个方面：一是推进众创空间外部制度环境创新，包括强化财政税收政策调控、促进智力资源引进、完善技术转化机制（包括加快完善促进知识产权双向转化的政策法规、规范民用领域知识产权管理、加快建立知识产权双向转化资金保障机制）和拓宽融资渠道；二是优化众创空间外部治理结构，包括强化资本治理（包括多元共治、"众筹"与"众创"有效对接、众创空间平台下民间资本引入）、加强法律规制约束、吸纳引进人才和引入风险投资；三是构建众创空间公共服务平台系统，包括打造政府协同、科技引领、投融资咨询、人才驱动和知识产权五个公共服务平台。

第五节　主要研究方法和技术路线

一、研究方法

（一）文献研究法

本研究运用中国知网、重庆维普、万方数据等文献检索网站，通过查阅期刊、论文、新闻等方式了解众创空间的概念与发展，以及小微企业创业绩效的研究理论，在各类统计年鉴平台上搜索《中国火炬统计年鉴（2020）》等数据资源，在此基础上，构建理论框架和分析模型。

（二）扎根理论研究法

本研究选取省级及以上众创空间进行实地调查及访谈，对所得数据进行资料的逐级录入来引出众创空间孵化服务能力、小微企业资源禀赋和创业绩效的概念，进而发展理论性概念，建立它们之间的联系，系统地对资料进行编码以便建构变量之间的逻辑关系，为量表的设计和模型的构建奠定基础。

（三）问卷调查法

对众创空间建设所涉及的服务平台、政府部门、孵化器进行问卷量表调查。第一阶段通过资料的查阅形成问卷量表的初步构思，通过访谈研究，对量表指标体系进行修订，再通过小样本测试，优化测量指标并定稿；第二阶段对江苏典型众创空间进行大样本调查，取得有价值的第一手材料，并对调查的资料和信息进行"解剖麻雀"式分类整理、信息辨别与筛选。

（四）结构方程模型

通过现有文献研究和半结构化访谈，构建制度创新和治理结构对众创空间孵化服务能力影响、众创空间孵化服务能力对新创企业创业绩效影响的概念模型，以及相关关系假设，设计对应的变量量表，以量表调查的359份各类别众创空间的样本数据为计算基础，利用LISREL等软件，运用绝对和相对拟合指数，进行模型评价和假设检验。

（五）数据包络分析

本研究设计了众创空间的孵化服务绩效评价体系，分别建立了系统的众创空间孵化运营和服务组织治理绩效评价的数据包络分析模型（DEA），收集了两批次的江苏43个众创空间的投入产出数据，进而运用众创空间孵化运营和服务组织治理绩效评价的DEA模型对这些众创空间的孵化服务绩效进行评价，找出影响众创空间孵化服务绩效的主要因素。

（六）模糊集定性比较分析法（fsQCA）

运用知识图谱技术，对众创空间的孵化服务、价值共创等关键词共现和聚类情况进行可视化描述，并选取出能够强化孵化服务能力的条件变量，在此基础上，开展众创空间孵化服务能力及其影响因素的fsQCA分析，以及众创空间与新创企业价值共创关系分析，对能够影响众创空间孵化服务能力、众创空间与新创企业价值共创关系的多个前因条件进行探索，对单个变量的必要性进行分析，确定是否需要进行构型分析，进而得出能强化众创空间孵化服务能力的条件组合。

二、技术路线

本研究通过对众创空间和小微企业的案例分析和大样本调查，研究众创空间孵化服务能力对新创企业创业绩效的影响效应，探究制度创新和治理结构对众创空间孵化服务能力的影响机理，实施众创空间多主体间协同创新演化博弈分析，并设计众创空间孵化运营和服务组织治理绩效评价体系，进行实证评价,进而针对性给出众创空间内部提升和外部促进机制,以及相应的扶持措施。本研究的技术路线如图 1-4 所示。

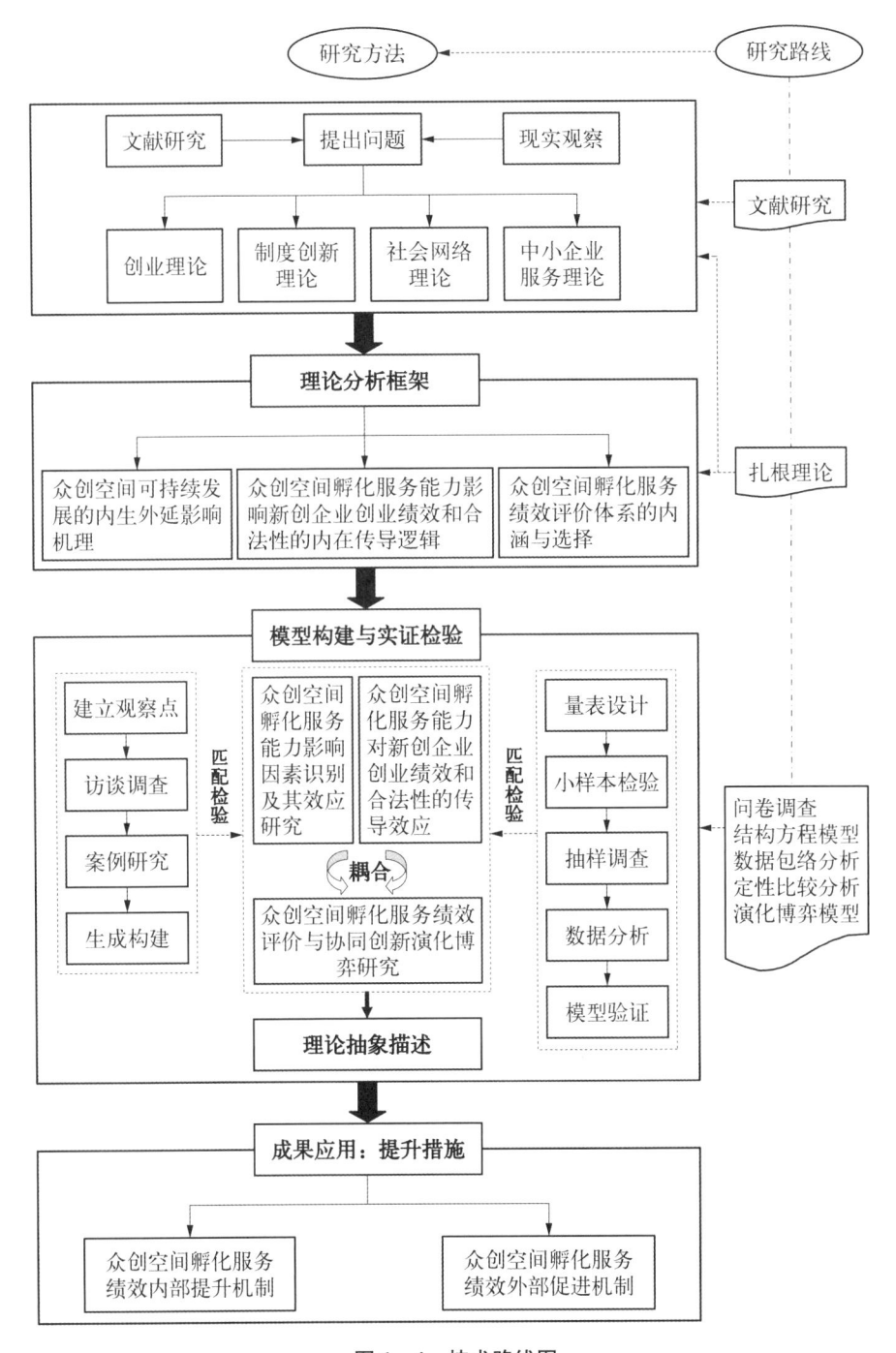

图 1-4 技术路线图

第六节　主要创新点和应用前景

一、主要创新点

1. 基于知识图谱技术识别众创空间孵化服务能力的影响因素，运用 fsQCA 工具揭示众创空间孵化服务能力的充分条件构型。

基于中国知网 2000～2021 年所有关于众创空间孵化服务的文献，运用 Citespace 工具绘制出以"众创空间孵化服务"为关键词的共现图谱和关键词聚类图谱，确定对众创空间孵化服务能力具有影响的条件变量和结果变量，运用 fsQCA 工具，依托《中国火炬统计年鉴（2020）》中第四部分"众创空间"的 270 份样本数据，分析条件变量分别对应每个结果变量的必要性，而后再构建真值表，组合条件变量，得出能够强化众创空间孵化服务能力的充分条件构型，使得单个因素之间的协同作用得到充分反馈。

2. 从制度创新和治理结构两个视角，分别揭示两者对众创空间孵化服务能力影响机理，证实众创空间内外部治理结构，以及外部制度环境和内部治理制度创新正向影响众创空间孵化服务能力。

首先，本部分提出制度创新的潜变量与众创空间孵化服务能力的潜变量之间的耦合关系，提出相应的假设和构建理论模型，以开发的量表所收集的江苏部分众创空间 155 份样本数据为基础，运用 SPSS、AMOS 等软件对数据进行处理和分析，对理论模型进行修正，得到相应的检验结果。研究结果表明，外部制度环境创新对众创空间的空间及设施服务能力和增值服务能力产生正向影响，内部治理制度创新对众创空间孵化服务能力的各个维度均存在显著的正向影响。其次，基于众创空间治理结构和孵化服务能力的维度划分及其相关观测变量的确定，提出众创空间治理结构与孵化服务能力的关系假设和理论模型，以设计的变量量表所收集的江苏省部分众创空间内新创企业 209 份有效样本数据进行预设模型拟合效果验证，论证相关研究假设，证实众创空间内外部治理结构对其综合服务能力和增值服务能力的影响效应。

3. 剖析影响众创空间与新创企业价值共创的驱动因素，运用 fsQCA 工具揭示众创空间与新创企业价值共创的充分条件。

本部分以《中国火炬统计年鉴（2020）》《北大法宝》和《中国统计年鉴（2020）》中有关 31 个省（自治区、直辖市）的众创空间作为样本对象，从政府、众创空间、新创企业三个方面筛选出影响众创空间与新创企业价值共创的驱动因素，运用 fsQCA 工具对样本数据进行测量、校准和分析，揭示众创空间与新创企业价值共创的实现受到政策、互动、补贴、创新、人才等因素影响，但单一条件并不能导致价值共创结果的发生,它们之间要通过有条件的组合共同构成众创空间与新创企业价值共创的充分条件,共同作用影响结果发生。

4. 识别众创空间孵化服务能力对新创企业创业绩效影响机理,实证两者之间存在的传导效应。

本部分提炼出众创空间孵化服务能力、新创企业资源禀赋和创业绩效之间的逻辑关系,结合扎根理论的质性研究结果,提出相关基础假设和中介作用假设,构建相应的理论模型,运用结构方程模型等方法,以问卷调查的样本数据为依据,进行模型评价和假设检验,实证结果显示理论模型拟合效果良好,多数假设通过检验。研究结果表明,众创空间的资金融通服务能力、空间及设施服务能力和增值服务能力分别对新创企业创业绩效存在显著正向影响,众创空间孵化服务能力可以通过新创企业人力或技术资本间接影响创业绩效。

5. 从众创空间孵化运营和服务组织治理两个视角,系统评价众创空间孵化服务绩效,揭示众创空间孵化服务效能。

本部分基于众创空间投入产出变量合理的维度划分,从众创空间孵化运营和服务组织治理两个视角,分别构建众创空间孵化运营和服务组织治理绩效评价指标体系和模型,以数据包络分析等为工具,以江苏43个众创空间为样本对象,分两组进行实证模拟,通过综合效率、技术效率、规模效率和规模报酬等参数,评价众创空间孵化服务绩效,找出绩效不显著的原因,并验证指标体系的科学性和实用性。研究结果表明:大多数无效单元的众创空间处于规模报酬递减阶段,规模效率相差不大,营业收入未达到理想值,机器设备、人员、服务场地等孵化服务资源投入过多,无效单元主要受技术效率的影响。

6. 以"政府→外部创新创业环境→众创空间"为基本范式,设计众创空间孵化服务绩效内部提升和外部促进机制。

基于上述实证分析结果,以"政府→外部创新创业环境→众创空间"为基本范式,在众创空间孵化服务绩效内部提升机制方面,提出"优化众创空间内部治理结构、推进众创空间内部运营制度创新、设计众创空间与新创企业价值共创构型与策略、构建众创空间新型孵化服务模式、强化众创空间多主体协同创新机制"五个方面的举措;在众创空间孵化服务绩效外部促进机制方面,提出"推进众创空间外部制度环境创新、优化众创空间外部治理结构、构建众创空间公共服务平台系统"三个方面的具体策略。

二、应用前景

众创空间是小微企业服务平台建设的未来骨干架构和重要载体,既能满足经济高质量发展的需要,也能统筹服务资源,为小微企业创新创业提供低成本、便利化、全要素的工作空间、网络空间和资源共享空间。

在学术应用方面,本研究有助于创业理论、社会网络理论与资源基础理论等理论的交叉融合,搭建它们之间的桥梁,使理论之间关联研究找到契合点,提高它们的解释力和预测力,对创业理论研究框架拓展情境参考具有较强的学术价值。

本研究的应用前景是:研究成果预期能达到该领域国内同类研究的领先水平,所提出的主要观点推广应用前景广阔,许多主张和观点经细化后,预计能为今后众创空间的孵化服务体系建设进行总体把握并提供理论指导,能够为相关政府部门制定众创空间政策支持举措的科学决策提供依据,对培养一批具有先进孵化服务理念、熟悉市场经济运行法则的众创空间具有很强的理论意义和实用价值。

第二章 基本概念与内涵

第一节 创业要素和过程

一、创业定义

纵观创业学术研究史,不难发现创业已经充斥到社会的各个领域,学者们对创业的定义也是见仁见智,其中有两大学派的定义被广泛接受。以斯蒂芬森(Howard H. Stevenson)为代表的哈佛商学院派认为,创业是不拘于当前所控制资源而探寻机会并创造价值的过程;以蒂蒙斯(Jeffry A. Timmons)为代表的百森商学院派认为,创业是一种思考、推理和行动的方法,它不仅要受机会制约,还要求创业者有缜密的实施方法和讲求高度平衡技巧的领导艺术。哈佛商学院学派强调了创业的本质,即创业的本质在于把握机会,不是等到资源齐备后再去寻找机会,是机会在先,资源整合在后;百森商学院派既强调机会的重要性,同时又强调创业者如何实现创业,并创造价值的方法。因而,两种定义各有所长,各有侧重。

本研究认为创业具有以下特点:第一,创业是创造具有"更多价值的"新事物的过程;第二,作为创建新的事业,个人需要投入大量的时间精力,付出巨大的努力;第三,创业需要承担风险,风险不仅仅源自经济方面,还来自精神、社会及家庭等方面;第四,创业有回报,不只是金钱的回报,创业还能实现自我价值、远大理想,带来无穷的欢乐与分享不尽的幸福。

二、创业基本要素

在现有的研究中,Timmons(2005)[112]对创业过程的研究思路和观点得到大多数研究者的广泛认同。Timmons(2005)[112]提出,创业过程要素应该是创业机会、创业者(团队)和创业资源三者合理匹配的动态平衡过程,创业机会、创业者(团队)和创业资源是创业过程关键的结构性要素,其中,创业机会表现为创业过程的核心构成要素,创业资源是创业过程的支持性要素,是开发、利用创业机会、谋求创业绩效的基础条件,创业团队是在创业过程中识别、获取和利用创业机会,整合创业资源的主体,是新创企业的能动性要素(见图2-1)。Timmons模型为创业过程研究构建了全新范式,奠定了创业领域规范研究的重要理论基础,是当前最贴近创业过程特征的理论模型。因此,本书借助 Timmons 模型来界定创业过程要素的内涵。本书认为,创业过程要素是广义创业过程涵义,即创业者从一个创业构想的产生,到创业机会、创业资源的识别和利用,再到新创企业的创办成功的全过程,具体可以理解为:创业机会、创业者和创业资源三个要素的结合体。

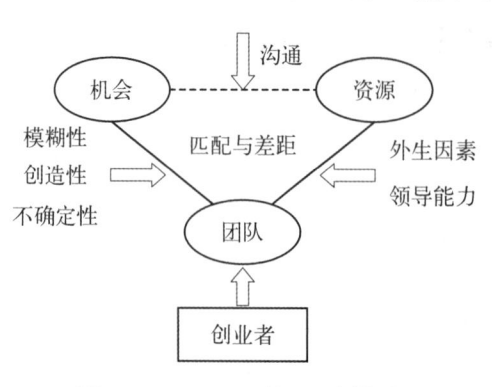

图2-1　Timmons 创业要素模型图

三、创业过程机制

创业不是一个独立的事件而是一个过程,是一个随着时间的延长而各个阶段紧密相连的复杂性过程。创业本质是创造或认识到新事物的商业用途(识别它是一个机会),并积极采取行动将机会转变成可行的、有利可图的企业(夏清华,2007)。这里引用 Robert A. Baron 和 Scott Shane(2005)关于创业的概念,创业是一个随着时间而展开的动态过程。经济学家 Robert C. Ronstadt 提出,"创业是一个创造不断增长的财富的动态过程"。创业过程可以分为团队组建、机会识别、资源整合这样三个主要阶段。

(一)团队组建

创业团队由一定数量的创业者组成,有共同的创业目标,是一个能使他们彼此担负责任的群体。创业团队领袖是创业团队的灵魂,是团队力量的协调者和整合者,在团队管理中发挥重要作用。创业者的创业动机有多种类型,如兴趣驱动型、职业需求型、就业驱动型等,创业者选择创业的动机受诸多直接和间接因素的影响,包括胜任需要、自主需要和关系需要。

(二)机会识别

创业机会的识别是创业过程的起点和核心,也是创业管理的关键环节。大多数创业者都是把握了商机而成功创业,例如,蒙牛的创始人牛根生看到了乳业市场的商机,好利来的创始人罗红看到了蛋糕市场的商机。在现实生活中,这样的例子不胜枚举。在这个阶段中,新创小微企业还是一个朦胧的状态,通常是没有一个具体的创业经营计划,产品或者服务和营销模式还没有完全确定,各种资源没有落实,创业者之间仅仅有初步的合作意向而已。创业机会识别最重要的是机会发现和机会评估两个环节。这其中有许多问题需要研究,比如,创业机会来自哪里?为什么某些人能够发现创业机会而其他人却不能?通过什么形式和途径识别创业机会?等等。

(三)资源整合

筹集、整合创办企业的资源至关重要,人、财、物是任何企业都必须具备的基本要素,创业活动也是如此。对于打算创业并识别到机会的创业者而言,想要成就一番事业,就要组建团队,凝聚一批志同道合的人,共同承担创业风险,共享创业成果。创业者需要整合的另一种重要资源就是资金,在创业过程中称为创业融资,这就需要拟定一个正式的创业计划书,阐述如何利用这些资源创建一家企业,并为将来经营企业提供指导。

第二节 众创空间基本概述

一、众创空间基本概念

众创空间作为一种新事物,在国内快速增长的时间是 2015～2016 年,而关于众创空间的研究近几年来才在国外文献中出现,国内文献数量也是明显偏少。已有文献研究领域主要集中在众创空间的概念、功能等方面。国外称众创空间为创客空间,将众创空间界定为一个具有加工车间、机械加工室以及工作室功能、存在于现实的物理空间或开放交流实验室,如:Hackerspace、Makerspace 等。

众创空间可以从广义和狭义两方面去理解。狭义上,众创空间包括创客空间和技术众包平台,通过集聚多样化的创业项目及活动的方式,实现多种创业资源的融合,以此来推动创新创业成果转化,其本质属市场化的营利性组织。广义上,众创空间是顺应创新 2.0 时代大众创新的趋势,涵盖了线下的"自组织孵化器"和线上的大众协作创新社区,泛指能够为创新创业提供服务的实践平台(贾天明和雷良海,2017;张娜,2015)[115][116],还可以从不同角度对众创空间进行阐述。从创新经济学理论来看,众创空间的意义在于为创业者服务,要以市场为中心(黄世芳,2016)[23]。从功能上来说,众创空间主要是以专业化服务推动创新创业者应用新技术、开发新产品、开拓新市场、培育新业态(方琳瑜和宋伟,2018)[117]。

Barbrook & Cameron(1996)[41]认为创客空间是连接实践与学习的空

间:一个专门的、以社区为重点的空间,感兴趣的当地人可以在这里参与制作和分享技术。John T. Sherrill(2014)[13]在访问了苏格兰邓迪附近的三个创客空间,即Tin Roof(自定义为艺术家工作室的集合)、MAKE Aberdeen(自定义为数字制作工作室)和57 North(自定义为一个hacklab)后,认为每个创客空间都应该在物理配置、会员资格和目标等基本功能方面存有自身特色,除此之外每个空间在提供设备、社区感和教育咨询时也应突出差别,而"创客空间"代表了所有类型空间的共性与细节。Kroski E(2013)[3]根据开放教育数据库给出的定义,认为"创客空间是创意、DIY的空间,人们可以聚集创造、发明和学习。在这里,创客们可以使用3D打印机、软件、工艺和硬件用品等各种工具。"李同月(2016)[118]认为众创空间是传统孵化器向企业孵化前段的延伸,类似于"企业试管婴儿"的培育作用,其不仅为创业者提供完善的工作空间和交流空间,也从技术、信息、政策等多个角度为他们提供创业培训、资金融通、团队合作、工商税务等的全方位创新创业服务。陈夙、项丽瑶、俞荣建(2015)[6]认为众创空间作为促进大众创业、万众创新的新兴载体,具有无边界、自组织与客户化等创业生态系统特征,因此他们基于创业生态系统的角度,对众创空间作出了新的界定:众创空间是众多具有相同或相似兴趣和爱好的创客或创业者在某一特定物理空间的集聚所形成的复杂的创业生态系统。

对比传统的孵化器,众创空间在物理空间层面的配置、服务方式、商业模式和盈利模式上都有一定程度的创新,体现出我国信息技术和产业升级背景下的创新创业新形态。除了模式的新颖,众创空间与传统孵化器最大的区别是前者的进入门槛更低,这意味着更多大众创业项目,追求技术创新并且有着创新潜力的草根创新团队能够及时地得到帮助,继续成长并且壮大。这不仅推动了创客运动的积极健康发展,也响应了创新时代的呼唤,激发了全民创新创业的热情。

目前对于众创空间的概念解释尚无统一定义,根据国务院办公厅《关于发展众创空间推进大众创新创业的指导意见》的概念表述:众创空间是顺应网络时代创新创业特点和需求,通过市场化机制、专业化服务和资本化途径构建的低成本、便利化、全要素、开放式的新型创业服务平台的统称。众创空间的发展经历了五个时代,众创空间1.0时代——其功能主要体现在提供办公室、物业等基础办公服务;众创空间2.0时代——提供人力、法务、财务、注册等服务;众创空间3.0时代——提供创业导师、企业咨询等服务;众创空间4.0时代——提供种子基金、融资等服务;众创空间5.0时代——在上述版本上,众创空间还拥有一定的产业资源,为创业团队提供早期生存的基础。一般认为,众创空间是由八个要素组成,分别是空间及设施、行政支持、技术支持、物业管理、金融支持、信息支持、关系网络支持和经营支持。

二、众创空间分类体系

在众创空间的发展类型上,王佑镁、叶爱敏(2015)[1]认为国内众创空间从功能和特征的角度可分为七种模式:媒体驱动型、活动聚合型、投资驱动型、培训辅导型、产业链服务型、地产思维型、综合创业生态体系型。创客总部合伙人陈荣根从众创空间的服务机制角度将国内众创空间分为四种:第一种众创空间是联合办公区,只负责为众创空间内的小微企业提供办公空间以及相关配套设施。第二种众创空间,除了提供传统的物理办公空间之外,还为小微企业提供对接资金融通、财务法务等第三方服务机构,让初创企业能够把更多时间和精力聚集在发展自身业务上。第三种众创空间,是在第二种众创空间所提供的创业服务的基础上,提供更加深入的创业服务,比如创业辅导、业务对接等,该类众创空间的核心作用体现在通过深层次的"增值服务"来促进创业者的业务发展和能力提升。第四种众创空间,提供的是更加专业的"增值服务"支持,而不是硬件空间,帮助小微企业建立人脉、对接资源,并选择合适的项目直接投资。

Travis Good(2015)[2]以不同的运行模式为依据,将众创空间划分为协同工作型、自主创业型、集中开发型三种。Kroski E、Apodaca(2016)[119]认为众创空间(国外称之为创客空间)可分为三类:一是社群化空间型。该类众创空间起源于黑客运动爱好者,为具有共同爱好的社群提供一个创新场域,创客们以兴趣为出发点,专注于自己手中的作品。二是 Fab Lab 创新实验室型。专注于使用数字化的科学技术实现个人制造,以用户为中心,秉承教育和社会创新理念。三是营利性空间。通过会员制或是空间出租的方式聚集创客,并为他们提供开发硬件和软件。

三、众创空间治理结构

在创新创业浪潮背景下,众创空间在短时间内发展起来,各地区根据自身的资源整合和政策形成的众创空间各具特色,因此经营模式和运行机制也呈现多样化,众创空间的治理随之呈现出各种问题。众创空间内部吸收了多个创业团体,具备硬件设施功能、人才支持与资源集聚功能、提供空间服务、投融资服务和咨询服务等其他专业性服务,作为一个整体,众创空间的日常运行涵盖了方方面面,十分复杂。虽然每个地区存在的问题不完全相同,但众创空间的治理内容结构主要在运行机制、管理体系、监管体系、盈利模式这几方面。

(一) 管理体系治理

作为"互联网+"和创新创业的产物,众创空间的运行离不开利用网络边界的扩展和延伸集聚资源,吸收新技术、新创意还有不同领域的人才。但由于众创空间的门槛对于科技创业园、传统孵化器来讲相对较低,如何制定合理的标准筛选团队,既能为多数人提供机会,又能提高创业的成功率,是一个非常重要的问题;众创空间的多重功能需要一个完善的管理体系,对日常运作、人员流动进行管理,管理人员的组织结构、组织的权力分配和绩效评估、对创业企业的评估等都对众创空间的良好发展有着重要影响。

(二) 监管体系治理

国家支持众创空间发展,政府不断推出有力的政策制度推动发展,但若政策落实停留于表面,反而会助长不正的发展风气。众创空间为创业团队免费提供创业地点、免房租水电费等的同时,也要对创业团队的入驻进行严格的审核判定,不浪费资源;众创空间每年举办大型的路演、培训、沙龙等活动,不仅要满足次数,同时也要保证质量,为创业团队提供更多的优质机会。所以,针对各项事务,应制定合理的考核指标,保证资源的有效利用和众创空间的良好运行。

(三) 盈利模式治理

相当数量的众创空间盈利的来源依赖政府的政策制度,除了国家在政策、税收方面的补贴减免、投融资引导等帮助外,自身只依靠出租空间、收取会员费用、提供服务等获得利润来保持整体运转,这容易面临危机,需要扩展思路,思考新方法,借鉴成功的例子,建立多元的盈利模式。获取租金差价的盈利模式的特点是比较稳定,但增长空间有限,而通过获取政府专项资金或补贴的方式不具有持续性,通过专业服务收费并进行种子投资获得投资收益才是众创空间可持续发展的盈利模式。

四、众创空间运营机制

随着政府的各项政策公布,各项补贴落实,众创空间得到了更多的资源,资源集聚、自优化和可持续发展、无边界网络等运行机制成为核心,但进一步的发展仍需要对资源进行整合,提高整个众创空间信息交流利用的效率、通过增加创业团队之间、创业团队与投资者之间交流对接的机会提高成果转化的概率,重视众创空间整体的内部优化,以及外部对新创业团队的招募。众创空间在发展进步过程中应成为一个整体,不断接收外部新的信息、新的理念、新的知识,自我改善并淘汰落后的创业方法。

(一)专业化服务集成

众创空间将通过服务的垂直化和专业化,找准自身的领域,为相应的创业者提供更加精细、深入和专业化的服务;将在专业性资源、工具导入和整合的需求不断增强的同时保持自身的特色,寻求差异化的发展;众创空间是创业创新政策的集成平台,这些功能都在众创空间里得以集成和服务。创客可以在众创空间中快速选择和获得各类要素,形成开放的平台生态圈。[113]

(二)创业开放协同

众创空间作为一个开放式的"创新创业社区"生态系统,服务于"众创、众包、众筹、众扶"的创新创业领域。众创空间使创业过程更加开放化,平台更加协同,从而整合有效资源,激发有效创新。激发"大众创业、万众创新",在创业创新过程中,起核心作用的就是众创空间等新型孵化机构,其开放式的创新创业活动是众创空间的关键。[113]

综上所述,在大众创业、万众创新的时代,众创空间作为基本配套设施已经得到了越来越多人的重视,同时得到了较好较快的发展。但是仍然有些许不足。[112]随着社会环境、创业环境更加优质和宽容,小微企业创业氛围会更好,众创空间也会出现更多发展业态,国家政策以及相关配套会进一步向这一角度倾斜,众创空间会经历一个重塑阶段,即较好的众创空间会得到保存,而治理结构较差、服务模式无特色、没有核心的众创空间会被淘汰。[272]

第三节 众创空间孵化服务能力及其耦合内涵

一、众创空间孵化服务能力的基本概念

众创空间在物理配置、入孵资格和目标等基本功能方面存有自身特色,在提供设备、社区感和咨询时也突出差别(Sherrill,2014)[13],通过会员制或空间出租的方式聚集创客或创业者,为他们提供硬件和软件,使他们专注于以用户为中心和自己的作品,运用科学技术实现个人制造(Kroski E & Apodaca,2016)[119],还拥有具体的社会化服务功能和能力,包括聚集天使投资人、各类投资机构,为初创企业提供融资服务,利用媒体优势为初创企业提供包括投资、信息等各种资源在内的线上和线下综合性创业服务,定期举办项目的展示路演等各类服务功能和能力(王佑镁和叶爱敏,2015)[1]。

在辅助创业者创业的过程中,众创空间除了担当创业资源的联络者外,它还为创业者提供了其他方面的服务,包括帮助小微企业办理各种证件、提供共享的办公场地与设备、物业服务及其他基础设施服务,并协助小微企业

招聘各类伙伴与人才等。通常情况下,创业项目一旦入选,众创空间会为小微企业配备创业导师,并邀请成功的创业者或企业高管举办创业培训活动,在这一过程中,为创业者灌输企业运营意识,传授给小微企业运营管理、市场开发等经验,达到减少创业阻碍、降低创业风险的目的,从而实现小微企业创业者和投资人的双赢。

众创空间平台上汇集了各类创投机构、投资人等,并与之保持密切联系,有的众创空间直接邀请创投机构长期驻场,以节省小微企业创业者的时间,增强融资的高效性。众创空间平台上所汇集的咨询机构,可以帮助新创小微企业解决初创时的财务问题、法律问题和运营中出现的其他问题,降低小微企业犯错误的机会,让小微企业集中精力于公司的运营和产品等方面。

但是众创空间并不是完全新兴的行业,可以把它看成传统的孵化器在双创和互联网背景下的改造升级。同孵化器相比,众创空间的新颖之处有三点:首先,众创空间的形式更加灵活。从创立的门槛看,传统孵化器一般是以政府或社区为主要的投资人,与各个高校或机构合作,为小微企业的创业成长提供所需的各种综合服务。这种孵化器的建立需要大量的资金、土地、人脉等资源,但是众创空间的创立主体可以是小微企业或者社会团体,甚至是个人,创立的启动资本比较低,如一间咖啡厅即可,这就大大降低了众创空间的创立门槛。从其规模上看,目前众创空间整个行业处于整合阶段,大小不一,与孵化器的传统大规模不同。从类型上看,众创空间的表现形式多种多样,尤其是互联网的发展,实现了跨地区的交流和及时沟通,有利于虚拟众创空间的打造。

其次,众创空间提供的资源和服务更偏向于无形资产,包括融资支持、管理培训、信息支持等,淡化了厂房、办公空间、设施设备等这些要素在创业过程中的重要性。众创空间在这个过程中更多地充当一个平台,平台的一方集聚着大量的创业资源,包括创业资金、人才、咨询机构等,平台的另一方则是大量寻求资源的创业者,众创空间在这个过程中充当中介的角色。最后,同孵化器相比,众创空间所汇集的资源更丰富,要素更齐全。除帮助创业者寻求低廉的办公场地、设施设备等有形资产外,众创空间同时为小微企业创业者提供了交流的平台,该平台上汇集了大量的社会资源和人际关系,扩大了小微企业创业者的社会资本,为个人或团体创造了良好的创业环境,有利于帮助小微企业创业者更好地识别创业机会,抓住创业机遇。

综上所述,针对众创空间的概念、服务功能和能力,国内外文献进行了较多阐述,但在众创空间服务能力的影响机理方面,少有文献涉及,尤其是运用量化方法开展实证研究的文献尚未出现。

二、众创空间孵化服务能力耦合的基本概念

"耦合"是指两个或两个以上的系统或运动方式通过各种相互作用彼此影响以至于联合起来的现象。本研究所涉及的众创空间孵化服务能力耦合,既包括众创空间内部孵化服务能力之间的相互耦合,也包括众创空间孵化服务与制度创新、组织治理、价值共创机制等众创空间发展元素之间的互动耦合。

（一）众创空间孵化服务能力内部耦合

众创空间孵化服务能力内部耦合,是指从服务流程、服务功能、服务层次和服务标准多个维度,针对不同类型、不同阶段新创企业,构建众创空间孵化服务的内部耦合体系,实现孵化服务全程化、个性化和专业化。这方面可以基于波兰学者约·沃吉次基的标准三要素构建标准三维空间的理论,以及孙学智等(2016)[120]有关孵化服务标准的体系,从三个部分对孵化服务标准体系进行构建,这三个部分分别是：层级标准、服务标准和流程标准。孙学智等(2016)在文中优化了众创空间孵化服务的标准体系。在不对孵化服务对象标准设限的前提下,根据众创空间本身的特点与标准化三维空间的理论,参考李春田学者提出的关于标准分类方法,从层次标准、流程标准和服务标准三个维度,构建了众创空间孵化服务的耦合体系,如图2-2所示。

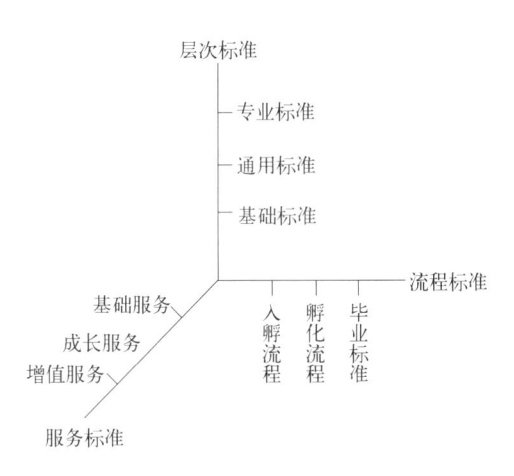

图 2-2 众创空间孵化服务耦合体系图

将众创空间孵化服务从服务标准的角度,划分为了基础服务、成长服务、增值服务三种类型；从流程标准的角度,划分为入孵流程、孵化流程、毕业标准三个服务阶段；从层次标准的角度,划分为专业标准、通用标准、基础标准三个标准。孙学智(2017)[44]进一步对众创空间孵化服务标准体系进行优化,将服务标准从原来的三种服务类型进行细化,面向不同的孵化服务客体,即在孵企业或者团队,提供不同要求和类型的孵化服务；将原来固定的三个服务流程灵活化,不要求所有的众创空间都严格按照既定的流程孵化企业,而是考虑了人的因素,将众创空间执行者的主观能动性与流程的标准化相结合。

(二)众创空间孵化服务能力外部耦合

众创空间孵化服务能力外部耦合是基于孵化服务制度创新驱动、组织治理引领、价值共创需要和绩效导向,将某项服务和商品通用新形式加以完善,以创造更高的效用,针对特定客户、活动,在基础服务上提供的专业化、定制化服务。从更深层次的延伸服务来讲,增值服务通过引进第三方企业,可以产生有别于其他竞争对手的专业化、个性化特色服务。

为提高小微企业的成功率和满足初创企业不断升级的专业化服务需求,众创空间需要形成涵盖从寻找发现到快速成长的全过程孵化服务外部耦合机制。由图2-3可见,在创新2.0背景下,众创空间的孵化服务能力无论是硬性服务还是软性服务,均以第三方组织为依托,帮助创业者突破传统服务的局限性,实现线上服务与线下服务的高度耦合,促进创业者的业务发展和能力提升。

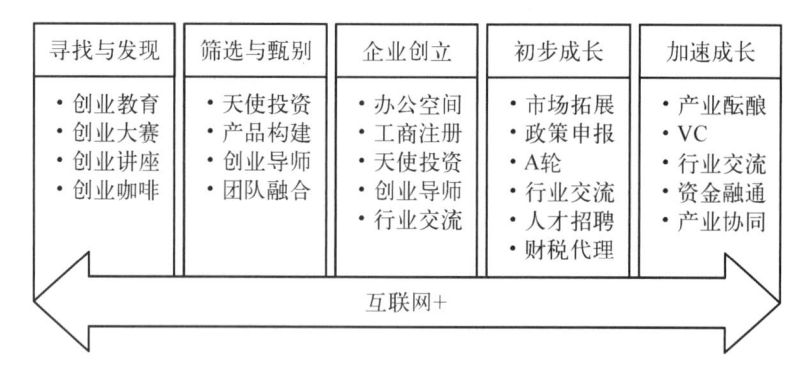

寻找与发现	筛选与甄别	企业创立	初步成长	加速成长
·创业教育 ·创业大赛 ·创业讲座 ·创业咖啡	·天使投资 ·产品构建 ·创业导师 ·团队融合	·办公空间 ·工商注册 ·天使投资 ·创业导师 ·行业交流	·市场拓展 ·政策申报 ·A轮 ·行业交流 ·人才招聘 ·财税代理	·产业酝酿 ·VC ·行业交流 ·资金融通 ·产业协同

互联网+

图2-3 众创空间全过程孵化服务外部耦合机制

三、众创空间孵化服务能力耦合的机理

(一)制度创新驱动的众创空间孵化服务能力耦合

国内外关于制度创新驱动的众创空间孵化服务能力研究更多的是从对行为主体的约束方式(正式制度和非正式制度)的角度,其实更需要从内外部制度起源角度分析制度创新驱动的孵化服务能力耦合机理。

1. 众创空间外部制度环境创新驱动孵化服务能力耦合

政府可以通过众创空间外部制度环境创新,激发众创空间孵化服务能力的耦合效应,尤其在众创空间专项资金支持、专项服务支持方面可以持续作为。通过专项资金支持,如创客大赛奖金等,从源头着手,扩大全国创新创业影响力;通过专项服务支持,深化行政管理体制改革,为创业企业工商注册、登记、税务提供便利,减少初创企业在商税方面遇到的难题和浪费的时间,使其有更多的时间专注于自身业务发展。

众创空间领域正逐步进入快速发展阶段,需要更充分的资金、技术等来支持,仅靠政府力量是不够的,根据波特五力模型的理论依据,政府应该在供应商(第三方企业)、购买者(入孵企业和创客)、潜在的新进入者(有创办众创空间意向、创业经验丰富的人)、替代品的其他行业(孵化器)方面,采用鼓励和监管并行的方式逐步放宽对众创空间的管制,为其提供能够健康快速发展的、活跃的、有效的市场环境,实现市场和政府的高效耦合。

2. 众创空间内部治理制度创新驱动孵化服务能力耦合

(1) 建立有效的众创空间组织结构、运行模式和监管机制。众创空间的组织结构、运行模式和监管机制对提升众创空间孵化服务能力的贡献较大,所以众创空间可分别从这三个角度进行孵化服务能力耦合:一是建立有效的运行机制,明确空间主题、引导专业发展、强化多元合作、打通出路径体系等;二是构建稳定的组织结构,包括项目招商部、产业服务部、综合服务部、物业管理部、信息部等;三是实行完善的众创空间监管体制,量化考核评价指标体系,建立包括社会贡献能力、服务能力、成长能力等多方面的评价指标体系,完善众创空间审核机制。

(2) 完善创新创业共同服务机制。众创空间作为一个资源共享的创业平台,发展核心在于耦合创新创业公共服务,完善服务体系网络工程,可以利用大数据平台、共享云资源、智能制造技术,为创新创业提供完备的研发工具和高效的创新平台。基于众筹、众包、众智等新型创新平台,帮助众创空间内的入孵企业实现资金、技术和创新等资源的获取,推动创新创业活动向集群化、个性化、网络化、开放化方向发展,实现虚拟空间颠覆实体空间,寻找更多、更好的盈利点,保持众创空间盈利模式创新。

(二) 组织治理支撑的众创空间孵化服务能力耦合

众创空间的治理结构大部分为直线制的组织结构,反应迅速、责任明确,上传下达直接为入孵企业提供服务,因此,良好的体系管理和资源分配以及绩效考评,可以大大地提高众创空间的基础孵化能力、综合服务能力和增值服务能力的耦合效果。众创空间从外部获取的资源、政策导向和市场信号等,都会传递到众创空间内部,为入孵企业提供有效的耦合性孵化服务。可将外部治理比作孵化链条的首端,将入孵企业接受孵化比作孵化链条的末端,而内部治理结构可看作中间的孵化运作过程,内部治理结构起着直接的作用。内部治理结构对孵化服务能力的影响主要在于其"直接接触性",包括内部的治理体系、资源分配、员工培训、基础设施的供给、创业氛围的打造等,巧妙地将无效冗余的资源转化为契合资源,实现各种资源的高效利用和服务的高效耦合。

据此,本研究将众创空间治理结构分为外部治理结构和内部治理结构两部分。首先,从外部治理结构来看,众创空间治理结构之所以能够推动孵化服务能力的耦合,是因为外部治理结构在一定程度上稳定了众创空间孵化服务的资源需求,成为众创空间孵化服务的外部依靠,将有形的实物转化为无形的服务,在这样的业务链条中,外部治理在首端,中间是众创空间的孵化运作过程,而入孵企业可看作末端。孵化服务的成果如何,从末端被孵化的企业的成长表现可见一斑。而众创空间的特殊在于,该类企业对于资金的筹备相对困难,或者说整个企业的筹备与一般企业相比不够完善,需要众创空间进行辅助,从而帮助该类企业成功参与市场。企业的发展最重要的是资金的支持,众创空间多数以高校或科研基地为依托,外部资金链相对稳定,能够寻求到的基金支持、天使投资也较为充足,可以提供更加便捷的发展平台。

其次,众创空间之所以在近几年如火如荼地发展起来,是因为国家给予了大量的政策支持和资金支持,同时也给予了小微企业诸多优待。市场的发展千变万化,敏感地捕捉市场的机会,紧跟政策走向,是众创空间外部治理的一个重点。而这个重点也是小微企业发展的关键点,政府释放信号,市场跟随信号导向对小微企业开放,大量的第三方机构紧跟支持,进而加速企业的孵化。当然,无论是资源还是政策法规,从外部获取到入孵企业接受服务,都需要众创空间正确的孵化服务。面对每年巨大的人才市场,众创空间需要正确选择适应性和专业性的人才,人才的质量决定了孵化服务的质量,在外部治理中,政府对众创空间人才的招聘政策给予优待,众创空间便可以挖掘更多的人才输送到众创空间,众创空间的孵化服务耦合能力也会随着人才质量的上升而提升。

(三)价值共创导向的众创空间孵化服务能力耦合

面对新创企业孵化过程中的异质性需求,传统单一的众创空间服务形式不能再较好地促进其成长。根据系统论观点,众创空间已经具备系统性和整体性特征(张宝建等,2020)[121],实质上是一个动态演变着的复杂网络系统。在此系统中,新创企业、政府部门、投资机构、服务机构等相关主体以众创空间为核心(戴亦舒等,2018)[98],在坚持开放合作理念的基础上,不断通过内部网络联结参与创业实践活动,促进内部资源的高效传递与流通(李梦雅等,2022)[122],从而实现多主体价值共创。

实现价值共创的众创空间具有不同凡响的发展实力,能够为众创空间内各相关主体创造持续的创新机会和价值(Lusch et al.,2016)[123],推动其价值最大化(Van,2015)[124];与此同时,各相关主体不仅能反哺众创空间,进一步促进众创空间的高质量发展,还能带动其他主体参与价值共创,进而在不断互动合作与资源整合中形成一个良性循环(Gummesson et al.,2010)[125]。因此,众创空间内各主体具备的资源要素对价值共创具有重要影响,是驱动价值共创实现的重要因素。

1. 众创空间层面

新创企业选择入驻众创空间,缘于众创空间拥有规范的硬服务和软服务(项国鹏等,2021)[126],能够帮助新创企业进行价值创造与价值获取。作为孵化载体,提供硬件条件是众创空间的主要功能,众多学者都将众创空间硬服务置于价值创造的重要地位。任兴旺等(2019)[66]认为是否配备物理场所及机器设备是众创空间绩效评估的重要指标。卫武等(2021)[4]发现完善的办公设施是创业活动必不可少的硬件支持,便于新创企业积极开展创新活动。

除此之外,建立人力资本、管理咨询等软服务是众创空间参与价值共创的决策行为。一方面,众创空间的专业管理人才能够将市场供求信息和资源管理服务提供给创业者(李向辉,2009)[127],帮助新创企业解决因缺乏良好的管理团队而制约发展的"瓶颈"。另一方面,创业导师的作用在创业教育中越来越受到大众认可(St-Jean et al.,2017)[128]。众创空间提供具有丰富知识结构体系的创业导师,能够为新创企业提供建议,提升创业者对创新创业的理解力与执行力,帮助新创企业避免创业实践中的致命错误(吴小春等,2019)[129],进而增加价值共创合作动力。因此,本研究认为众创空间的硬服务和软服务是众创空间内多主体价值共创的投入要素。

2. 新创企业层面

新创企业具有新生弱性(Wales et al.,2014)[130],素来是众创空间中的被服务者,但随着部分新创企业依靠众创空间平台实现异军突起,新创企业也成为发挥价值互补作用的参与者,通过创新水平、研发投入、人才供给影响价值共创。其中,创新水平是新创企业的核心竞争力(苏晓华等,2020)[131],创新能力强的新创企业能够提出富有吸引力的价值主张,通过创新网络激发众创空间及其他主体的创新与价值创造。研发投入是新创企业的价值表现,研发投入越高,众创空间内部多样化产业集聚的知识溢出效应越强(孙启新等,2021)[132]。价值创造需要丰富的知识资源(赵艺璇等,2021)[133],较强的知识溢出效应会对价值共创产生不可替代的深远影响。人才供给是众创空间和新创企业强有力的解释指标(袁祥飞等,2022)[134]。黄攀等(2018)[135]认为拥有优秀人才的众创空间在经营管理过程中更注重追求整体社会效益。Hackett等(2004)[58]认为新创企业团队中的技术专家能力对众创空间总体绩效有正向关系。因此,本研究确定创新水平、研发投入、人才供给是新创企业层面对价值共创的投入要素。

3. 第三方服务支持主体层面

作为综合性服务平台，众创空间通过构建社会网络，联结了众多第三方服务支持主体。首先，众创空间的迅猛发展离不开政府"双创"政策的出台和财政支持，具有鲜明的政府推动色彩(黄钟仪等，2021)[136]。一方面，政府补贴和税收、采购等相关政策能够改善众创空间的创业环境(Guerzoni et al., 2015)[137]，为价值共创提供资源和机会。另一方面，从信号理论的角度，政府对众创空间的大力支持起着一定的"风向标"作用，通过反映众创空间的质量信号，吸引其他外部主体对众创空间的关注(王海花等，2021)[138]。

其次，资金在创业资源中至关重要(吴兴海等，2015)[139]，创投机构提供良好的金融支持环境不仅可以保障新创企业稳定成长，还可以作为体现众创空间服务管理能力的重要指标(单鹏和裴佳音，2018)[60]，有助于提升众创空间多主体价值共创水平。最后，技术供给环境与科技成果转化的效率和速度息息相关(Perez-Lopez et al., 2012)[140]，高质量供给推动创业活动价值最大化。科研机构进驻众创空间，不仅促进了众创空间的多元化发展，还实现了技术资源供给与新创企业需求的有机匹配，从而加快价值创造与价值获取。基于此，本研究认为政策补贴、资金支持、技术支持是众创空间内多主体价值共创的投入要素。

综上，本研究基于众创空间、新创企业、第三方服务支持主体三个层面，构建硬服务、软服务、创新水平、研发投入、人才供给、政策补贴、资金支持以及技术支持八个众创空间内多主体投入要素促进价值共创实现的理论分析框架(图2-4)，对众创空间多主体价值共创实现的协同效应进行阐述。

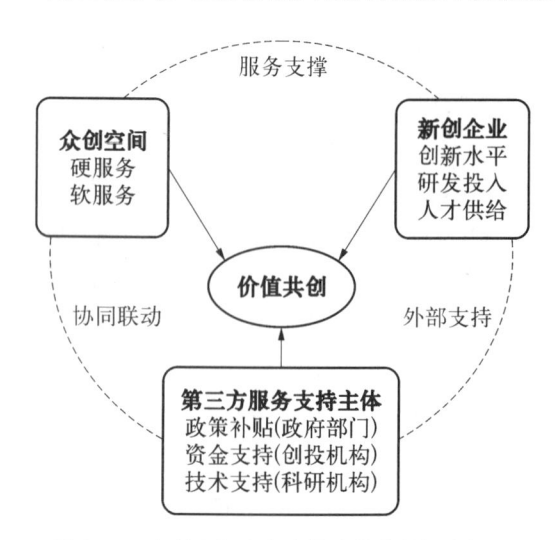

图2-4 众创空间内多主体价值共创耦合机理

(四)绩效提升引领的众创空间孵化服务能力耦合

众创空间应强化对企业绩效有显著作用的孵化服务能力耦合,如协助企业与相关部门交涉、为科技型企业建造网络技术交流平台、提供研发指导等众创空间专业服务。同时强化众创空间作为孵化平台的功能,加强小微企业与第三方机构的联系与合作,如法律咨询机构、金融贷款机构、科研院所、高校等,为在孵企业提供更专业、更先进的技术和服务。

1. 众创空间基础服务与小微企业创业绩效耦合关系

一方面,众创空间的基础服务本身就是众创空间的自身优势,为入孵企业提供了创业场所和设备等必需资源。其次,在孵企业通过众创空间可以更便捷、更迅速地了解到政府部门相关执照办理的信息以及税务优惠政策等,节省了创业时间成本。探究其原因,众创空间进行孵化服务资源耦合优化,极大地降低了小微企业创业风险,提高企业竞争优势。另一方面,众创空间提供的基础设备、公共设施等存在企业不需要的孵化服务资源,一定程度上增加了企业不必要成本,降低了企业成长性和创新预算。

2. 众创空间增值服务与小微企业创业绩效耦合关系

增值服务能力对小微企业创业绩效各个维度会产生影响。财务绩效衡量指标是企业利润率、销售收入等,增值服务能提高企业的创业管理经验,降低新创企业陷入财务危机的可能性,人才培育服务的提供使得新创企业人员招聘成本降低;成长绩效是通过新创企业市场增长率等指标衡量,众创空间提供融资服务增加新创企业市场开拓的预算;创新绩效通过新市场和新产品衡量,专业技术人才的培育推动企业创新创造氛围的营造,加快入孵企业发展。

3. 众创空间专业服务与小微企业创业绩效耦合关系

小微企业绩效会受到众创空间服务能力、所处动态环境和自身发展能力的影响。从专业服务来看,众创空间根据小微企业创业模式以及产品服务类型,有针对地为入孵企业提供专业服务,有助于小微企业的不断发展与成熟,进而提高企业绩效,推动小微企业的可持续发展,进一步扩大企业规模。从相关数据分析结果可得,专业服务能力对成长绩效的影响较大,对创新绩效不产生直接影响,原因在于小微企业大多处于初创期,众创空间帮助在孵企业开拓品牌知名度,更关注企业的成长和发展,对企业盈利和创新创造要求不高。

此外,众创空间应根据新创企业所处阶段有针对性地为企业提供耦合性孵化服务,如为初创期企业提供创业空间、基础设备以及融资途径等孵化服务,减少初创企业主资金困难的问题;根据社会网络理论,众创空间是小微企业的集聚平台,汇集了弱关系的联结网,为成长期企业提供市场营销和信息支持服务,开拓网络营销平台提升产品的市场知名度,帮助新创企业对接融资、技术等孵化服务。

第三章 理 论 基 础

第一节 社会网络理论

20世纪30年代研究学者提出社会网络理论,主要理论为强弱关系力量论、嵌入理论、结构洞理论等,该理论日渐成为一种新的社会学研究范式。社会网络是一个集合体概念,由多个不同的主体和主体之间的关系组成。社会网络会将没有纽带关系的社会行动者连接起来,也会将社会行动者们划分成不同的关系网络。社会网络理论有一基本观点:社会中的人们因为彼此的关系联结,会用相似的方式去思考和作出反应。社会网络理论的研究范围包括社会中每一个个体、群体和组织,这些个体、群体、组织统称为社会行动者,由于社会行动者彼此之间的关系,在解释社会行为的时候,会将这些社会行动者视作一个整体。

一、强弱关系力量论

该理论核心思想是强弱关系在个体、组织、系统之间发挥着有根本差异性的关系。通过强关系获得的信息通常有较高的重复性,它扮演着维系系统、组织内部之间的关系的角色;弱关系是联系系统、组织之间的关系,其涉及范围较广,通过弱关系可以跨越组织来获得并分享较为丰富的信息。只有弱关系才能充当组织、系统之间的信息桥梁。强弱关系在作为资源桥梁上也存在较大差异,强关系能获得较为稳定可靠的社会资源,弱关系能获得较为广泛和持续的社会资源。刘莉(2011)认为积累社会资本的有效途径是加强关系信任、广泛的交际互动、建立利益共同体等扩大网络规模的方式。[141]

二、嵌入性理论

嵌入性理论的基础个人既不是"社会人",也不是"经济人",而是嵌入到各个社会关系中的"理性人",良好的人际关系能为个体带来长远的收益。嵌入性理论的核心内容是认为社会网络系统是各社会节点之间所存在的社会关系的总和(李凯,2017)[142]。社会网络系统中的社会关系与社会行为间存在相互嵌入,社会资源也嵌入在社会关系中,社会主体通过社会关系获得社会资源。网络主体间通过不断地深入交流,加深彼此的关系嵌入强度,在心理上、行为上存在一定的相关性。因此,嵌入理论在微观网络主体和宏观社会结构上都存在较好的解释力。

三、结构洞理论

结构洞理论的研究主要是从两个方面展开,首先是网络结构方面,在社会网络关系中主体之间的位置关系能够反映其所在的网络结构,并且学者们可以利用"结构等效"的假设来解释实际生活中的社会网络行为。网络结构主要研究社会网络整体的闭合度、行动主体间的闭合度,以及关系主体位置的中心性等(Ibarra,1993)[143]。其次是网络质量方面,研究方向以关系特性、关系强度、关系种类及交流频率(Uzzi,1999;Granovetter,1983)[144]等为主。人与人之间的联系、点和点之间的连线组成了社会网络,社会网络是社会中个体与个体之间联系的集合。

众创空间与在孵企业的关系连接、在孵企业之间的关系连接、众创空间与外部网络的关系连接、在孵企业与外部网络的关系连接等组成了一个特有的创业网络,小微企业以关系作为桥梁获得所需的服务、资源等,最终起到提升自身创业绩效的作用。在本研究中会出现诸多可能对结果产生影响的因素,在之前一些学者的研究中,有些仅将每个影响因素单独提出,分析它对于能力强化的效用,并没有考虑当影响因素综合起来,对孵化服务能力的作用。根据社会网络理论,本研究要将众创空间与政府、金融服务机构、研发机构等社会群体、网络组织相结合,视它们为一个整体,从多因素或因素有机结合的角度寻找出更加合理合情的强化能力的策略。

第二节 创业理论

创业是一项复杂的社会活动和经济过程,会受到来自方方面面的权变因素的全面和持续影响,关注创业活动发生的具体环境如创业基地、众创空间等,使得创业研究能走进现实,因为小微企业创业是具体环境内的活动,也使得创业活动向可操作性方面大大迈进。目前大多数研究学者对创业理论的研究,是以过程理论(Steers,1977)、利益相关者理论(Conlon & Deutseh,1980)、资源基础理论与目标理论(Yuchtman & Seeshore,1967)为基础理论,通过战略和组织管理研究领域的观点,分别从企业的行知、经营过程和经营结果三个方面来认知创业。

创业研究的理论视角可划分为资源基础论、社会认知论、种群生态论和战略适应论这四个类别。学者们总结,资源、战略、创业环境与机会、创业团队等因素会深刻影响创业绩效。表2-1从创业绩效的四个理论视角出发概括研究创业绩效的影响因素。

表2-1 创业理论概述表

视角	作者	研究重点	影响因素
种群生态论	Aldrich、Marinex(2001)等	认为创业的生存率完全取决于外部环境的好坏,创业环境是影响创业绩效的决定因素,企业无法发挥主观能动性	创业环境
社会认知论	Chandler等(1994),Lerner等(1997)	以创业者本身作为研究对象,认为创业者的意图和行为将决定创业活动能否延续和发展	创业团队
资源基础论	Pfeffer、Salancik(1978),Barney(1991)等	以创业企业为研究对象,强调企业内外部资源的重要性,企业的资源整合能力影响创业绩效	创业资源
战略适应论	Sandberg、Hofler(1987),Park、Bae(2004),Janczak(2005)等	认为创业环境中机遇与风险并存,创业企业战略性地识别环境中的机遇,并将它转化为商业价值,企业就能生存与成长	创业机会

此后,学者们又从内部因素论、外部因素论和宏观因素论三个视角对创业进行研究。内部因素论基于企业内部可控性因素,研究创业的影响因素,如创业团队能力、企业战略、运营方式和产品定位等。林迎星(2006)[145]通过对科技型创业企业实证分析,提出人力资源和技术资源是影响创业的关键因素。李保明(2009)[146]认为影响创业成败的三个重要因素为:创业愿景、创业机会和创业能力。外部因素论认为创业者是通过社会网络关系来获取自身发展所需要的外部资源,从而对创业产生重大影响。宏微观因素论则是从宏观环境因素和内在微观因素相结合的角度去考虑创业的影响因素。张应良和汤莉(2013)[147]提出政策环境、经济状况、技术阶段、法律法规等宏观环

境因素,以及心理素质、人力资本等微观因素,都会对创业产生影响。

本研究探究众创空间孵化服务能力、小微企业资源禀赋和创业绩效的关系,是从资源基础论的理论视角来研究小微企业创业绩效构建指标的。

第三节　中小企业服务论

中小企业服务论提出,政府部门应该以相关政府机构为中心,连接社会上的各种中介服务组织,建立起专业化、社会化、市场化和网络化的中小企业服务系统,以引导中小企业的创业和经营行为,从而使中小企业更好地生存和发展。其要点是:

(一)中小企业服务系统是落实小微企业扶持政策的有效载体

在市场经济中,政府对小微企业服务一般不是直接的干预,而应通过中介组织进行间接的引导。这些服务的基本目标是解决小微企业发展的"瓶颈"问题,包括资金融通、技术支持、人才培训、市场开发与信息咨询等方面。[273]

(二)服务组织的主体是有政府部门支持的社会化中介服务组织

服务组织作为介于政府与市场之间的一种存在形式,弥补了政府缺位和市场失灵时公共物品供给的不足,因而成为公共事务治理的主体之一。小微企业的服务由从事社会化服务的组织实施和完成,但是政府有义务对中介组织的形成和发展给予指导和促进,从而使中介组织体系能够顺利完成各种政策扶持性项目。[273]现阶段我国服务组织可分为社会团体、民办非企业组织以及事业单位,其中涉及中小企业社会化服务体系治理的主要有以下几种。

1. 企业合作自律组织

该类组织在降低企业交易成本方面具有突出作用:可以为会员提供低价位的公共物品(众创空间孵化服务资源);另一方面,会员企业可以因此减少相互间的恶性竞争。该类组织主要有各种行业协会、中小企业协会等[273]。

2. 服务机构组织

主要包括:综合性(或专业性)中小企业服务中心、中小企业技术创新中心、中小企业生产力促进中心、孵化器、众创空间、中小企业创业园区和科技园区等。[273]

(三)小微企业发展的关键仍然在于自身的努力

小微企业应该认识到,政府与社会中介服务组织的扶持只是为其自身的经营提供良好的社会环境,但不能取代企业的自我修炼,小微企业应积极地创新与升级,才能不断提高运营能力。

本书所研究的众创空间是目前国内最为常见的社会服务机构,但是部分众创空间面临着过于依赖政府政策的问题,无法为身处困境的小微企业提供优质的服务,因此众创空间构建自己的服务机制、加强服务能力建设是目前的重中之重。加强服务能力建设的目的在于解决小微企业面临的资金、人才、技术、信息等方面的问题,众创空间应当从小微企业的需求出发,提供专业化的服务内容。当然政府的政策支持也是必要的,但政府要扮演协调沟通者的角色而非主导者的角色。

同时,小微企业受到众创空间提供的服务与便利后并不意味着创业成功成为必然,一定要发挥主观能动性,培养自身的核心竞争力,才能持续生存并长久经营下去。

第四节 利益相关者理论

1963年,斯坦福大学学者指出企业未得到某种群体的支持时,将无法生存下去,即企业周围不止有股东还有其他的利益主体,由此提出了利益相关者概念(Mi-tchell et al.,1997)[148]。1965年,"利益相关者"一词被学者Ansoff引入经济管理探索范畴,并指出在制定企业目标时必须把管理者、员工、消费者和企业供应商等各类利益相关者的需求考虑在内(Ansoff,1965)[149]。在此基础上,Freeman认为影响企业目标达成的群体或受企业发展影响的群体都是企业的利益相关者(Freeman,1984)[150];Clarkson则把与企业共同承担风险的群体,即将资金、人力、设备投入企业的对象称为利益相关者(Clarkson,1995)[151]。

Frooman认为,企业必须考虑清楚谁是利益相关者、其想要什么,以及如何实现他们想要的这三个问题,才能正确把握与利益相关者的关系(Frooman,1999)[152]。鉴于此,学者们从不同的视角出发对"利益相关者"进行研究。从内部和外部角度考虑,外部相关者有政府、竞争对手及合作企业、债务人、消费者以及供应商等;内部相关者包括公司管理层以及企业基层人员(Do-naldson and Preston,1995;Qin et al.,2019)[153][154]。从承担风险的方式考虑,股东、员工、顾客等属于自愿的利益相关者;媒体、特定利益集团属于非自愿的利益相关者(Clarkson,1995)[151]。从资本形态角度考虑,员工属于人力资本相关者;企业的供应商、产品消费者、政府属于社会资本相关者;股东和债务人属于货币资本相关对象(温素彬和方苑,2008)[155]。综合以上分类方式来看,消费者、政府、产品供应商等都是企业的重要利益相关者。

对于企业长期战略目标的实现来讲"利益相关者"极其重要,其能决定企业的成功与否(Freeman,1984)[150]。企业利益相关者是构成企业契约关系的不同组成部分,能带给企业发展需要的资源;同时利益相关者能通过施压来影响企业运作,表达自己的利益诉求(Henriques 和 Sadorsky,1999)[156]。因此,企业组织战略的制定必须考虑到管理者、员工、企业供应商等利益相关者的需求,并且应该对利益相关者负责(Ansoff,1965)[149]。

基于以上分析,可以得出众创空间平台中的利益相关者涉及新创企业、风投机构、政府部门、消费者等。本研究将众创空间、新创企业、风投机构作为众创空间多主体协同创新的主要利益相关者,他们有着不同的合作目标和需求,本研究引入利益相关者理论能够更好地配置众创空间平台中各参与方的资源(陈宏辉和贾生华,2005)[157],达到整体效益最佳的目的,对实现众创空间多主体协同创新具有重要意义。

第五节 制度创新理论

制度经济学(Institutional Economics)是把制度作为研究对象的一门经济学分支,包括旧制度经济学和新制度经济学。它研究制度对于经济行为和经济发展的影响,以及经济发展如何影响制度的演变。旧制度经济学强调制度在经济社会中的决定作用,主张从制度发展的角度论述制度变革和制度结构;新制度经济学的研究对象是制度与经济之间的关系。这一学派强调从微观角度分析制度和制度变迁对资源配置效率的影响,产生不同于旧制度经济学的逻辑和方案,并运用其新的逻辑和方案进行制度分析。新制度经济学的核心理论包括:交易费用理论、产权理论、制度变迁理论等,本研究主要涉及的理论有:制度变迁理论。

制度创新理论,又称制度变迁理论。North(1993)[88]强调,技术的革新为经济注入了活力这是不容否认的,但制度创新和制度变迁的冲动也是尤为重要的。一个国家经济的增长和社会的发展,制度起到决定性的作用。同时,从节约交易成本的角度来看,制度变迁也可理解为一种效用较高的制度替换另一种效益较低的制度的过程。

一、正式制度与非正式制度

正式制度,是指人们(主要是国家、统治者以及其他各级各类正式组织机构及其代理人)有意识创造的一系列规则,包括法律、法规、政策、条例等。非正式制度,是指人们在长期社会交流过程中逐步形成,并得到社会认可的行为准则,包括文化传统、风俗习惯、意识形态、道德伦理等,其中,意识形态处于核心地位。政府通过制定正式制度,希望对公众的意识形态产生潜移默化的影响,最终发挥非正式制度的作用。

正式制度又可分为四个层级:层级Ⅰ为宪法规则,往往包含权利法案、成文宪法或基本法,所有其他规则都是在此基础上发展而来的。层次Ⅱ为普通法和成文法,即一国重要的法律法规,其地位仅次于国家宪法,是制定各种实施细则、政策条例及契约的依据。层次Ⅲ为各级政府行政机构制定的政府条例和具体细则等,其规则的约束力与行政级别成正比。在这一层级中,除了中央政府、地方政府和基层行政组织的实施细则与政府条例外,还有大量的营利和非营利组织(如学校、医院、研究所等)自身制定的相关政策和规章。层级Ⅳ为各种契约,主要包括三大类:个人与组织之间缔结的契约、个人之间缔结的契约、组织之间缔结的契约。这些契约旨在规范当事双方的行为,以实现有效的合作。本研究中所涉及的制度创新内容,主要是针对正式制度的层级Ⅲ和层级Ⅳ而言的。

二、内部制度与外部制度

按照制度起源,制度还可分为内部制度和外部制度。顾名思义,内部制度指群体内经验而演化的规则,外部制度指外在设计出来并靠政治行为由上而下强制约束于行为主体的规则,这是柯武刚和史漫飞(2000)[158]最先在《制度经济学》一书中提出的,也是本研究对制度创新潜变量进行维度划分的主要依据。Suchman(1995)[159]也曾经从制度合法性和制度同形的角度将制度环境分为企业内部制度环境和企业外部制度环境。制度合法性更多地强调企业对制度环境的适应或回应,这份适应指的就是企业内部治理制度。制度同形强调制度环境对企业的影响,此处制度就是指外部制度环境;组织合法性和制度同形是彼此相互联系的两个范畴。制度同形正是组织在受到外部制度环境压力的情况下,从组织结构和行为上发生相应的变化来追求某种生存和发展的可持续性。

新制度主义的学者强调制度在创新创业中所起的决定性作用充分论证了合理有效的制度安排会促进众创空间的创业服务能力,进而间接提升入孵企业的创业成功率,而不合理的制度安排往往会适得其反。

第一篇

众创空间孵化服务能力影响因素识别及其效应研究

第一章　众创空间孵化服务能力影响因素识别研究

孵化服务是众创空间作为孵化载体，为在孵企业提供的主要"产品"，是众创空间的核心要素，因此研究能够影响众创空间孵化服务能力的影响因素，并提出强化能力策略显得十分必要。

本章运用 Citespace 工具绘制出以"众创空间孵化服务"为关键词的关键词共现图谱和关键词聚类图谱，而后分析两个知识图谱，确定对众创空间孵化服务能力具有影响的主要因素为条件变量，再结合众创空间相关的文献，选出能够充分代表条件变量的要素，以及能够反映众创空间孵化服务能力强弱的结果变量。进而，本章通过运用 fsQCA 工具，分析结果变量中每个条件变量的必要性，并得出能够强化众创空间孵化服务能力的充分条件构型，再通过比对每个结果变量的条件组态，得出最优条件构型、次优条件构型和另外同样对结果具有充分性的条件构型。最后，依据条件变量、条件构型，以及对比最优条件构型和次优条件构型，得出对众创空间孵化服务能力有显著影响的变量。

第一节　众创空间孵化服务能力影响因素的知识图谱构建

一、知识图谱相关概念界定

知识图谱是运用一系列图形来直观反映知识发展进程和知识之间关联架构的一种可视化技术。Xiong(2021)[160]认为知识图谱可以为多源异构数据提供统一语义空间，通过多模态融合和信息互补，解决信息处理中单一模态的缺陷；Wang(2021)[161]指出概念和实例是知识图中的重要组成部分；An(2021)[162]提出一种改进框架，该框架可以迭代地增强知识图谱软规则的知识表示和可信度；Bilal(2021)[163]认为知识图谱可以帮助人们更好地理解、推理和解释人与机器的知识并被用作解决各种领域中大量现实生活问题的主要手段；Ji、Pan和Erik(2021)[164]认为知识图谱的嵌入是从表示空间、评分功能、编码模型和辅助信息四个方面进行组织的；Wang、Li和Daniel(2021)[165]尝试基于反事实从知识图谱中挖掘先验知识，并使用先验知识来增强模型；徐增林等(2016)[166]指出知识图谱能够使得用户的搜索结构层次化、结构化，充分论证了知识图谱的重要性；刘越和张露梅(2021)[167]指出知识图谱是一种将多门学科集于一身的可视化方法；刘峤(2016)[168]将知识图谱定义为结构化的语义知识库；许巧仙(2021)[169]认为知识图谱可视化分析，能够运用定量分析，既可以掌握一定年限内的研究热点，还可以为进一步的研究提供理论依据。

知识图谱有以下三种功效：首先，知识图谱能使得使用者快速找到其最想要找到的信息。语言描述是模糊的，一个搜寻指令可能代表着多种含义，运用知识图谱能够将所有的关联信息展现出来，使得用户快速找到他们需要的含义，也能在一定程度内减少歧义出现的可能性。其次，知识图谱能够提供更为全面的总结。通过知识图谱，使用者不仅仅能够获取他们想要的信息，还能获取关联信息，使得他们对事物有着更加全面清晰的认知。除此之外，通过运用知识图谱，用户还能够厘清关联事物之间的具体关系。最后，知识图谱能够促使使用者进行更有深度和广度的搜寻。知识图谱构建了与使用者欲搜寻的结果相关的完整的知识系统，使用者能在搜寻的过程中，学习到新的事物或者事物之间新的联系，因而进行一系列新的搜索查询。

二、数据来源与研究工具

本研究以中国知网为研究对象，以"众创空间""孵化服务"的组合为主题，搜索从2000年至2021年所有包含这两个关键词的文献。在剔除了科技成果、中国会议等四篇无效文献后，还剩余63篇期刊、硕士论文等有效文献。基于这63篇文献，本研究运用CiteSpace5.7R5版本的文献计量软件对众创空间孵化服务能力进行可视化分析。

本研究运用了可视化技术，通过构建知识图谱的方式，展现了众创空间孵化服务能力的研究现况和研究热点，能够帮助全面细致地发掘出强化众创空间孵化服务能力的因素。CiteSpace5.7知识可视化软件是本研究主要运用的研究工具之一，能够对中国知网、中国社会科学引文索引等文献检索平台导出的文献进行主题、关键词共现等。本研究根据"众创空间""孵化服务"共同组成的主题，进行关键词的聚类和共现分析。

三、关键词聚类与研究热点分析

期刊或论文的关键词来源于文章的题目、摘要和正文,通过关键词,可以清晰准确地把握住文献作者的中心思想。本研究提取了63篇有效文献的关键词,并且运用 CiteSpace 软件中的 K 聚类方式进行分析。从图1-1-1可以清晰地观察到近20年国内关于众创空间孵化服务研究的热点集中于"创新创业""众创空间""科技城""实体经济转型升级""创业服务"等。从关键词聚类的图谱上,可以看出研究者们将对实体经济转型升级的研究和对创新创业产业的高质量发展的研究,以及对众创空间作为创业孵化载体所提供的创业服务的研究紧密联系在了一起。

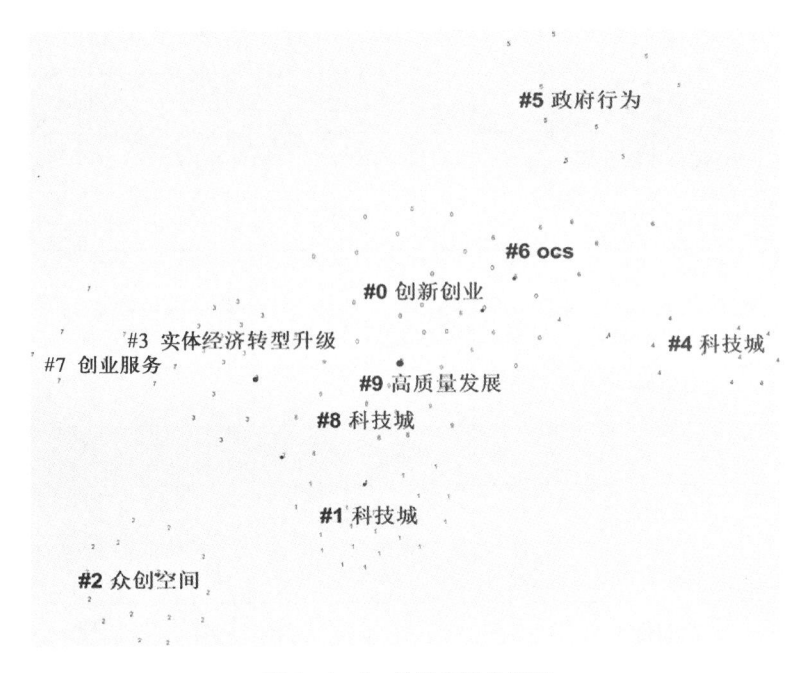

图1-1-1 关键词聚类图谱

此外,尤其值得重视的是近些年关于科技城的研究也呈现出井喷态势。科技城是建设对全国创新创业产业都具备辐射效果的科技创新中心的依托,体现出对国家创新驱动发展战略的贯彻落实,它能够带动整个城市甚至周围城市创新创业产业的发展壮大,可见一个城市外部的创新创业环境对该城市众创空间孵化新创企业也有着巨大的影响。科技城作为在研究众创空间孵化服务的学者同样关注的热点之一,要想强化众创空间孵化服务能力,除了关注众创空间内部的影响因素外,也同样应该重视外部的创业环境。

四、关键词共现分析

本研究提取了63篇有效文献的关键词,并且运用CiteSpace软件进行可视化分析,可以得到该研究领域内的高频关键词的分布状况,揭示了众创空间孵化服务研究文献的研究热点,如表1-1-1所示。

表1-1-1 关键词中心性与频次表

关　键　词	中心性	频　次
众创空间	0.28	49
孵化服务	0.4	18
孵化器	0.19	13
科技企业孵化器	0.77	8
创业孵化	0.46	8
创新创业	0.35	7
创业导师	0.32	3
"双创"	0	3
大学科技园	0.02	3
创业孵化器	0.02	3
企业孵化	0.06	3
政府行为	0.04	2
创业项目	0.02	2
创客	0.19	2
加速器	0	2
创业服务平台	0.04	2
创业服务	0.06	2
创业企业	0	2
发展现状	0.04	2

续表

关　键　词	中　心　性	频　　次
创新载体	0.04	2
创业创新	0.11	2
初创企业	0.04	1
监督评估	0.04	1
创业氛围	0.04	1

注：中心性代表关键词与所有关键词的紧密度，频次代表关键词出现的次数。由于关键词数量较多，此表仅仅展现了中心性大于0或者频次大于1的关键词。

通过对63篇众创空间孵化服务研究文献的关键词进行共现分析，就关键词出现的次数而言，可以发现关键词"众创空间""孵化服务""孵化器""科技企业孵化器""创业孵化"出现的频次最高，分别为49次、18次、13次、8次、8次；就所有关键词的紧密度看来，"科技企业孵化器""创业孵化""孵化服务""创新创业""创业导师"的中心性最高，分别为0.77、0.46、0.4、0.35、0.32，这意味着这五个关键词基本和别的关键词都有着共现的关系。下面，将出现频次较高的关键词构建成一张关键词共现图谱，进行可视化分析。

图1-1-2　关键词共现图谱

通过图1-1-2关键词共现图谱，能够更加清晰地看到与众创空间孵化服务共现次数较多的关键词，也能看出近20年，学者在进行该方面研究时聚

焦的热点，这些热点中的部分正是其他学者认为的能够影响到众创空间孵化服务能力的因素，也是本研究在选取影响因素时，应参考之处。

逐个分析图1-1-2中所有的关键词，筛选出众创空间孵化服务能力的影响因素，将这些影响因素作为条件变量，在下一章节运用fsQCA工具对它们进行研究。"众创空间""孵化服务"是在中国知网搜索文献时原始关键词，不予考虑；"孵化器""科技企业孵化器""创业孵化器"都是孵化载体，不是变量，不予考虑；"双创""创新创业""创业创新"是指"大众创业、万众创新"的时代背景，是众创空间所处的大环境，也不能作为变量；"大学科技园""创业服务平台"是助力初创团队和新创企业诞生、发展的摇篮，是与众创空间同类型的机构，能够对它起到辅助作用，同样不是变量；"创业服务""创业孵化""企业孵化"是众创空间或其他孵化器孵化服务过程的代称，不可作为变量考虑；"创客"是自主自觉参与创新创业的人，他们可以是众创空间的人才资源，也可以是其他孵化器的人才资源，还可以是初创团队的人员，因此不能算在众创空间孵化服务能力的影响因素中。

"政府行为"在潘冬(2019)[51]等学者看来，它的及时介入能使得众创空间的服务获得优化提升，政府能作为众创空间的管理者、监控者和引导人，众创空间可以依托政府，充分利用政府的资源和影响力，汲取发展所需的必要养分，提升孵化服务的水平，进而强化孵化服务的能力，因此，"政府行为"可视作条件变量之一；"创业导师"构成了众创空间人才资源的一部分，他们对众创空间孵化服务能力的强化也起到了重要的作用，李洪波、史欢(2019)[170]等学者在对众创空间的建议中提出，只有优化众创空间人才队伍的配置，才能使在孵企业实现高质量发展，进而推动众创空间本身的发展进程，于是，将"创业导师"也纳入条件变量中；李斌(2019)[50]指出众创空间自身的盈利模式会对孵化服务能力产生影响，孙梦瑶和李雪灵(2019)[171]也认为孵化器本身自我盈利发展水平对孵化能力有正向影响，因此，将众创空间的"发展现状"也作为条件变量之一进行考虑，并且为了使得该条件变量的含义更加清晰，用"盈利发展水平"来代替"发展现状"，简称为"盈利水平"；众创空间作为"创新载体"，其提供的基础服务也是能够影响整体孵化服务能力的要素，可以将"创新载体"作为条件变量考虑；21个关键词在筛选后，还剩余最后一个——"创业项目"，创业项目代表着在孵的初创企业和团队，是众创空间提供孵化服务的对象，创业项目的成效自然算作界定众创空间孵化服务能力强弱的标准，它应当作为一个结果存在，而非条件。

综上所述，最终在关键词共现图谱中出现的21个关键词里，提炼出可以作为影响众创空间孵化服务能力的条件变量：政府行为、盈利水平、创业导师和创新载体。再加上关键词聚类图谱中反复出现"科技城"一词,故同样应该注重众创空间所处的创新创业环境。因此,初步可以定下众创空间孵化服务能力影响因素是政府行为、盈利水平、创业导师、创新载体、创业环境,将这五个影响因素视作条件变量,开展后续研究。

第二节 众创空间孵化服务能力影响因素的 fsQCA 研究设计

一、变 量 选 取

（一）条件变量的选取

根据上述内容中构建的众创空间孵化服务能力的共现图谱与聚类图谱,确定的条件变量有政府行为、盈利水平、创业导师、创新载体、创新创业环境。为了具体反应每个条件变量的情况如何,下面为每个条件变量选取指标。

1. 政府行为

政府行为是代表国家的行政机关行使国家权力的行为。潘冬(2019)[51]在面向众创空间服务优化的政府行为构成中,提出政府行为包括政策实施、项目推动与服务推动,在这三种行为中都有资金作为资本介入、资源投入、技术创新扶持三种方式的出现,因此,"政府行为"可以选取财政资金支持作为代表,用单词"Fund"表示。

2. 盈利水平

在变量选取中,"盈利水平"代表的含义是孵化器本身自我盈利发展水平。黄嘉伟(2018)[172]在构建众创空间孵化能力评价体系时,指出企业运营最本质的目的是盈利,盈利能力代表了众创空间的发展潜力。有两个要素可以反映众创空间盈利能力水平,其中一个是众创空间当年总收入,另外一个是众创空间资产总额。在经过层次分析法,构造判断矩阵,对这两个要素经过评分后,众创空间当年总收入的权重占比 0.666 7,众创空间资产总额权重占比 0.333 3。据此,选取众创空间当年的总收入作为反馈"盈利水平"的指标,用单词"Income"表示。

3. 创业导师

创业导师具备可计量性,可以直接用众创空间创业导师人数来反映。王友双(2017)[43]提出,众创空间最大的经济特征是"服务市场",在孵团队所需的是专业化的服务,需要专业的服务人员,专业的服务人员中除了创业导师,还有别的人才。因此,"创业导师"这一条件变量中除了创业导师人数,还将计入其他服务人员的数量,用单词"Staff"表示。

4. 创新载体

众创空间作为"创新载体",发挥着载体作用,最直观的指标是众创空间能够提供的工位数。工位数是指工位的数量,众创空间提供的工位数即众创空间能够为初创企业、初创团队提供的工位数量,代表着众创空间可以承载的在孵企业和团队数量。因此,可以把众创空间提供的工位数作为反映"创新载体"这一条件变量的指标,用单词"Cubicles"表示。

5. 创新创业环境——技术环境

创新创业环境可分为技术环境和经济环境。技术离不开创新,而创新离不开研发,此处选择研发机构数作为众创空间所处的技术环境的代表,用单词"Research"表示。

6. 创新创业环境——经济环境

经济环境包括宏观经济与微观经济环境,宏观经济环境是宏观层面的国民经济,而本研究研究的是每个地区众创空间,因此选取了众创空间的微观经济环境,用每个地区的金融服务机构数来表示,用单词"Finance"表示。

以上是能够反馈众创空间孵化服务能力的条件变量的指标,共有六个,分别为众创空间享受财政资金支持额(Fund)、众创空间总收入(Income)、众创空间的创业导师人数与其他服务人员数的总和(Staff)、众创空间提供工位数(Cubicles)、各地区研发机构数(Research)、各地区金融服务机构数(Finance)。

(二) 结果变量的选取

接下来考虑众创空间孵化服务能力的结果变量。孙学智和潘自欣(2016)[120]将孵化服务的全过程概括为从初创企业或者团队进入众创空间孵化为开始,经过孵化服务,最终达到毕业要求,离开众创空间截止。根据孵化服务全过程的定义,可以从三个方面寻找能够反映孵化能力强弱的指标,分别为众创空间本身、整个孵化服务过程与毕业的初创企业。将众创空间孵化服务的过程纳入众创空间中,从众创空间和初创企业两个角度确定孵化服务能力的结果变量。

1. 服务的初创企业数

从众创空间的角度,其当年服务的初创企业的数量能够比较充分地反映孵化服务能力的强弱。服务的初创企业越多,说明众创空间本身的承载能力越强,孵化的成功率越高,其孵化服务能力越强。该结果变量用单词"Startups"表示。

2. 培训与活动数

从孵化过程的角度,同样是孙学智和潘自欣(2016)[120]提出,孵化服务的核心是增值服务,因此可以用提供增值服务的数量来代表孵化服务的成果,在各种增值服务中选取容易计量的众创空间举办创新创业活动的数量和开展创业教育培训的数量,用单词"Programs"表示。

3. 就业人数

从接受孵化服务的初创企业的角度,初创企业当年吸纳的就业人数也可以表示众创空间孵化服务能力的强弱。接受孵化服务并且成功毕业的初创企业,如果能够吸收较多的人才,说明该初创企业的水平和实力得到了就业人员的普遍认可,即得到了市场的认可,那么孵化出该企业的众创空间,相应地,也就有比较强的孵化服务能力。该结果变量用单词"Employee"表示。

4. 知识产权数

从初创企业的角度,还可以将入驻的初创企业拥有有效知识产权数量作为孵化成效的指标。知识产权数量越多,初创企业的科技创新水平越高,孵化该初创企业的众创空间孵化服务能力越强。知识产权用单词"IPRs"表示。

综上,可以选为众创空间孵化服务能力强弱的结果变量有:众创空间当年服务的初创企业的数量(Startups)、众创空间举办创新创业活动数与开展创新教育培训数(Programs)、初创企业吸纳的就业人数(Employee)、入驻初创企业拥有的有效知识产权数量(IPRs),以下分别简称为服务的初创企业数、培训与活动数、就业人数、知识产权数。

(三)变量关系构建

根据前面的关键词共现图谱和聚类图谱,21个与"众创空间孵化服务"高频次共现的关键词,都可能与众创空间孵化服务能力的强弱有着某种联系。通过阅读相关文献,参考其他学者的意见,定下政府行为、盈利水平、创业导师、创新载体、创业环境中的技术环境、创业环境中的经济环境,共六个影响因素作为条件变量,认为它们都对强众创空间孵化服务能力这一结果产生某种影响。但是由于这六个条件变量在共现图谱中都作为高频词出现,因此它们对彼此可能也有影响。目前并不知道是否有某一条件变量,只有它存在,或者只有它不存在,众创空间孵化服务能力才可能实现强化;也不知道是否存在某些条件变量,如果它们互相影响,组合形成了一个条件组态,就能够强化众创空间孵化服务能力。根据这一特性,绘制出六个条件变量与结果的关系图。

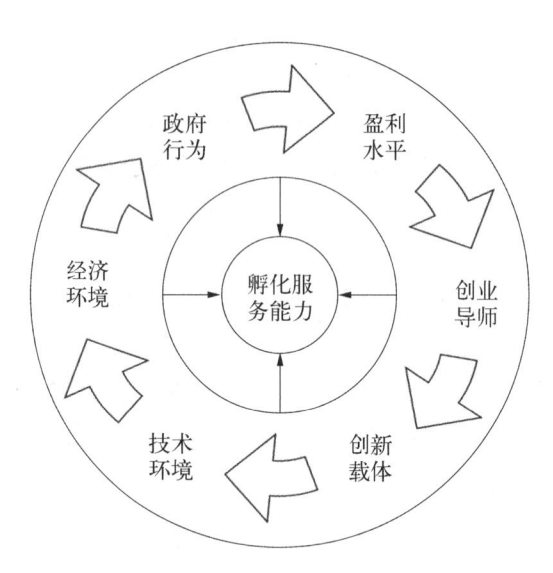

图 1-1-3 变量关系图

如图1-1-3,众创空间孵化服务能力的结果由四个结果变量来反馈:众创空间方面——服务的初创企业数、培训与活动数;接受孵化服务的初创企业方面——就业人数和知识产权数。

这是一张条件变量与结果变量的关系图,六个条件变量彼此之间互相影响着,它们可能单独对众创空间孵化服务能力的强弱直接构成影响,也可能并不直接影响其孵化服务能力,而是条件变量彼此之间影响后共同作用于众创空间孵化服务能力,因此可以将六个条件变量视作为一个条件变量的生态圈,以某种未知的方式作用于孵化服务能力。在这个生态圈中,不同种类不同数量的条件互相影响着,可能是其中两个条件互相影响,也可能是另外三个条件互相影响,都尚未可知。无所谓互相影响,不存在能使得孵化服务能力强化失败的条件变量,是必要条件;互相影响的因素则形成条件构型,这些条件构型能够对众创空间孵化服务能力具有充分性解释。但具体哪些条件是必要条件,哪些条件构型能够作为充分条件组态,还需要接下来运用fsQCA工具进一步分析。

二、案例选择与变量赋值

(一)案例选择

本研究最初选取了中国除香港、澳门、台湾地区以外的31个省级行政区作为研究对象,但是由于西藏自治区、宁夏回族自治区、甘肃省、海南省的研发机构和金融服务机构数目的部分缺失,最终决定,以剩余27个地区(省、自治区、直辖市)2020年众创空间的相关数据作为研究样本,一共有270个样本值(27个地区,每个地区分别有10个条件变量与结果变量对应的数值)。数据来源于2020年《中国火炬统计年鉴》中第四部分——众创空间,各个条件变量的原始数据如表1-1-2(隐去地区名称)。

表1-1-2 条件变量的原始数据表

地区	Fund（千元）	Income（千元）	Staff（人）	Cubicles（个）	Research（个）	Finance（个）
1	323 829	19 128	14 761	173 875	62	8
2	56 258	1 395	9 021	35 629	134	47
3	54 943	680	14 972	61 584	191	106
4	88 146	1 465	9 406	55 717	87	42
5	77 175	1 436	5 425	24 319	50	12
6	94 292	2 198	8 584	38 649	367	174
7	25 233	1 981	3 481	16 994	155	64
8	15 184	829	1 365	5 597	51	9
9	344 756	5 046	5 510	53 550	78	5
10	537 356	2 091	21 252	113 662	456	256
11	387 472	2 082	20 345	126 404	430	317
12	79 442	1 184	6 771	35 060	167	27
13	63 111	1 874	11 258	56 347	73	19
14	86 789	4 776	8 178	71 528	147	57
15	215 750	1 752	18 894	91 809	370	168
16	86 646	1 890	8 309	47 656	66	32
17	204 786	2 402	9 484	54 747	217	89
18	141 225	2 010	6 927	40 044	155	62
19	195 317	2 270	20 246	148 856	1 131	267

续表

地区	Fund（千元）	Income（千元）	Staff（人）	Cubicles（个）	Research（个）	Finance（个）
20	29 018	859	4 313	12 636	158	15
21	86 753	1 945	7 386	47 301	197	34
22	65 863	2 135	7 550	37 477	93	96
23	12 295	1 886	2 868	10 275	35	29
24	22 823	1 881	5 453	19 986	41	79
25	157 910	4 035	10 944	69 888	362	159
26	7 009	1 213	1 632	3 003	67	21
27	15 820	1 314	1 980	6 131	12	2

每个结果变量的原始数据如表1-1-3。

表1-1-3 结果变量的原始数据表

地区	Startups（个）	Programs（场次）	Employee（人）	IPRs（个）
1	23 858	12 091	158 217	54 075
2	6 066	7 293	22 250	4 856
3	7 693	15 919	28 825	2 832
4	7 958	14 386	31 529	3 861
5	2 703	4 374	13 698	1 586
6	10 412	7 821	58 661	2 732
7	1 561	3 319	5 522	633
8	1 384	1 715	7 350	1 468
9	7 337	7 674	41 488	11 806
10	16 381	20 003	73 306	19 350

续表

地区	Startups（个）	Programs（场次）	Employee（人）	IPRs（个）
11	15 541	20 064	75 151	11 030
12	5 786	8 094	27 505	5 844
13	5 541	8 879	23 022	6 962
14	5 305	10 887	35 786	4 062
15	12 401	18 923	53 420	6 360
16	6 834	8 268	32 566	6 147
17	9 618	12 850	48 628	8 526
18	4 941	7 345	33 600	4 648
19	22 618	21 201	85 524	25 039
20	2 324	3 087	7 892	700
21	5 643	7 258	29 026	4 919
22	4 103	8 144	26 665	3 128
23	1 362	3 058	6 989	660
24	2 469	4 029	12 358	1 637
25	7 905	11 647	43 260	11 473
26	1 009	1 117	4 142	302
27	2 171	1 735	8 347	537

（二）变量赋值

为将条件变量、结果变量的常规比例和间隔尺度变量转换为模糊结合，对它们进行校准，以使变量与外部标准匹配一致。本研究按照样本点的5%（完全非隶属）、50%（交叉点）、95%（完全隶属）为分界点，运用fsQCA的校准功能对条件变量和结果变量的所有数据进行校准，每个变量的校准锚点如表1-1-4所示。

表 1-1-4　变量的校准锚点表

变量		完全隶属	交叉点	完全不隶属
条件变量	政府行为 Fund	244 551	128 711	12 871
	盈利水平 Income	5 050	2 658	266
	创业导师 Staff	17 333	9 123	912
	创新载体 Cubicles	102 651	54 027	5 403
	技术环境 Research	377	198	20
	经济环境 Finance	155	81	8
结果变量	当年服务的初创企业数量 Startups	14 139	7 441	744
	举办创新创业活动数＋开展创新教育培训数 Programs	17 676	9 303	930
	初创企业吸纳的就业人数 Employee	69 999	36 842	3 684
	入驻初创企业拥有的有效知识产权数量 IPRs	14 438	7 599	760

将每个条件变量的原始数据，按照表 1-1-4 中对应的三个定性断点为锚点，运用 fsQCA 工具的校准计算，得到模糊分数，该分数的范围从 0 到 1，它能精确地确定组内案例的隶属程度。校准模糊集后的条件变量如表 1-1-5 所示：

表 1-1-5　校准模糊集后的条件变量表

地区	Fund（千元）	Income（千元）	Staff（人）	Cubicles（个）	Research（个）	Finance（个）
1	0.99	1	0.89	1	0.09	0.05
2	0.13	0.17	0.49	0.24	0.25	0.2
3	0.13	0.08	0.89	0.61	0.47	0.73
4	0.26	0.18	0.53	0.53	0.13	0.17

续表

地区	Fund（千元）	Income（千元）	Staff（人）	Cubicles（个）	Research（个）	Finance（个）
5	0.21	0.18	0.21	0.14	0.08	0.06
6	0.29	0.36	0.45	0.28	0.94	0.98
7	0.06	0.3	0.11	0.09	0.33	0.33
8	0.05	0.09	0.06	0.05	0.08	0.05
9	1	0.95	0.21	0.49	0.12	0.04
10	1	0.33	0.99	0.98	0.99	1
11	1	0.33	0.98	0.99	0.98	1
12	0.22	0.14	0.3	0.24	0.37	0.1
13	0.15	0.27	0.69	0.54	0.11	0.07
14	0.25	0.93	0.41	0.75	0.3	0.27
15	0.91	0.24	0.97	0.91	0.95	0.97
16	0.25	0.28	0.43	0.4	0.1	0.12
17	0.88	0.42	0.53	0.51	0.58	0.58
18	0.58	0.31	0.31	0.3	0.33	0.31
19	0.85	0.38	0.98	1	1	1
20	0.07	0.09	0.15	0.07	0.34	0.06
21	0.25	0.29	0.35	0.4	0.5	0.13
22	0.16	0.34	0.36	0.26	0.15	0.65
23	0.05	0.28	0.09	0.06	0.06	0.11
24	0.06	0.27	0.21	0.11	0.07	0.48
25	0.68	0.85	0.66	0.73	0.94	0.96
26	0.04	0.14	0.06	0.04	0.1	0.08
27	0.05	0.16	0.07	0.05	0.04	0.04

模糊分数越高代表着案例的隶属程度越高,例如表1-1-5中,地区1的众创空间平均年收入模糊分数为1,而地区3的众创空间平均年收入模糊分数为0.08,意味着地区1的众创空间盈利水平很高,而地区3的众创空间盈利水平相对较低。

将每个结果变量的原始数据,同样按照表1-1-4中对应的三个定性断点为锚点,运用fsQCA工具的校准计算,得到模糊分数。校准模糊集后的结果变量如表1-1-6所示。

表1-1-6 校准模糊集后的结果变量表

地区	Startups（个）	Programs（场次）	Employee（人）	IPRs（个）
1	1	0.73	1	1
2	0.35	0.33	0.21	0.23
3	0.53	0.91	0.33	0.11
4	0.56	0.86	0.38	0.16
5	0.11	0.15	0.11	0.07
6	0.79	0.37	0.88	0.11
7	0.07	0.1	0.06	0.04
8	0.06	0.06	0.06	0.06
9	0.49	0.36	0.6	0.86
10	0.98	0.98	0.96	0.99
11	0.97	0.98	0.97	0.82
12	0.32	0.39	0.3	0.32
13	0.3	0.46	0.22	0.43
14	0.28	0.64	0.48	0.17
15	0.9	0.97	0.82	0.37
16	0.43	0.41	0.4	0.35

续表

地区	Startups（个）	Programs（场次）	Employee（人）	IPRs（个）
17	0.73	0.78	0.74	0.6
18	0.25	0.33	0.43	0.22
19	1	0.99	0.99	1
20	0.09	0.1	0.07	0.05
21	0.31	0.32	0.33	0.24
22	0.18	0.4	0.28	0.12
23	0.06	0.1	0.06	0.05
24	0.1	0.13	0.1	0.07
25	0.55	0.7	0.64	0.85
26	0.05	0.05	0.05	0.04
27	0.09	0.06	0.07	0.04

结果变量中模糊分数越高也代表着案例的隶属程度越高。例如在表1-1-6中，地区1众创空间服务的初创企业数的模糊分数为1，地区8众创空间服务的初创企业数的模糊分数为0.06，说明以众创空间服务的初创企业数为结果变量时，地区1的众创空间孵化服务能力强，而地区8的众创空间孵化服务能力相对较弱。

第三节　众创空间孵化服务能力影响因素的fsQCA计算检验

以四个结果变量的数据分别作为案例，对条件变量如何影响结果做实证分析。为保障本研究叙述的逻辑性和清晰性，将初创企业的两个结果和众创空间的两个结果变量分开研究。先研究初创企业的两个结果变量，即就业人数和知识产权数，再研究众创空间的两个结果变量，即服务的初创企业数和培训与活动数。

一、单个条件必要性分析检验

(一) 以就业人数为结果变量

在构建真值表,构造条件模型,并计算其充分性之前,先检验是否有单个条件变量或者单个条件取非,是结果变量的必要条件。只要有某个条件变量的存在,那么产生预期结果时,该条件变量就是结果变量的必要条件。在 fsQCA 中,运用必要条件程序可以检验一个条件变量的必要性,当一致性大于 0.9 时,认为该条件是结果的必要条件。

将初创企业就业人数作为结果变量,在 fsQCA 的必要条件程序中,分别输入六个条件变量与它们的六个非集,得出每个条件和条件取非时的一致性和覆盖率,如表 1-1-7 所示。

表 1-1-7 Employee 必要条件分析表

条件变量	一致性	覆盖率
Fund	0.830 156	0.906 339
~Fund	0.461 872	0.324 407
Income	0.633 449	0.780 983
~Income	0.664 645	0.434 807
Staff	0.883 882	0.823 910
~Staff	0.508 666	0.401 505
Cubicles	0.896 881	0.879 355
~Cubicles	0.504 333	0.382 141
Research	0.765 165	0.849 039
~Research	0.525 997	0.365 663
Finance	0.727 036	0.796 015
~Finance	0.514 731	0.360 875

注:"~"表示非,即取原条件变量的相反值。

一致性越高的条件变量的必要性越强,根据表 1-1-7,所有条件变量与条件变量取非的值的一致性都小于 0.9,都不能构成结果的必要条件。因此,需要对多个条件变量组合形成的条件构型进行分析,探究哪些条件组态能对强众创空间孵化服务能力具备充分性解释。

(二) 以知识产权数为结果变量

同研究初创企业吸纳就业人数作为结果变量一样,在组建条件构型之前,先进行单个条件的必要性分析。将入驻初创企业拥有有效知识产权数量选为结果变量,在 fsQCA 的必要条件程序中,分别输入六个条件变量与它们的六个非集,得出从初创企业角度的以知识产权数作为结果变量时的单个条件的一致性和覆盖率,如表 1-1-8 所示。

表 1-1-8 IPRs 必要条件分析表

条件变量	一致性	覆盖率
Fund	0.900 747	0.798 486
～Fund	0.381 003	0.217 285
Income	0.724 653	0.725 427
～Income	0.628 602	0.333 900
Staff	0.886 873	0.671 244
～Staff	0.485 592	0.311 218
Cubicles	0.927 428	0.738 318
～Cubicles	0.455 710	0.280 368
Research	0.757 737	0.682 692
～Research	0.550 694	0.310 843
Finance	0.705 443	0.627 135
～Finance	0.543 223	0.309 234

注:"～"表示非,即取原条件变量的相反值。

在 fsQCA 的必要性分析中,当某一条件的一致性大于 0.9 时,可以将该条件视为结果的必要条件。由表 1-1-8 可以看出,高政府支持(Fund)和大的创新载体(Cubicles)的一致性都超过了 0.9,接近必要条件的标准,对结果具有较强的解释力。说明,只要有高财政资金支持,或者众创空间能够提供足够多的工位数,以初创企业有效知识产权数量作为结果变量的众创空间就拥有较强的孵化服务能力。

(三) 以培训与活动数为结果变量

同上面两次研究一样,在组建条件构型之前,先进行单个条件的必要性分析。将众创空间举办创新创业活动与开展创业教育培训次数作为结果变量,在 fsQCA 的必要条件程序中,分别输入六个条件变量与它们的六个非集,得到的结果如表 1-1-9 所示。

表 1-1-9 Programs 必要性分析表

条件变量	一致性	覆盖率
Fund	0.728 278	0.872 280
~Fund	0.529 226	0.407 791
Income	0.575 829	0.778 846
~Income	0.715 640	0.513 605
Staff	0.906 003	0.926 494
~Staff	0.484 992	0.419 973
Cubicles	0.872 828	0.938 828
~Cubicles	0.482 622	0.401 182
Research	0.699 052	0.850 962
~Research	0.563 191	0.429 518
Finance	0.691 153	0.830 171
~Finance	0.527 646	0.405 832

注:"~"表示非,即取原条件变量的相反值。

在必要性分析中,当某个条件的一致性大于 0.9 时,将该条件视作结果的必要条件。由表 1-1-9 可以看出,多创业导师数量(Staff)的一致性超过了 0.9,接近必要条件的标准,对结果具有较强的解释力。说明,只有服务人员和创业导师的人数较多时,在众创空间角度的以培训与活动数作为结果变量的众创空间孵化服务能力才能得到有效的强化。

(四) 以服务的初创企业数为结果变量

第一步仍然和上述对三个结果变量的充分条件研究一样,先研究每个条件的必要性。将得到众创空间孵化服务的初创企业数量作为结果变量,在 fsQCA 的必要条件程序中,分别输入六个条件变量与它们的六个非集,得出在服务的初创企业数为结果变量时的单个条件的一致性和覆盖率,如表 1-1-10 所示。

表 1-1-10 Startups 必要条件分析表

条件变量	一致性	覆盖率
Fund	0.804 329	0.878 903
～Fund	0.479 654	0.337 188
Income	0.593 073	0.731 838
～Income	0.698 701	0.457 483
Staff	0.911 688	0.850 566
～Staff	0.490 909	0.387 825
Cubicles	0.908 225	0.891 249
～Cubicles	0.516 883	0.391 989
Research	0.767 965	0.852 885
～Research	0.533 333	0.371 084
Finance	0.724 675	0.794 118
～Finance	0.504 762	0.354 192

注:"～"表示非,即取原条件变量的相反值。

在必要性分析中,当某个条件的一致性大于 0.9 时,可以将该条件视作结果的必要条件。由表 1-1-10 可以看出,多创业导师数量(Staff)和大的创新载体(Cubicles)的一致性都超过了 0.9,接近必要条件的标准,对结果具有较强的解释力。说明,只有当服务人员和创业导师比较多,或者众创空间规模庞大,能提供足够多的工位时,才能强化以得到众创空间孵化服务的初创企业数量作为结果变量的众创空间孵化服务能力。

二、组态分析检验

(一) 以就业人数为结果变量

在区分结果的子集和非子集时,设定原始一致性的值低于 0.8 表示实质不一致。对于一致性水平达到 0.8 的构型,结果赋值为 1,一致性低于 0.8 的构型,结果赋值为 0,最终得到复杂解、简约解和中间解,以及每个构型的原始覆盖率、独特覆盖率、一致性和总体解的覆盖率、总体解的一致性。因为充分条件不能作为结果变量单独的解释,因此以条件构型的形式出现,在每个条件变量之间加上符号"∗",表示"逻辑与",进行布尔乘法。比对简约解和中间解,既在简约解又在中间解中的条件为核心条件,仅存在于中间解的条件为边缘条件,得到从初创企业角度,以吸纳就业人数为结果变量的,引致强众创空间孵化服务能力的前因条件构型,Employee 条件构型见表 1-1-11 所示。

表 1-1-11　Employee 条件构型表

前因条件	条件构型的解					
	1	2	3	4	5	6
政府行为 Fund	●	○	●	●	○	●
盈利水平 Income	——	○	●	●	●	●
创业导师 Staff	○	●	——	○	○	●
创新载体 Cubicles	○	●	●	○	●	●
技术环境 Research	○	○	●	●	○	○
经济环境 Finance	○	——	●	●	○	○
原始覆盖率	0.322 357	0.309 359	0.609 185	0.231 369	0.273 83	0.345 754
独特覆盖率	0.036 395 2	0.044 194 2	0.357 886	0.024 263 5	0.019 930 8	0.072 790 3

续表

前因条件	条件构型的解					
	1	2	3	4	5	6
一致性	0.937 028	0.818 807	0.980 474	0.898 99	0.932 153	0.992 537
总体解覆盖率	0.912 479					
总体解一致性	0.873 134					

注：实心大圆表示核心条件存在，实心小圆表示边缘条件存在，空心大圆表示核心条件不存在，空心小圆表示边缘条件不存在，空格表示该条件可以存在也可以缺席。

总体解的一致性大于 0.8，覆盖率大于 0.9，说明组态解释的充分性较强。综合每个条件构型的原始覆盖率、独特覆盖率和一致性看来，最优的组合是解 3 和解 6，构型分别为"政府行为 ＊ 创业导师 ＊ 创新载体 ＊ 技术环境 ＊ 经济环境"，核心条件是良好的技术环境、庞大的创新载体和高政府支持力度，边缘条件是良好的经济环境与较多的创业导师，说明当众创空间选址在研发机构和金融服务机构较多的地区，其本身的规模较大时，若政府的资金支持力度较强，众创空间招募较多专业的服务人员和创业导师，那么众创空间的孵化服务能力较强。另外一个是"政府行为 ＊ 盈利水平 ＊ 创业导师 ＊ 创新载体 ＊ ～技术环境 ＊ ～经济环境"，核心条件是高政府支持力度、庞大的创新载体和周边较少研发机构的存在，边缘条件是良好的盈利水平、较多的创业导师以及周边较少金融服务机构的存在，说明当众创空间周边缺乏研发机构和金融服务机构，且众创空间规模较大时，政府为众创空间提供财政资金的大力支持，辅助以专业的服务人员和创业导师与众创空间自身良好的盈利发展水平，能够使得众创空间孵化服务能力得到强化。

（二）以知识产权数为结果变量

由于任一单一条件没有达到必要条件的阈值，因此需要进行每个条件变量的组合构型分析，探索强孵化服务能力的充分条件构型。运用 fsQCA 的真值表算法，从模糊集数据中创建真值表，在真值表的填写过程中，对于一致性水平达到 0.8 的构型，结果赋值为 1，一致性低于 0.8 的构型，结果赋值为 0，最终运算得到复杂解、简约解和中间解，因中间解只包含反事实案例的逻辑余项，更加符合理论和实际，比另外两个解更有优势，因此选用中间解来作分析，见表 1-1-12 所示。

表 1-1-12　IPRs 条件构型(1)表

解①	条件构型	原始覆盖率	独特覆盖率	一致性
中间解	Finance * Research * Cubicles * Staff * Fund	0.646 745	0.407 684	0.845 188
	~Finance * ~Research * ~Cubicles * ~Staff * Income * Fund	0.328 709	0.032 017 1	0.885 057
	~Finance * ~Research * Cubicles * Staff * Income * Fund	0.391 676	0.089 647 8	0.912 935
总体解覆盖率		0.831 377		
总体解一致性		0.857 929		

总体解的覆盖率和一致性都大于 0.8，可见条件构型对结果的充分性较强。根据每个条件构型的原始覆盖率、独特覆盖率和一致性，构型较为优良的是解 1 和解 3，构型分别为"政府行为 * 创业导师 * 创新载体 * 技术环境 * 经济环境"，核心条件是良好的技术环境、庞大的创新载体和高政府支持力度，边缘条件是良好的经济环境与较多的创业导师，说明当众创空间选址在研发机构和金融服务机构较多的地区，其本身的规模较大时，若政府的资金支持力度较强，众创空间招募较多专业的服务人员和创业导师，能够强化其孵化服务的能力；另外一个是"政府行为 * 盈利水平 * 创业导师 * 创新载体 * ~技术环境 * ~经济环境"，核心条件是高政府支持力度、庞大的创新载体和周边较少研发机构的存在，边缘条件是良好的盈利水平、较多的创业导师以及周边较少金融服务机构的存在，说明当众创空间周边缺乏研发机构和金融服务机构，且众创空间规模较大时，政府加大对众创空间财政支持的力度，辅助以专业的服务人员和创业导师与众创空间自身良好的盈利发展水平，能够使得众创空间孵化服务能力得到强化。

但是迟永(2014)[173]指出，在模糊集定性比较分析中，应该对未曾达到必要条件阈值标准的条件变量进行组合构型分析，而已经构成结果的必要条件的条件变量应该删去。因此，接下来，对删去了"政府行为""创新载体"这两个条件变量后，剩余的四个条件变量进行组合分析，同样得到中间解、复杂解和简单解，此处依然选择中间解进行分析，见表 1-1-13 所示。

表 1-1-13 IPRs 条件构型(2)表

解②	条 件 构 型	原始覆盖率	独特覆盖率	一致性
中间解	Finance * Research * Staff * Income	0.453 575	0.453 575	0.879 917
总体解覆盖率			0.453 575	
总体解一致性			0.879 917	

仅有一个中间解,"盈利水平 * 创业导师 * 技术环境 * 经济环境",该中间解的一致性大于 0.8,该条件构型对结果具有充分性。说明,当众创空间周围有较多研发机构和金融服务机构时,若众创空间本身的盈利水平较为乐观,且拥有较多的创业导师和专业的服务人员时,能够强化以知识产权数量为结果变量的众创空间孵化服务能力。

在分析完初创企业的两个结果变量后,下面对众创空间的两个结果变量进行研究。

(三) 以培训与活动数为结果变量

同样由于任一单一条件没有达到必要条件的阈值,因此需要进行每个条件变量的组合构型分析,探索强孵化服务能力的充分条件构型。对六个条件变量进行组合分析,运用 fsQCA 的真值表算法,从模糊集数据中创建真值表,以 0.8 为一致性的阈值标准,最终运算得到复杂解、简约解和中间解,以及每个构型的原始覆盖率、独特覆盖率、一致性和总体解的覆盖率、总体解的一致性,此处同样选择包含逻辑余项的中间解分析,见表 1-1-14 所示。

表 1-1-14 Programs 条件构型(1)表

解①	条 件 构 型	原始覆盖率	独特覆盖率	一致性
中间解	~ Finance * ~ Research * ~ Cubicles * ~Staff * Fund	0.277 251	0.014 218	0.884 131
	~Research * Cubicles * Staff * ~Income * ~Fund	0.335 703	0.084 518 1	0.974 771
	Finance * Research * Cubicles * Staff * Fund	0.566 351	0.337 283	1
	Finance * Research * ~ Cubicles * ~Staff * ~Income * ~Fund	0.199 842	0.008 688 87	0.851 852

续表

解①	条件构型	原始覆盖率	独特覆盖率	一致性
中间解	~Finance * ~Research * Cubicles * ~Staff * Income * ~Fund	0.267 772	0.026 856 2	1
	~Finance * ~Research * Cubicles * Staff * Income * Fund	0.304 897	0.053 712 5	0.960 199
总体解覆盖率		0.860 19		
总体解一致性		0.902 985		

总体解的一致性大于 0.8,覆盖率大于 0.9,说明每个条件构型都对结果有充分性,且能在较大的程度上解释结果。综合每个条件构型的原始覆盖率、独特覆盖率和一致性看来,最优的组合是解 3,构型为"政府行为 * 创业导师 * 创新载体 * 技术环境 * 经济环境",核心条件是良好的技术环境、庞大的创新载体和高政府支持力度,边缘条件是良好的经济环境与较多的创业导师,说明当众创空间选址在研发机构和金融服务机构较多的地区,其本身的规模较大时,若政府的资金支持力度较强,众创空间招募较多专业的服务人员和创业导师,那么众创空间的孵化服务能力较强。

接下来,同样参考迟永(2014)[173]的意见,将已经能够构成结果的必要条件的条件变量——创业导师在分析条件构型时删去,将剩余五个条件变量进行组合分析,得到中间解、复杂解和简约解,比对简约解和中间解,将既在简约解又在中间解中的条件为核心条件,条件仅存在于中间解的条件为边缘条件,得到以举办创新创业活动和开展创业教育培训次数为结果变量的,引致强众创空间孵化服务能力的前因条件构型,见表 1-1-15 所示。

表 1-1-15 Programs 条件构型(2)表

前因条件	条件构型的解②				
	1	2	3	4	5
政府行为 Fund	○	●	—	●	○
盈利水平 Income	○	—	●	—	○

续表

前因条件	条件构型的解②				
	1	2	3	4	5
创新载体 Cubicles	●	○	●	●	○
技术环境 Research	○	○	○	●	●
经济环境 Finance	——	○	○	●	●
原始覆盖率	0.335 703	0.278 831	0.380 727	0.567 931	0.226 698
独特覆盖率	0.063 981 1	0.002 369 7	0.084 518 2	0.335 703	0.008 688 81
一致性	0.963 719	0.884 712	0.928 709	1	0.844 118
总体解覆盖率	0.865 719				
总体解一致性	0.887 449				

总体解的覆盖率为 0.87，总体解的一致性为 0.89，每个条件构型的一致性都大于 0.8，说明每个条件构型都对结果具有充分性，能够在较大程度上覆盖结果。解 4 的一致性是最高的，为 1，且其原始覆盖率和独特覆盖率都是最高的，因此解 4 是最优条件构型，为"政府行为 * 创新载体 * 技术环境 * 经济环境"，核心条件是良好的技术环境、庞大的创新载体和高政府支持力度，边缘条件是良好的经济环境。说明，当众创空间周围有较多研发机构和金融服务机构时，且众创空间载体较大时，若政府提供较多的财政资金支持，以培训与活动数为结果变量的众创空间的孵化服务能力将得到强化。

（四）以服务的初创企业数为结果变量

由于不是所有的条件都是结果的必要条件，因此需要研究六个条件的条件组态。运用 fsQCA 的真值表算法，从模糊集数据中创建真值表，以 0.8 为一致性的阈值标准，运用标准分析选项，运算得到复杂解、简约解和中间解，以及每个构型的原始覆盖率、独特覆盖率、一致性和总体解的覆盖率、总体解的一致性,选择包含逻辑余项的中间解来分析,见表 1-1-16 所示。

表 1-1-16 Startups 条件构型(1)表

解①	条件构型	原始覆盖率	独特覆盖率	一致性
中间解	Fund * ~Staff * ~Cubicles * ~Research * ~Finance	0.304 762	0.024 242 4	0.886 65
	~Fund * ~Income * Staff * Cubicles * ~Research	0.336 796	0.077 922 1	0.892 202
	Fund * Staff * Cubicles * Research * Finance	0.605 195	0.358 442	0.974 895
	~Fund * Income * ~Staff * Cubicles * ~Research * ~Finance	0.250 216	0.002 597 33	0.852 507
	~Fund * ~Income * ~Staff * ~Cubicles * Research * Finance	0.226 84	0.024 242 4	0.882 155
	Fund * Income * Staff * Cubicles * ~Research * ~Finance	0.341 125	0.072 727 3	0.980 099
总体解覆盖率		0.909 957		
总体解一致性		0.871 476		

总体解的覆盖率高达 0.9,总体解的一致性也大于 0.8,且每个条件构型的一致性都大于 0.8,说明每个条件构型对结果都具备充分性,且对结果具有较为广泛的解释性。根据每个条件构型的原始覆盖率、独特覆盖率和一致性,构型较为优良的是解 3 和解 6,构型分别为"政府行为 * 创业导师 * 创新载体 * 技术环境 * 经济环境",核心条件是良好的技术环境、庞大的创新载体和高政府支持力度,边缘条件是良好的经济环境与较多的创业导师,说明当众创空间选址在研发机构和金融服务机构较多的地区,其本身的规模较大时,若政府的资金支持力度较强,众创空间招募较多专业的服务人员和创业导师,就能够强化众创空间的孵化服务能力;另外一个是"政府行为 * 盈利水平 * 创业导师 * 创新载体 * ~技术环境 * ~经济环境",核心条件是高政府支持力度、庞大的创新载体和周边较少研发机构的存在,边缘条件是良好的盈利水平、较多的创业导师以及周边较少金融服务机构的存在,说明当众创空间周边缺乏研发机构和金融服务机构,且众

创空间规模较大时,政府加大对众创空间财政资金的支持力度,辅助以专业的服务人员和创业导师与众创空间自身良好的盈利发展水平,能够使得众创空间孵化服务能力得到强化。

以上六个条件变量,"创业导师"和"创新载体"都是结果的必要条件,按照迟永(2014)[173]的说法,应该删去,将剩余的四个条件变量再进行组合分析,得到中间解、复杂解和简约解。比对简约解和中间解,条件既在简约解又在中间解中的条件为核心条件,条件仅存在于中间解的条件为边缘条件,得到引致强众创空间孵化服务能力的前因条件构型,见表1-1-17所示。

表1-1-17 Startups条件构型(2)表

前因条件	条件构型的解②		
	1	2	3
政府行为 Fund	●	——	●
盈利水平 Income	——	○	
技术环境 Research	○	●	●
经济环境 Finance	○	•	•
原始覆盖率	0.385 281	0.541 991	0.612 121
独特覆盖率	0.172 294	0.069 264 1	0.119 48
一致性	0.844 402	0.947 05	0.969 822
总体解覆盖率	0.853 679		
总体解一致性	0.885 894		

总体解的覆盖率为0.86,总体解的一致性为0.89,每个条件构型的一致性都大于0.8,说明每个条件构型都对结果具有充分性,能够在较大程度上覆盖结果。解3的一致性是最高的,为0.97,且其原始覆盖率和独特覆盖率都是最高的,因此解3是最优条件构型,为"政府行为*技术环境*经济环境",核心条件是良好的技术环境和高政府支持力度,边缘条件是良好的经济环境。说明,当众创空间周围有较多研发机构和金融服务机构时,若政府加大财政资金的帮扶力度,以得到众创空间孵化服务的初创企业数为结果变量的众创空间的孵化服务能力将得到强化。

第四节　众创空间孵化服务能力影响因素的 fsQCA 路径解析

一、条件变量甄别

通过比对初创企业的两个结果变量,即就业人数和知识产权数,和众创空间的两个结果变量,即服务的初创企业数和培训与活动数,共四个结果变量的充分条件构型中的核心条件,可以发现,"政府行为""创新载体""技术环境"这三个条件变量,作为核心条件重复出现了三次。可见这三个条件变量对应的是,较多的政府财政资金支持、众创空间能提供较多的工位数以及多研发机构能够对强化众创空间孵化服务能力起到有效的作用。

在研究六个条件变量分别对四个结果变量是否构成必要条件时,"创业导师"和"创新载体"都作为必要条件出现了两次,可见只有服务人员与创业导师较多、众创空间规模较大,能够提供足够多的工位时,众创空间孵化服务能力才能得到强化。

二、最优条件构型与次优条件构型

(一)最优条件构型

首先,对比初创企业吸纳就业人数作为结果变量的六个条件构型中的最优条件构型,与未曾删去必要条件之前的另外三个结果变量对应的充分条件构型中的最优条件构型,发现四个结果变量的最优条件构型是相同的,即"政府行为 * 创业导师 * 创新载体 * 技术环境 * 经济环境",核心条件是良好的技术环境、庞大的创新载体和高政府支持力度,边缘条件是良好的经济环境与较多的创业导师。

此后,再观察删去必要条件的三个结果变量最优的条件构型。知识产权数作为结果变量运算时,仅有一个中间解,即仅一个条件构型,不具备参考性,不予考虑;培训与活动数作为结果变量时,得到的最优条件构型是"政府行为 * 创新载体 * 技术环境 * 经济环境",核心条件是良好的技术环境、庞大的创新载体和高政府支持力度,边缘条件是良好的经济环境,删去的必要条件变量是"创业导师",如若将必要条件加入该最优解中,得到的构型同样是"政府行为 * 创业导师 * 创新载体 * 技术环境 * 经济环境";得到众创空间孵化服务的初创企业数作为结果变量时,运算得到的最优条件构型是"政府行为 * 技术环境 * 经济环境",核心条件是良好的技术环境和高政府支持力度,边缘条件是良好的经济环境,删去的必要条件为"创业导师"和"创新载体",

若将必要条件考虑进去,得到的构型依然为"政府行为 * 创业导师 * 创新载体 * 技术环境 * 经济环境"。

因此,认定"政府行为 * 创业导师 * 创新载体 * 技术环境 * 经济环境"为使得众创空间孵化服务能力强化的最优条件构型。说明众创空间应当选址在有众多研发机构的地区,在众创空间能提供较多工位,即众创空间本身的规模较大时,政府加大财政资金的扶持力度,再辅助以较多能够提供投融资、信贷、保险、金融信息咨询等服务的金融机构与专业化的服务人员和创业导师,能够显著强化众创空间孵化服务能力。

(二)次优条件构型

对比就业人数作为结果变量的六个条件构型中的最优条件构型,与未曾删去必要条件之前的另外三个结果变量对应的充分条件构型中的最优条件构型,除了"政府行为 * 创业导师 * 创新载体 * 技术环境 * 经济环境"以外,还有一个条件构型,是众创空间服务的初创企业数这一结果变量,和初创企业就业人数与知识产权数这两个结果变量的另一个最优条件构型,即"政府行为 * 盈利水平 * 创业导师 * 创新载体 * ～技术环境 * ～经济环境",核心条件是高政府支持力度、庞大的创新载体和周边较少研发机构的存在,边缘条件是良好的盈利水平、较多的创业导师以及周边较少金融服务机构的存在。

该条件构型并不是在众创空间角度、培训与活动数作为结果变量时的最优构型,因此将其作为强孵化服务能力的次优条件构型。说明了当众创空间周边缺乏研发机构和金融服务机构,且众创空间能提供较多工位数,其规模较大时,政府加大对众创空间财政资金的支持力度,辅助以专业的服务人员和创业导师与众创空间自身良好的盈利发展水平,能够使得众创空间孵化服务能力得到强化。

此外,通过比较最优条件构型和次优条件构型,可以得出,一个规模较大、得到较多政府的财政资金支持,且有专业的服务人员和创业导师的众创空间,若要提升孵化服务能力,选址应当在研发机构和金融服务机构较多的地区;若所在地区基本没有研发机构和金融服务机构,那么该众创空间优化其本身的盈利模式,获得更多的收入,也能其强化孵化服务能力。

三、其他充要条件构型

初创企业知识产权数作为结果变量时,总体解的一致性和覆盖率比另外三个结果变量总体解的一致性和覆盖率都低,其条件构型对于结果的充分性是最差的。因此,在将初创企业吸纳就业人数作为结果变量的六个条件构型,与未曾删去必要条件之前的另外几个结果变量对应的充分条件构型进行比对,不考虑入驻初创企业拥有有效知识产权数量作为结果变量的条件构型。

众创空间方面,服务的初创企业数、培训与活动数这两个结果变量,和初创企业方面,就业人数这一个结果变量的充分条件构型,都有六个,每个结果变量的六个条件构型与另外一个结果变量的六个条件构型都是一致的。在这六个条件构型中,最优条件构型和次优条件构型已经分析过,下面分析另外四个同样对结果具有充分性的条件构型。

第一个条件构型是"政府行为*～创业导师*～创新载体*～技术环境*～经济环境",核心条件是高政府支持力度、较小规模的创新载体和周边较少的研发机构,边缘条件是较少的服务人员和创业导师、周边较少的金融服务机构。

根据该条件构型,说明当众创空间所在地区比较缺乏研发机构和金融服务机构,众创空间本身规模较小,且众创空间拥有较少的服务人员和创业导师时,政府应当加大对众创空间财政资金的支持力度,这样众创空间的孵化服务能力更有可能得到强化。

第二个条件构型是"～政府行为*～盈利水平*创业导师*创新载体*～研发机构",核心条件是弱政府支持力度、庞大的创新载体、周边较少的研发机构,边缘条件是较差的盈利现状、较多的服务人员和创业导师。

可见当众创空间选址在研发机构和金融服务机构较少的地区,且政府的财政支持力度较弱,众创空间本身规模较大,但是盈利成效不佳时,应当招聘更多服务人员和创业导师,优化众创空间的人才配置,进而强化它的孵化服务能力。

第三个条件构型是"～政府行为*～盈利水平*～创业导师*～创新载体*技术环境*经济环境",核心条件是弱政府支持力度、较小规模的创新载体和周边较多的研发机构,边缘条件是较差的盈利现状、较少的服务人员和创业导师与周围较多的金融服务机构。

根据第三个条件构型可以得出,当众创空间本身的规模较小,盈利状况较差,创业导师、服务人员较少,且没有能够获得政府在财政资金方面的支持,或者支持力度很弱时,如果选址在了研发机构和金融服务机构较多的地区,其孵化服务能力也可能比较强。

第四个条件构型是"～政府行为*盈利水平*～创业导师*创新载体*～技术环境*～经济环境",核心条件是弱政府支持力度、庞大的创新载体、周边较少的研发机构,边缘条件是良好的盈利现状、较少的服务人员和创业导师与周边较少的金融服务机构。

根据最后一个条件构型,说明当众创空间处于一个研发机构和金融服务机构较少的地区,政府的财政资金支持力度也很弱,其本身企业规模庞大,但是拥有的专业服务人员和创业导师较少时,应当优化其盈利模式,提升运营绩效,使得众创空间获得更多收入,让众创空间拥有较强的孵化服务能力。

第五节 众创空间孵化服务能力的主要影响因素识别结果

根据前面对每个能够影响众创空间孵化服务能力强弱的条件变量的fsQCA的分析,识别出众创空间孵化服务能力的主要影响因素。

一、众创空间制度创新

(一)政府支持

根据上一节中的路径解析结论,"政府行为"作为服务的初创企业的数量、培训与活动数、就业人数这三个结果变量的充分条件构型中的核心条件出现了三次,且在最优条件构型和次优条件构型中都有出现,说明作为制度创新典型表现形式的"政府行为"对于强化众创空间孵化服务能力起到有效的作用。

由于众创空间在我国起步较晚,无论是组织架构还是运营模式都显得不够成熟,因此国家和各级政府有关众创空间的制度创新对于众创空间的蓬勃发展影响深远。在制度创新上,政府可以出台优惠政策,例如政府对于发展状况良好,孵化成效显著的众创空间提供返税奖励,激励众创空间不断地优化其孵化服务,提升孵化服务能力。另外,政府作为众创空间的引导人,要为众创空间提供强有力的政策支持,财政补贴政策作为宏观调控最直接的方式,在提高众创空间发展的质量和活力方面发挥着巨大的作用。

(二)创新创业生态

根据上一节中的路径解析结论,"技术环境"作为众创空间服务的初创企业的数量和培训与活动数,以及初创企业就业人数这三个结果变量的充分条件构型中的核心条件出现了三次,并且"技术环境"和"经济环境"都出现在了最优条件构型中,可见优良的创新创业生态也能够强化众创空间的孵化服务能力。

众创空间虽然是个独立的个体,但是它并不独立地生存与发展。黄嘉伟

(2018)[172]提出众创空间的发展和孵化都离不开创业生态系统,向永胜和古家军(2017)[24]定义创业生态系统是创新创业参与主体与创业环境的有机结合。在制度创新上,金融服务机构与研发机构既是众创空间生态系统中的主体之一,也是生态系统中生态环境的直观反映,可以选址在金融服务机构和研发机构数目较多的地区,直接优化自身所处的创新创业制度,提升孵化服务能力;从整个众创空间生态系统的角度,应该设置更多的科研机构、投融资机构,实现充足的资源供给,形成良好的创新环境,进而优化系统内的生态环境,带动系统内的众创空间实现孵化服务能力的强化。

二、众创空间治理结构

(一)孵化服务体系

上一节中的路径解析说明了众创空间的生态系统于众创空间的重要性。生态系统由生态环境和主体构成,创新创业主体不仅包括金融服务机构、研发机构、其他孵化载体,还包括政府、社会组织、各行各业的协会、基金会等以服务为主要目的的单位机构。由于这些主体散布在社会各层面的服务体系中,因此需要构建有效的治理结构。

根据社会网络理论,只有孵化服务体系内的每一个实体实现及时的资源汇聚、有效的价值交换,体系内才形成良好的协同效应,推动众创空间的发展和孵化服务能力的强化。因此需要完善社会化服务体系,将众创空间不同的孵化服务阶段发挥不同功效的服务主体,与众创空间孵化服务形成动态匹配,将辅助作用最大化,强化众创空间的孵化服务能力。

(二)创新创业载体平台

在上一节研究结果中提出,"创新载体"作为众创空间服务的初创企业数、初创企业知识产权数这两个结果变量的必要条件出现了两次,作为众创空间服务的初创企业的数量和培训与活动数,以及初创企业就业人数这三个结果变量的充分条件构型中的核心条件重复出现了三次,在最优条件构型和次优条件构型中都有出现,且在其他四个充要条件构型中出现了两次,说明"创新载体"这一条件变量对应的众创空间规模较大,能够提供较多的工位数时,其孵化服务能力较强。

众创空间作为创新孵化载体平台,首先要能够为初创团队和初创企业提供基础服务,基础服务包括为在孵企业提供工位,提供办公空间和办公软硬件等基础设施。在基础孵化服务中,提供工位数是最直接影响到创客聚集的因素,众创空间能提供的工位数越多,意味着众创空间本身的规模庞大,能够容纳的创业团队的数量就越多,对初创企业和团队的承载力也越强,能够为初创企业和团队提供一个更为宽敞舒适的办公空间,而这正是大多数创客的首要选择。

(三)人才队伍

同样根据上一节研究结论,"创业导师"作为众创空间服务的初创企业数、培训和活动开展的次数两个结果变量的必要条件出现了两次,且在最优条件构型和次优条件构型中都出现了,证明"创业导师"作为条件变量,对应的较多的服务人员与创业导师,对众创空间孵化服务能力的强化是必要的。

随着越来越多的初创企业和团队对众创空间提出专业化的服务需求,众创空间服务人员与创业导师的素质水平和能力愈发重要。这要求众创空间壮大自身的创业导师和服务人员队伍,优化服务人员结构,加强众创空间的人才队伍建设。众创空间可以直接对已有的服务人员、创业导师进行业务技能培训、企业文化培训、团队意识培训以及针对不同类别不同层次的孵化服务功能的专业技能培训,提升他们的业务水平和综合素质;也可以借助社会化培训机构以及猎头公司,挖掘吸引综合能力较强的服务人员和创业导师,加入众创空间的孵化服务队伍,使得其孵化服务的能力得到强化。

综上所述,本部分通过运用 fsQCA 工具,分析了以四个不同结果变量代表孵化服务能力强弱时,每个条件变量的必要性,并得出了能够强化众创空间孵化服务能力的充分条件构型。通过比对每个结果变量的条件组态,得出了最优条件构型、次优条件构型,和另外四个同样对结果具有充分性的条件构型。最后,依据四个重要的条件变量、六个条件构型,以及对比最优条件构型和次优条件构型,得出了五个强化众创空间孵化服务能力的策略。

第二章 制度创新对众创空间孵化服务能力影响效应研究

伴随着国家双创战略的持续深入,政府陆续颁布一系列重要扶持政策和举措以有效推进众创空间的快速发展。可是,相关制度逐渐呈现出效用递减规律,出现众创空间注入资金不断增加而众创空间盲目扩张、后期入孵企业出现机会主义导向以及盲目跟风等现象。仅靠政府单方面的资金支持已经不足以实现众创空间创业服务能力提升的目的,建立全面、系统的制度创新环境已然迫在眉睫,需要结合国内制度环境、市场机制、众创空间内部运营机制等,充分挖掘已有政策潜力,形成支持众创空间发展的制度创新体系。本章通过分析影响众创空间孵化服务能力的相关可测因素,充分挖掘并分析众创扶持政策及其内部运营制度,提炼出相应的可测影响因素,作出研究假设,通过实地调查众创空间、信息查询进行相关数据的搜集,运用结构方程模型方法对研究假设进行论证。

第一节 变量指标界定与选择

一、变量界定

(一)众创空间孵化服务能力界定

众创空间孵化服务能力关系到小微企业受益的程度,许多学者从众创空间的角度研究众创空间为小微企业提供的各类服务。由于创客数量众多、人员异质性较高,众创空间提供丰富的服务(Khan,2013)[4]。乔辉和吴绍棠(2016)[31]认为,初创企业入驻众创空间门槛较低,强调对创业人才素质的培养,众创空间不但向广大"草根"创业人才提供空间、设施等硬性资源服务,而且还为他们提供法律税务管理、投融资服务、管理咨询和创业培训等短缺的软性资源服务。M Ito & K Gutiérrez(2013)[174]认为创客空间是将个人创意或技术,通过共享平台、共享资源的网络效应进行传递和发展,在多方协同作用下,最终完成创意孵化,将创意和技术转化为具有商业价值的产品。

众创空间是在中国独特情境下出现的新生事物,是新型创业服务平台的统称,其创业服务能力是指发挥创业服务资源集成效应,为创业者提供高效全面的创业服务。科技部提出众创空间孵化服务能力有"四化""三结合"和"四空间"的特点。其中"四化"指集成化、市场化、网络化、专业化;"三结合"指孵化与投资结合、线上与线下结合、创新与创业结合;"四空间"指资源空间、工作空间、社交空间、网络空间。

(二)制度创新界定

制度创新是创新的前提,具有完善的组织制度创新机制,才能保证技术创新和管理创新的有效进行。如果旧的落后的组织制度不进行创新,就会成为严重制约组织创新和发展的桎梏。[274]制度创新指的是能够使创新者获得追加或额外利益的、对现存制度的变革,是在人们现有的生产和生活环境条件下,通过将现有制度的有效融合或创设新的、更能有效激励人们行为的规范、制度体系来实现社会的变革创新和持续发展。[274]

二、维度划分选择

(一)制度创新维度划分

制度经济学认为,制度创新基本上可分为两种类型:一种是诱致性制度变迁,另一种是强制性制度变迁。强制性制度变迁由政府命令和法律引入实行,政府的基本功能是提供法律和秩序,以比竞争性组织低得多的费用提供制度性服务。诱致性制度变迁是现行制度安排的变更或替代,或者是新制度安排的创造,它由个人或一群人,在响应获利机会时自发倡导、组织和实行。诱致性制度变迁必须由某种在原有制度安排下无法得到的获利机会引起,而强制性制度变迁是政府设计和强制推行诱致性制度变迁过程所不能提供的、适当的制度安排。基于制度的分类,结合制度经济学对制度创新的诱致性制度变迁和强制性制度变迁两种类型划分,本研究将制度创新划分的两个维度:外部制度环境创新和内部运营机制创新。

1. 外部制度环境创新

外部制度环境创新属于强制性制度变迁。考虑到众创空间作为一个新兴的创新创业服务平台,市场对众创空间领域自发进行的资源配置功能在数量和质量方面都存在缺陷,众创空间健康快速发展的实现需要依靠政府给予更多的支持和帮助。[267]

2. 内部运营制度创新

内部运营制度创新属于诱致性制度变迁。内部运营机制是为保护投资者的合法权益，保证新创企业业务活动的有效进行，发现、纠正错误等而制定和实施的程序和政策。众创空间内部运营机制影响众创空间的创业服务能力，从而影响入孵企业的创新创业行为及其创业成功率，主要包括众创空间的运营管理方式、盈利机制、组织结构和监管机制等，彼此相辅相成，发挥制度同形作用，打造创业生态系统。

（二）众创空间孵化服务能力维度划分

众创空间的服务对象是多种多样的，包括企业、个人等，依照不同的服务对象，它的孵化服务能力表现是不同的。从社会层面来看，众创空间作为新兴创业生态系统，其孵化服务能力体现在创业资源集聚和地带信号识别，从点到面驱动与促进社会大众创业，有利于调动社会公众的创业激情（陈夙、项丽瑶、俞荣建，2015）[6]。从高校层面来看，众创空间孵化服务能力体现为，校企合作、多方联合，以项目为中心进行平台化、专业化创业服务，建立循环升级、持续改进的创业服务机制等（王迷迷，2016）[175]，强调的是一个分享式、低成本、互动式的教育与学习平台，是开创全新教育模式、推广教育教学改革的尝试（王佑镁和叶爱敏，2015）[1]。从企业层面来看，众创空间孵化服务能力体现在市场、资金和技术方面，有利于降低创业成本、提高创业成功率（Rennings & Cleff，2016；Renko、Autio & Sapienza，2001）[176][177]。据此，本研究先将众创空间孵化服务能力划分为硬性和软性服务能力，硬性服务能力主要是空间及设施服务能力，软性服务能力又可以分为众创空间自身提供的基础服务能力和第三方企业提供的增值服务能力。

1. 空间及设施服务能力

众创空间为入孵企业提供一定的办公空间，同时也有必要的设施，面向大众提供的公共设施包括公共技术设施和公共服务设施。公共技术设施主要是为所有入孵企业设置的基础性的专业化共享设施；公共服务设施主要是为入孵企业工作生活提供公共服务的物质工程设备，为入孵企业参与社会政治、经济、文化活动提供保障。

2. 基础服务能力

基础服务能力属于众创空间的软性服务能力，与增值服务能力的主要区别就在于提供服务的主体不同，基础服务是指众创空间那些自身为入孵企业提供的一系列基础性服务，该类服务能力既能提升入孵企业业务效率，也是众创空间建立可持续发展盈利模式的重要基础，这类服务主要是管理服务、工商和税务服务、物业服务、社交服务等。

3. 增值服务能力

增值服务能力是指那些除众创空间本身外,通过第三方服务机构为入孵企业提供的更深层次的软性服务能力。此类服务能力可以帮助初创企业将更多的时间和精力聚集在发展自身业务上,这类服务主要是咨询服务、技术支持服务、资金融通服务、信息技术服务等。

第二节　假设提出与模型构建

一、研究假设的提出

（一）外部制度环境创新与众创空间孵化服务能力的关系假设

关于促进众创空间发展的外部制度环境分析,芦亚柯(2017)[178]提出,众创空间发展的制度创新一般都需要政府力量来实现,与制度的变迁存在密切联系,政府管理制度是众创空间发展的制度系统中最主要的部分,承担了制度创新的决定性重任。乔应平(2015)[54]认为,众创空间发展的制度创新多需要通过政府自身或依靠政府力量来完成,政府作为主要推动力量,与制度变迁息息相关,政府应加强对大众创新创业的市场监管、宏观引导及公共服务,以此来营造公平合理的市场竞争环境。王丽平和刘小龙(2017)[179]指出,市场机制在众创空间建设中起到主导作用,但是政府的引导、扶持尤为重要。在建设初期,政府运用其优惠政策、资金支持和资源的整合能力,帮助众创空间更加稳健地发展,特别是在解决工商注册、法律、税务等方面,政府的支持政策为众创空间价值共创起到重要的促进作用。基于以上研究,本研究提出以下假设。

H1：外部制度环境创新对众创空间孵化服务能力产生显著的正向影响。

H1包括如下三个子假设：

H1-1：外部制度环境创新对众创空间的空间及设施服务能力产生显著正向影响；

H1-2：外部制度环境创新对众创空间基础服务能力产生显著正向影响；

H1-3：外部制度环境创新对众创空间增值服务能力产生显著正向影响。

（二）内部运营制度创新与众创空间孵化服务能力的关系假设

王丽平和刘小龙(2017)[179]指出,众创空间的运行是系统性工程,各系统之间都存在内在的逻辑关系,众创空间通过"四众"融合的运行机制促进创新创业服务功能的实现。周建、方刚和刘小元(2009)[180]认为企业内部治理的核心目标是提高企业组织的协作能力，促进企业决策的科学性和合理性，是公司保持长久竞争优势的关键。Peng 和 Luo. Y. D(2003)[181]提出治理结构是企业所嵌入的制度环境的内在制度框架，是保证企业进行价值创造和科学战略决策的必要条件。基于以上研究，本研究提出以下假设。

H2：内部运营制度创新对众创空间孵化服务能力产生显著的正向影响。

H2 包括如下三个子假设：

H2-1：内部运营制度创新对众创空间的空间及设施服务能力产生显著的正向影响；

H2-2：内部运营制度创新对众创空间基础服务能力产生显著正向影响；

H2-3：内部运营制度创新对众创空间增值服务能力产生显著正向影响。

综上所述，本研究共作出六组假设，其中外部制度环境创新和内部运营制度创新与众创空间孵化服务能力之间关系的假设分别有三组。

二、预设模型的构建

本研究在新制度经济理论的基础上，将制度创新维度划分成外部制度环境创新和内部运营制度创新两个潜在变量；将众创空间孵化服务能力维度划分成空间及设施服务能力、基础服务能力和增值服务能力三个潜在变量。以制度创新及其两个维度为外生潜变量，以众创空间孵化服务能力及其三个维度为内生潜变量，形成制度创新与众创空间孵化服务能力间关系的六组假设，从而构建本研究关于两者之间关系的预设模型，如图1-2-1所示。

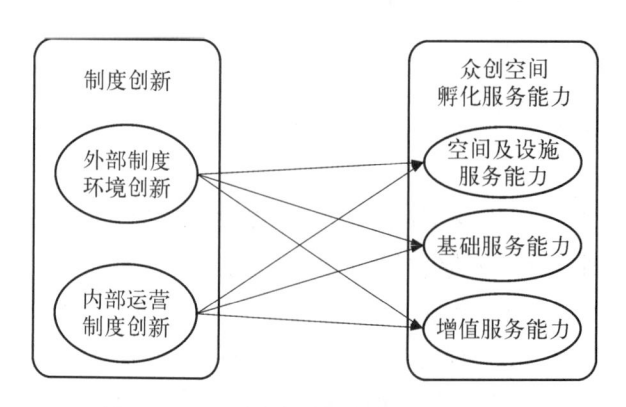

图1-2-1 制度创新与众创空间孵化服务能力关系理论预设模型图

第三节 量 表 设 计

一、制度创新量表设计

近些年来蓬勃发展的新制度经济学是本研究中设计制度创新这一潜变量各测项内容的主要依据,参考 Coase(1960)、高照军和武常歧(2014)、乔应平(2015)[54][182]等国内外学者,尤其是新制度经济学的代表人物 North(1996)[88]关于正式制度的相关观点,根据外部制度环境创新和内部运营制度创新两个维度,在遵循规范科学的量表设计流程基础上,制度创新的初始量表各测项如表1-2-1所示。

表1-2-1 制度创新初始量表

潜变量	测项	测 项 内 容
外部制度环境创新	A1	财政补助政策:众创空间场地、水电、网络等软硬件设施给予补助、创新创业项目和团队专项资金奖励
	A2	税收优惠政策:针对众创空间相关进口设备的进口税收优惠政策、研发费用税前加计扣除政策
	A3	人才引进政策:支持科技人员、院校与众创空间构建高效"产学研"的研发机制
	A4	技术转化政策:推进军民标准通用化,引导民用领域知识产权在国防和军队建设领域运用
	A5	其他激励政策
内部运营制度创新	A6	盈利模式:产业协同,物业使用权、产权置换创业公司的股权,对种子公司直接融资获利
	A7	管理制度:完善的管理服务手册,入驻条件和毕业条件相关规定详尽
	A8	运行机制:明确众创空间主题,引导专业发展;强化多元合作,打通出路体系
	A9	组织结构:总经理、项目招商部、产业服务部、综合服务部、物业管理部、信息部
	A10	监管体制:量化考核评价指标体系,建立包括社会贡献能力、孵化能力、成长能力三部分的评价指标体系

第一维度"外部制度环境创新"涵盖五个观测变量,包括:财政补贴政策、税收优惠政策、人才引进政策、技术转化政策、其他激励政策,在数据处理中,用 A1～A5 表示;第二维度"内部运营制度创新"涵盖五个观测变量,包括众创空间的盈利模式、管理制度、运行机制、组织结构、监管体制,在数据处理中,用 A6～A10 表示。

二、众创空间孵化服务能力量表设计

参考王佑镁和叶爱敏(2015)、刘春晓(2015)、马小涵(2015)、Cleff 和 Rennings(2016)[1][39][183][176]等学者的观点,本研究依据众创空间的空间及设施服务能力、基础服务能力和增值服务能力三个维度,在遵循规范量表设计流程基础上,初始众创空间孵化服务能力初始量表各测项如表 1-2-2 所示。

表 1-2-2　众创空间孵化服务能力初始量表

潜变量	测项	测项内容
空间及设施服务能力	B1	办公场所及设施:计算机、会议室、办公室、传真机、宽带网络
	B2	公共技术性设施:3D 打印、原型开发设备、机械加工设备
	B3	公共服务性设施:食堂、咖啡厅、休息室等公共休闲场所,停车场等
基础服务能力	B4	内部管理服务:管理经验或创业经验丰富的管理人员、专业的科技人员、创业项目咨询
	B5	工商税务服务:新企业申报、工商注册登记,财税法务代理
	B6	物业服务:水、电、暖气等;邮寄、电话系统或电话应答
	B7	社交服务:组织众创空间洽谈会、研讨会、内部沙龙、网上论坛
增值服务能力	B8	管理咨询服务:战略规划、市场调查、会计、人才招聘
	B9	技术支持服务:计算机、产品工艺设计、新产品试制、立项及技术鉴定
	B10	资金融通服务:天使基金、商业银行贷款、信用担保机构、风险投资等
	B11	信息技术服务:信息中心、管理信息系统、外部网络资源
	B12	法律咨询服务:法律建议、专利协助、知识产权保护、合同审查

第一维度"空间及设施服务能力"涵盖三个观测变量,包括:办公空间及设施、公共技术性设施、公共服务性设施,在数据处理中,用 B1～B3 表示;第二维度"基础服务能力"涵盖四个观测变量,包括众创空间内部管理服务、工商税务服务、物业服务、社交服务,在数据处理中,用 B4～B7 表示;第三维度"增值服务能力"涵盖五个观测变量,包括管理咨询服务、技术支持服务、资金融通服务、信息技术服务、法律咨询服务,在数据处理中,用 B8～B12 表示。

量表均采用李克特 5 点计分法(Likert 5 点计分法):1 为最低分,5 为最高分,从 1 到 5 表示从很不重要到很重要的程度。

第四节 量 表 初 测

一、样 本 收 集

为设计可信、有效的调查问卷,删除信度较低的测项,本研究在正式调研之前先进行了小样本测试问卷调查,前后在江苏省镇江市内的江苏大学创业孵化服务基地、镇江市大学科技创业园等众创空间,针对小微企业主、众创空间管理者和服务人员等调查对象,通过电子邮件和面对面问卷调查等渠道,共发放问卷 50 份,回收问卷 49 份,其中有效问卷 47 份,样本有效率为 95.9%,进而修改了部分含义模糊、学术语言浓厚的测项。

二、测 项 净 化

(一) 外部制度环境创新的 CITC 和信度分析

外部制度环境创新的 CITC 和信度分析如表 1-2-3 所示,除测项 A2、A3 以外,其他测项的初始 CITC 值均大于 0.5,A3 的 CITC 值小于 0.5,但删除 A3 后,Cronbach's α 系数降低了,保留 A3;A2 的 CITC 值为 0.373,但删除 A2 后,Cronbach's α 系数从 0.751 上升到 0.752,效果不明显,考虑到政府的税收政策是提升众创空间孵化服务能力的外部制度环境中不可或缺的因素,保留 A2。外部制度环境创新的 Cronbach's α 系数为 0.751,测项结构可信。

(二) 内部运营制度创新的 CITC 和信度分析

内部运营制度创新的 CITC 和信度分析如表 1-2-4 所示,仅 A7 的 CITC 值小于 0.5,但删除 A7 后 Cronbach's α 系数不升反降,保留 A7,其他测项的 CITC 值均大于 0.5,且 Cronbach's α 系数为 0.789,信度较高,不删除测项。

表1-2-3　外部制度环境创新的 CITC 和信度分析表

	项已删除的刻度均值	项已删除的刻度方差	校正的项总计相关性	删除该项后的 Cronbach's α 值
A1	14.29	2.458	.633	.700
A2	14.29	2.583	.373	.752
A3	14.43	2.375	.412	.741
A4	15.31	1.592	.658	.655
A5	15.24	1.730	.654	.650
总信度系数				Cronbach's α=0.751

表1-2-4　内部运营制度创新的 CITC 和信度分析表

	项已删除的刻度均值	项已删除的刻度方差	校正的项总计相关性	删除该项后的 Cronbach's α 值
A6	12.12	7.318	.507	.777
A7	13.00	6.708	.468	.778
A8	12.98	5.520	.729	.694
A9	12.88	5.068	.583	.757
A10	13.10	5.635	.635	.725
总信度系数				Cronbach's α=0.789

（三）空间及设施服务能力的 CITC 和信度分析

空间及设施服务能力的 CITC 和信度分析如表1-2-5所示，B1、B2 的 CITC 值均小于 0.5。B1 删除后，Cronbach's α 系数从 0.622 上升到 0.625，涨幅不明显，考虑到 B1 的测项内容"众创空间提供的办公场所及设施"是该维度重要的衡量标准，综合样本数量不足等现实因素，B1 保留；B2 的 CITC 值为 0.458，删除以后 Cronbach's α 系数反而下降，保留 B2。空间及设施服务能力的 Cronbach's α 系数为 0.622，较为可信，所以不删除测项。

（四）基础服务能力的 CITC 和信度分析

基础服务能力的 CITC 和信度分析如表1-2-6所示，各测项的初始 CITC 值均小于 0.5，介于 0.3 和 0.5 之间，考虑初测样本数量不足等影响因素且删除任意一项后，Cronbach's α 系数都会下降，基础服务能力的 Cronbach's α 系数为 0.617,大于 0.5 表示可信,所以不删除测项。

表1-2-5 空间及设施服务能力的 CITC 和信度分析表

	项已删除的刻度均值	项已删除的刻度方差	校正的项总计相关性	删除该项后的 Cronbach's α 值
B1	7.24	2.230	.386	.625
B2	7.33	1.433	.458	.485
B3	7.88	1.110	.536	.368
总信度系数				Cronbach's α=0.622

表1-2-6 基础服务能力的 CITC 和信度分析表

	项已删除的刻度均值	项已删除的刻度方差	校正的项总计相关性	项已删除的 Cronbach's α 值
B4	12.37	1.612	.461	.496
B5	11.49	1.630	.478	.481
B6	12.02	2.229	.313	.603
B7	11.57	2.000	.349	.580
总信度系数				Cronbach's α=0.617

(五)增值服务能力的 CITC 和信度分析

增值服务能力的 CITC 和信度分析如表1-2-7所示,各测项的初始 CITC 值均超过 0.5,增值服务能力人 Cronbach's α 系数较高,为 0.768,不删除测项。

表1-2-7 增值服务能力的 CITC 和信度分析表

	项已删除的刻度均值	项已删除的刻度方差	校正的项总计相关性	删除该项后的 Cronbach's Alpha 值
B8	13.63	5.237	.512	.709
B9	14.22	4.094	.635	.653
B10	13.53	5.379	.557	.693

续表

	项已删除的刻度均值	项已删除的刻度方差	校正的项总计相关性	删除该项后的Cronbach's Alpha 值
B11	13.82	4.986	.598	.681
B12	14.76	4.272	.520	.708
总信度系数				Cronbach's α=0.768

三、探索性因子分析

本研究采用巴特利球形检验和 KMO 值测度的方法,检验数据是否具备进行因子分析的前提条件。因子分析条件检验结果显示(如表1-2-8),制度创新和众创空间孵化服务能力因子分析的 KMO 均大于 0.6,而且巴特利球形检验在 $p<0.000$ 水平上均是双尾显著,说明样本数据符合因子分析的基本条件。

表1-2-8 KMO 和巴特利球形度检验表

潜变量		制度创新	众创空间孵化服务能力
Kaiser-Meyer-Olkin		.811	.629
巴特利球形度检验	近似卡方	210.063	181.485
	df	45	66
	Sig.	.000	.000

通过因子分析条件检验后,本研究中制度创新潜变量以 2 为固定因子数来提取因子,众创空间孵化服务能力潜变量以 3 为固定因子数来提取因子。这种方法得到的因子旋转矩阵显示(表1-2-9和表1-2-10所示),潜变量之间结构基本清晰且各测项在因子上的分配也基本符合理论假设。

制度创新潜变量的因子旋转矩阵(表1-2-9)中,共萃取得到2个因子,与原先编制的量表架构一致,各测项变量对应的因子载荷量均超过 0.5 的标准,效度显著,两个成分的累计方差解释量达到了 60.585%,高于最低值 50%,结果表明制度创新量表具有较好的结构效度。

表1-2-9 初测研究的制度创新潜变量的因子旋转矩阵表

	因子 1	因子 2
	外部制度环境创新	内部运营制度创新
A1	.721	——
A2	.832	——
A3	.583	——
A4	.597	——
A5	.579	——
A6	——	.741
A7	——	.558
A8	——	.708
A9	——	.892
A10	——	.748
方差解释%	28.145	32.441
累计方差解释%	28.145	60.586

众创空间孵化服务能力潜变量的因子旋转矩阵(表1-2-10)中,共萃取得到3个因子,与原先编制的量表架构一致,各测项变量对应的因子载荷量均超过0.5的标准,3个成分的累计方差解释量达到了58.264%,高于最低值50%,结果表明众创空间孵化服务能力量表具有较好的结构效度。

表1-2-10 初测研究的众创空间孵化服务能力潜变量的因子旋转矩阵表

	因子1	因子2	因子3
	空间及设施服务能力	基础服务能力	增值服务能力
B1	.655	——	——
B2	.680	——	——
B3	.796	——	——

续表

	因子 1 空间及设施服务能力	因子 2 基础服务能力	因子 3 增值服务能力
B4	——	.753	——
B5	——	.598	——
B6	——	.643	——
B7	——	.716	——
B8	——	——	.685
B9	——	——	.781
B10	——	——	.516
B11	——	——	.701
B12	——	——	.684
方差解释%	20.874	14.057	23.333
累计方差解释%	20.874	34.931	58.264

四、信 度 检 验

研究结果表明(见表 1-2-11),各潜变量的 Cronbach's α 系数均大于 0.6,初测样本通过信度检验。

表 1-2-11 初测研究的各潜变量的 Cronbach's α 系数表

潜 变 量	测项数量	Cronbach's α 系数
外部制度环境创新	5	0.751
内部运营制度创新	5	0.789
空间及设施服务能力	3	0.622
基础服务能力	4	0.617
增值服务能力	5	0.748

第五节 数据收集与数据分析

一、样本选择与问卷发放

通过上述的预测,形成的正式调查问卷共有 22 个题项,其中潜在变量"制度创新"包含 10 个题项,潜在变量"众创空间孵化服务能力"包含 12 个题项。潜在变量"制度创新"中,外部制度环境创新 5 个题项,内部运营制度创新 5 个题项;潜在变量"众创空间孵化服务能力"中,空间及设施服务能力 3 个题项,基础服务能力 4 个题项,增值服务能力 5 个题项。

(一)样本选择

调查问卷发放主要围绕镇江市京口区展开,主要涉及的地点有镇江市科航创新工场、京口博士创业园、翼咖啡、江苏大学大学生创业孵化基地等,共 18 家众创空间。其中有 5 家位于镇江市科航创新工场,4 家位于京口博士创业园,4 家位于翼咖啡,5 家位于江苏大学大学生创业孵化基地。

(二)问卷发放

问卷发放以实地发放为主。问卷发放总计 160 份,回收 155 份,回收率达 94.7%,其中有效问卷 150 份,有效率达 96.8%。

二、数据分析

(一)样本描述性统计

各测项的测量结果的描述性统计结果如表 1-2-12 所示,平均值统计结果显示,所有测项均高于 2.5(中端尺度水平),表明测项具有较高影响力;均值标准差在 0.09 之内,样本标准差在 1.088 之内,表明各测项的离散程度在可接受范围内。

表 1-2-12 测量变量的描述性统计结果表

测量变量	最小值	最大值	均值	均值标准差	样本标准差	方差
A1	3	5	4.34	.045	.542	.293
A2	3	5	4.40	.048	.582	.339
A3	2	5	4.21	.055	.664	.440
A4	1	5	3.17	.074	.889	.791

续表

测量变量	最小值	最大值	均　值	均值标准差	样本标准差	方　差
A5	2	5	3.53	.065	.780	.609
A6	2	5	3.84	.052	.633	.400
A7	2	5	3.59	.070	.844	.713
A8	2	5	3.43	.074	.894	.799
A9	1	5	3.12	.090	1.088	1.185
A10	1	5	3.22	.074	.891	.793
B1	3	5	4.07	.048	.583	.340
B2	2	5	4.05	.059	.712	.507
B3	1	5	3.31	.072	.868	.753
B4	2	5	3.81	.058	.698	.487
B5	2	5	4.10	.057	.692	.479
B6	1	5	3.54	.054	.655	.429
B7	1	5	3.59	.075	.907	.823
B8	2	5	3.89	.053	.645	.415
B9	1	5	3.93	.069	.836	.699
B10	1	5	4.16	.065	.785	.616
B11	2	5	3.97	.058	.704	.496
B12	2	5	3.35	.084	1.014	1.029

样本数据的正态分布检验如表 1-2-13 所示，本研究中测量数据的偏度系数均介于－0.806 和 0.326 之间，多数偏度系数均大于 0，为右偏分布；峰度系数均介于－1.038 和 0.924 之间，多数峰度系数均小于 0，为平峰分布。所有题项的偏度值和峰度值均在标准范围内，样本数据基本符合正态分布，可以继续做进一步的数据分析。

表 1-2-13　正态分布检验表

测 量 变 量	偏 度 系 数	峰 度 系 数
A1	.028	−.765
A2	−.362	−.719
A3	−.541	.503
A4	.192	−.015
A5	.326	−.439
A6	−.020	−.193
A7	.134	−.656
A8	.150	−.696
A9	.109	−.644
A10	.325	−.323
B1	−.006	−.039
B2	−.196	−.636
B3	.191	−.303
B4	−.089	−.249
B5	−.392	.013
B6	.070	.721
B7	−.101	−.503
B8	−.052	−.200
B9	−.732	.623
B10	−.806	.924
B11	−.322	.034
B12	.217	−1.038

(二)信度检验

1. 制度创新潜变量的信度检验

制度创新潜变量的信度检验如表1-2-14所示,制度创新量表的Cronbach's α系数为0.854,大于临界值0.7,表明该量表总体上具有较好的信度;制度创新的两个维度的分量表的Cronbach's α系数分别为0.786和0.840,大于0.6的临界值,且各测项的CITC值均大于0.5,表明制度创新量表具有较高的内部一致性。

表1-2-14 制度创新潜变量的信度检验表

变量	测项	初始CITC	删除项后的Cronbach's α系数	Cronbach's α系数	Cronbach's α系数
外部制度环境创新	A1	.652	.671	.786	.854
	A2	.557	.688		
	A3	.526	.749		
	A4	.698	.658		
	A5	.699	.650		
内部运营制度创新	A6	.515	.824	.840	
	A7	.603	.818		
	A8	.772	.771		
	A9	.673	.806		
	A10	.711	.789		

2. 众创空间孵化服务能力潜变量的信度检验

众创空间孵化服务能力潜变量的信度检验如表1-2-15所示,众创空间孵化服务能力量表的Cronbach's α系数为0.798,大于临界值0.7,说明众创空间孵化服务能力量表可信度较高;众创空间孵化服务能力三个维度的分量表Cronbach's α系数分别为0.649、0.654和0.775,均大于临界值0.6,且各测项的CITC值均大于0.5,表明众创空间孵化服务能力量表内部一致性良好。

表1-2-15 众创空间孵化服务能力潜变量的信度检验表

测项变量		初始CITC	删除项后的Cronbach's α系数	Cronbach's α系数	Cronbach's α系数
空间及设施服务能力	B1	.660	.437	.649	.798
	B2	.594	.493		
	B3	.578	.553		
基础服务能力	B4	.574	.606	.654	
	B5	.646	.534		
	B6	.677	.493		
	B7	.591	.576		
增值服务能力	B8	.542	.703	.775	
	B9	.758	.576		
	B10	.533	.756		
	B11	.793	.545		
	B12	.610	.624		

(三)效度检验

1. 制度创新的验证性因子分析

由制度创新的验证性因子分析模型的标准化结果图(图1-2-2)可知,潜在变量与其测量指标间的因素负荷在0.50和0.82之间,所有因素载荷均在0.5~0.9的区间范围内,说明本研究中的制度创新模型具有较好的基本适配度。

制度创新潜变量的验证性因子分析结果如表1-2-16所示:$\chi^2/df=4.396$,表明模型拟合效果可以接受;RMR的值是0.049(接近0),GFI的值是0.838,CFI的值是0.779、NFI的值是0.737,全部都超过0.7,表明模型拟合度比较好,同时各测项的标准因子负载值也都超过0.5,平均方差提取值(AVE)也都不超过0.5,达到效度检验的要求,因此制度创新潜变量通过验证性因子分析。

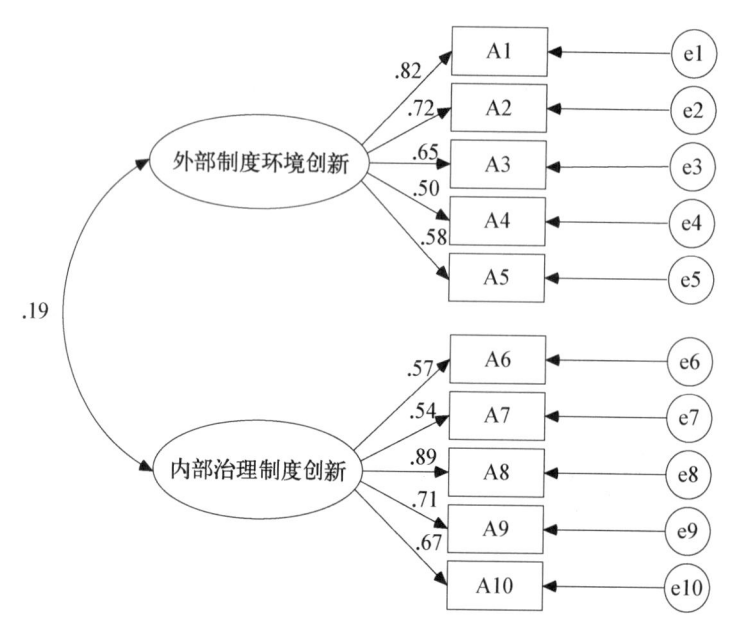

图 1-2-2 制度创新验证性因子分析模型图

表 1-2-16 制度创新潜变量的验证性因子分析结果表

潜变量		标准负载	T 值	显著水平	平均变异量抽取值
外部制度环境创新	A1	.824	7.663	***	0.437
	A2	.717	7.945	***	
	A3	.645	7.232	***	
	A4	.499	5.516	***	
	A5	.576	6.454	***	
内部运营制度创新	A6	.569	5.765	***	0.464
	A7	.533	5.172	***	
	A8	.891	6.805	***	
	A9	.704	6.251	***	
	A10	.651	5.951	***	

续表

潜变量	标准负载	T值	显著水平	平均变异量抽取值
拟合指数	$\chi^2=149.46, p=0.000$			
	$\chi^2/\mathrm{df}=4.396$			
	RMESA=0.044,RMR=0.049,GFI=0.838,CFI=0.779,NFI=0.737			

注：*** $p<0.001$，** $p<0.01$，* $p<0.05$。

2. 众创空间孵化服务能力的验证性因子分析

由众创空间孵化服务能力的验证性因子分析模型的标准化结果图（图 1-2-3）可知，潜在变量与其测量指标间的因素负荷在 0.50 和 0.81 之间，所有因素载荷均在 0.5～0.9 的区间范围内，说明本研究中的众创空间孵化服务能力模型具有较好的基本适配度。

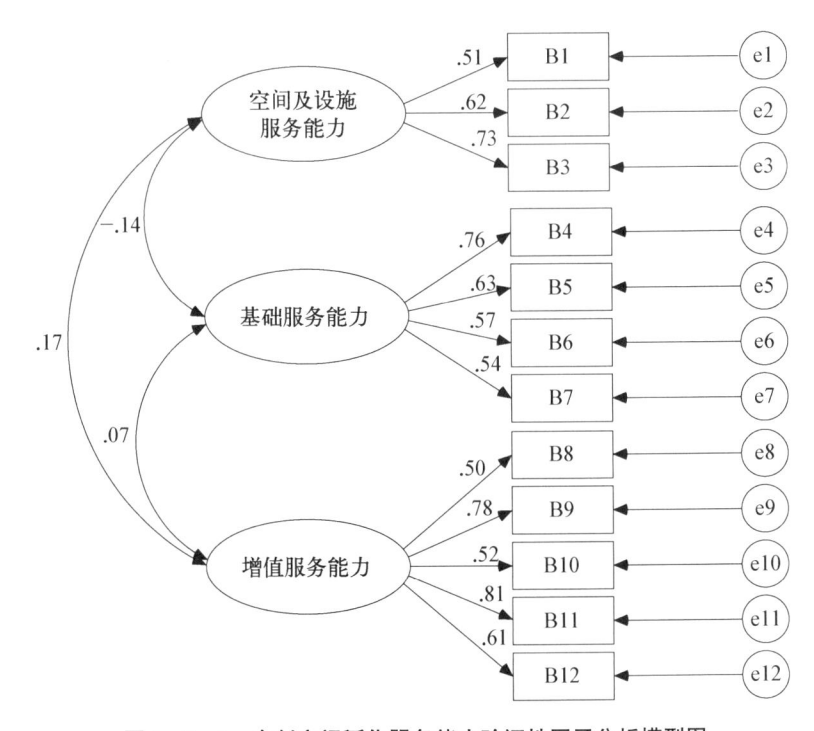

图 1-2-3 众创空间孵化服务能力验证性因子分析模型图

众创空间孵化服务能力的验证性因子分析结果（表 1-2-17）显示：$\chi^2/\mathrm{df}=1.895$，表示模型拟合可接受；RMESA 值为 0.049、RMR 值为 0.043 接近

0，GFI 值为 0.900、CFI 值为 0.877、NFI 值为 0.779 均在 0.7 以上，表明模型拟合度较好。而且各测项的标准因子负载均大于 0.5，各潜变量的平均变异量抽取值均小于 0.5，达到效度检验标准。因此众创空间孵化服务能力潜变量通过验证性因子分析。

表 1-2-17　众创空间孵化服务能力验证性因子分析结果表

潜变量		标准负载	T 值	显著水平	平均变异量抽取值
空间设施服务能力	B1	.515	4.430	***	0.394
	B2	.616	4.240	***	
	B3	.733	3.998	***	
基础服务支持	B4	.761	5.230	***	0.352
	B5	.626	4.996	***	
	B6	.570	4.849	***	
	B7	.537	3.266	***	
增值服务支持	B8	.500	2.010	***	0.431
	B9	.777	5.529	***	
	B10	.520	4.517	***	
	B11	.812	5.584	***	
	B12	.609	4.957	***	
拟合指标		$\chi^2=96.637, p=0.000$ $\chi^2/df=1.895$ RMESA=0.049, RMR=0.043, GFI=0.900, CFI=0.877, NFI=0.779			

注：*** $p<0.001$，** $p<0.01$，* $p<0.05$。

（四）共线性检验

本研究针对制度创新的两个潜变量和众创空间孵化服务能力的三个潜变量分别进行多重共线性检验，采用潜变量间的相关系数的方法对各组潜变量进行共线性检验,结果如图1-2-2和图1-2-3所示。

1. 外部制度环境创新与内部运营制度创新的共线性检验

外部制度环境创新潜变量与内部运营制度创新潜变量之间的相关系数为0.19,远远小于0.8,表明两个潜变量之间的相关性低、独立性较高,通过多重共线性检验。

2. 空间及设施服务能力、基础服务能力与增值服务能力的共线性检验

空间及设施服务能力与基础服务能力之间的相关系数为-0.14,潜变量基础服务能力与增值服务能力之间的相关系数为0.07,潜变量空间及设施服务能力与增值服务能力之间的相关系数为0.17,均远小于0.8,表明这三个潜变量彼此之间的相关性低、独立性较高,均通过多重共线性检验。

第六节 模型评价与假设验证

一、模型拟合效果分析

模型各项拟合指数如表1-2-18所示,各拟合指数值表明模型拟合效果良好,通过拟合检验。

表1-2-18 模型拟合指数值表

	χ^2	χ^2/df	RMSEA	RMR	GFI	CFI	NFI
临界值	——	<3	<0.1	<0.05	≥0.9	≥0.9	>0.8
预设模型 M1	481.204	2.382	0.098	0.046	0.961	0.934	0.824

拟合结果中各因子负载量均在0.5～0.85的区间范围内,所有误差变异量均达到显著水平,且测量误差均为正值,说明模型达到基本拟合标准;从总模型的整体拟合各项指标来看,各个指标均达到预设的标准,因此总模型M1和数据拟合效果比较好。

由模型M1的估计值和拟合优度表(表1-2-19)可知,除"外部制度环境创新→基础服务能力"路径系数较少外,其他因果路径都通过了检测,从而得到制度创新对众创空间孵化服务能力影响的最终模型。由于"外部制度环境创新→空间及设施服务能力""外部制度环境创新→增值服务能力""内部运营制度创新→空间及设施服务能力""内部运营制度创新→基础服务能力""内部运营制度创新→增值服务能力"路径,均达到显著性水平,均可保留。

表1-2-19 模型的估计值和拟合优度表

路　　径		标准化估计值	T值(C.R.)	显著度(C.R.>2)
空间及设施服务能力 ← 外部制度环境创新		.237	2.271	***
增值服务能力 ← 外部制度环境创新		.213	2.073	***
空间及设施服务能力 ← 内部运营制度创新		.463	3.336	***
基础服务能力 ← 内部运营制度创新		.530	4.118	***
增值服务能力 ← 内部运营制度创新		.261	2.667	***
基础服务能力 ← 外部制度环境创新		−.033	−.310	.756
A1 ← 外部制度环境创新		.810	6.792	***
A2 ← 外部制度环境创新		.721	8.154	***
A3 ← 外部制度环境创新		.642	7.297	***
A4 ← 外部制度环境创新		.508	5.723	***
A5 ← 外部制度环境创新		.586	6.643	***
A6 ← 内部运营制度创新		.560	3.231	***
A7 ← 内部运营制度创新		.508	4.864	***
A8 ← 内部运营制度创新		.805	6.467	***
A9 ← 内部运营制度创新		.730	6.173	***
A10 ← 内部运营制度创新		.771	6.349	***
B1 ← 空间及设施服务能力		.560	3.195	***
B2 ← 空间及设施服务能力		.618	4.599	***
B3 ← 空间及设施服务能力		.701	4.654	***
B4 ← 基础服务能力		.845	7.543	***
B5 ← 基础服务能力		.601	4.311	***
B6 ← 基础服务能力		.561	3.922	***
B7 ← 基础服务能力		.580	2.726	***

续表

路径		标准化估计值	T值(C.R.)	显著度(C.R.>2)
B8	← 增值服务能力	.500	2.010	***
B9	← 增值服务能力	.791	5.522	***
B10	← 增值服务能力	.521	4.505	***
B11	← 增值服务能力	.719	5.346	***
B12	← 增值服务能力	.658	5.133	***
拟合指数	$\chi^2=481.204, p=0.000$			
	$\chi^2/df=2.382$			
	RMSEA=0.048, RMR=0.046, GFI=0.961, CFI=0.934, NFI=0.824			

注：*** $p<0.001$，** $p<0.01$，* $p<0.05$。

从总模型整体拟合指标上来看，各个指标均达到预设的标准，因此最终模型和数据拟合效果较好。

二、假设检验

由上述结果可知，H1-1、H1-3、H2-1、H2-2、H2-3 都成立。只有"外部制度环境创新→基础服务能力"这一条路径不显著，H1-2 不成立。具体结果如表 1-2-20 所示。

表 1-2-20　标准化路径系数及假设检验结果表

假设	路径关系	标准化估计值	T值(C.R.)	假设检验
H1	外部制度环境创新对众创空间孵化服务能力产生显著的正向影响			
H1-1	外部制度环境创新→空间及设施服务能力	.24	2.271	接受
H1-2	外部制度环境创新→基础服务能力	−.03	−.310	拒绝
H1-3	外部制度环境创新→增值服务能力	.21	2.073	接受
H2	内部运营制度创新对众创空间孵化服务能力产生显著的正向影响			

续表

假　设	路　径　关　系	标准化估计值	T值(C.R.)	假设检验
H2-1	内部运营制度创新→空间及设施服务能力	.46	3.336	接受
H2-2	内部运营制度创新→基础服务能力	.53	4.118	接受
H2-3	内部运营制度创新→增值服务能力	.26	2.667	接受

三、结　果　探　讨

表1-2-20的结果表明,内部运营制度创新对众创空间孵化服务能力的各个维度都产生了显著的正向影响。从内部运营制度创新的盈利模式角度分析,有效的盈利模式可以为众创空间带来可持续的发展动力,可靠的财力支持会为众创空间带来先进设备、高科技技术和所需人才,即保证了众创空间的空间及设施和基础服务支持等创业服务能力;一个众创空间具有优质高效的创业基本服务能力,就会提升其在行业中的竞争实力和品牌效应,吸引更多的创客和初创企业,众创空间规模进一步扩大,这才能为实现规模成本递减提供可能。而对于为创客和企业提供的增值服务能力的第三方企业来说,规模成本递减和规模收益递增是同步实现的,所以就会吸引更多第三方企业进入众创空间,激烈的竞争就是创造优质服务的催化剂。而内部运营制度创新中的管理机制、运行模式、组织形式和监管机制则是从降低成本和风险的角度来提升众创空间的创业服务能力。

外部制度环境创新对众创空间的基础服务能力不存在显著的影响。可能的原因:现期众创空间在国内仍然还属于是一个新兴市场,所以政府作为外部制度环境的创新主体,重点工作是从各个角度实现对众创空间的有效扶持。其中最直接也是最有效的方法就是资金支持,来自政府的外部制度环境创新的主要内容就是从财政和税收的角度减轻初创企业的财务负担,激励大众的创业积极性,而对众创空间的技术、设备以及税务管理等方面的专项技术和资金支持较少;另一方面,国内众创空间的管理者大多在企业管理方面经验不足,这将直接导致众创空间的基础服务能力较差,管理秩序混乱。综上,现期的外部制度环境创新对众创空间孵化服务能力的影响是微乎其微的,并且如果监管不力,可能还会出现负面影响。

结合本部分中相关文献和定量研究成果,得到如下研究结论。

1. 外部制度环境创新对众创空间的空间及设施服务能力和增值服务能力等创业服务能力产生显著的正向影响,其中影响较大的是众创空间的空间及设施服务能力;但由于现期政府扶持的有限性以及众创空间发展面临约束等各种原因,外部制度环境创新对众创空间创业服务能力的基础服务能力方面不存在正向影响。

2. 内部运营制度创新对众创空间创业服务能力的各个维度(空间及设施服务能力、基础服务能力、增值服务能力)均存在显著的正向影响。其中,影响较大的有空间及设施服务能力(路径系数为 0.46)和基础服务能力(路径系数为 0.53)。这表明可持续的盈利模式、健全的管理制度、有效的运行模式、稳定的组织结构和完善的监管体制是众创空间健康快速发展的重要保障。

第三章　治理结构对众创空间孵化服务能力影响效应研究

小微企业服务需求呈现日趋个性化,但当前以小微企业双创基地为代表的众创空间孵化服务能力还不能有效满足小微企业服务需求,其孵化服务供给与需求矛盾逐步凸显,究其原因,众创空间在治理结构上的弊端限制了其孵化能力,降低了孵化服务效率,改善众创空间服务质量是使双创市场蓬勃发展的关键所在。因此,本章提出以小微企业双创基地为主体的众创空间治理结构与其孵化服务能力之间的关系假设,构建关系模型,运用拟合指数等指标进行假设检验和模型评价,测得相关结果。

第一节　维度划分与变量研究

一、维度划分

（一）众创空间治理结构维度划分

治理结构最初用于法律,代表企业掌握权力的机关部门在设置、运行和机关部门之间的法权关系。在后来发展中,逐步演变成对公司控制权、剩余索取权进行分配安排的一种文化,或者说是制度律法。更有学者在此基础上进一步进行研究,把公司治理结构定义为是一种由公司的所有者、董事会和高级经理人所组成的组织结构,在这样的组织结构中,三方之间相互制约,达成三角的平衡。

随着公司运营的复杂化,治理结构已经不单单针对公司所有者、董事会和高级经理人三方,而是更进一步演化成为对公司进行控制和管理的体系,同时明确公司决策运行所需要遵循的规则以及制度安排。其不断地发展与完善也是由企业在生存成长中对内部发展和对外接触方面越来越高的需求,以及市场愈来愈激烈的竞争所触发的。在对文献资料归总后,以小微企业双创基地为主体的众创空间治理结构可分为外部治理结构和内部治理结构两个维度,其外部治理结构可视为政府和市场为众创空间的治理所采取的一系列政策行为,用以保持众创空间对外资源的稳定。内部治理结构可定义为公司的所有者用于制衡经营者的一种机制,用以保证公司体系的健康有序进行。

1. 外部治理结构

维持稳定并持续发展是众创空间在外部治理结构中相当重要的内容。外部治理结构是外部大环境如政府、市场对众创空间的活动和经营采取的治理制度,主要体现在资本市场、法律法规和劳动力市场三个方面。在众创空间的运营过程中,资本的支持是维持其运转的首要因素。一个发展中的众创空间,为了保证入孵企业的良好周转,不仅需要入孵企业自身有一定的筹资能力,还需要众创空间适时提供资源或者平台,以免于资金的束缚,从而限制孵化。同时,市场政策也应给予入孵企业一定的优待,而政府出台的相关法律法规又是双创平台发展的"利器"。对于政府的各种优惠政策和行业支持政策,众创空间都必须加以关注并帮助入孵企业孵化、发展和成长;另外,众创空间正处在探索发展的过程中,人才的需求极为强大,良好的人才聚集是众创空间成长的关键。由此可知,为实现众创空间资金稳定、政策敏感和人才充盈的目标,众创空间的外部治理结构至关重要。

2. 内部治理结构

众创空间需要为入孵企业提供人力、资源、实物等一系列服务。内部治理结构约束并规定了所有孵化服务的实施。其通过制度性的安排来划分众创空间内部各方、各部门之间的关系,从而影响内部管理体系的建立、平台的构建、人才的培养和战略的制定等。内部治理结构体现了众创空间运作和治理的能力,用以保证自身的服务质量以及企业双创活动的顺利实施。众创空间的内部治理可视为众创空间自身的"特点",而内部治理是众创空间运营的关键所在,"特点"可作为吸引企业入孵的特色,其结构如何也关系着企业在众创空间中会接受怎样的服务,其中包括入孵企业在众创空间所要经历的整个入孵流程,所得到的资金和物资等资源,项目对接负责人的服务等。众创空间正是通过各结构的紧密联系从而提升整体的孵化服务能力。

(二)众创空间孵化服务能力维度划分

孔栋等(2019)[184]在经过相关的研究之后,认为众创空间的孵化在某些方面可以弥补入孵企业的短板,他们通过案例研究和数据分析,认为"培训—咨询—社群"的服务模式可以帮助入孵企业完善商业构想,解决创业初期的能力问题和部分战略问题。陈健峰(2019)[185]认为众创空间提供的创业服务可以帮助创业者解决基金、人才、资源等问题,主要包括进行氛围营造、创业辅导、投融资和资源对接等服务。同时,这也是众创空间的孵化特点。

张钦(2018)[186]综合了相关文献的研究,认为众创空间为新成立的中小企业提供了相应的空间、相关的设施设备、技术支持、管理和各方的资源,用以保障入孵企业创业的成功率,降低创业的风险性,缩减成本的支出。他总结了众创空间的各项孵化服务能力,包括以硬件、政策和社会文化为主的基础服务能力、融资能力、中介能力、资源整合能力、人才聚集能力、技术服务能力、市场营销能力、市场评估能力、广告能力等。

综合中小企业服务理论、服务质量理论以及孵化服务能力的文献综述,本研究将以小微企业双创基地为主的众创空间孵化服务能力划分为以提供设施、环境为主的基础孵化能力,以提供与不同创业阶段相符合的服务为主的综合服务能力和以与第三方连接的增值服务能力。

1. 基础孵化能力

基础孵化能力是众创空间进行孵化服务的相关基本条件,包括办公场地、办公设施设备、公共环境、网络环境、交通、通信等基础建设,也包含其自身的公共技术能力和研究氛围,以及与政府支持项目之间的联系。基础孵化能力是企业入驻众创空间进行经营活动的基本支撑。

2. 综合服务能力

参考了张钦(2018)[186]的结论,再结合第一章对孵化服务能力的文献综述,本研究将众创空间的综合服务能力概括为:众创空间为小微企业孵化运行而进行的资金服务(包括帮助入孵企业申请风投、基金等融资项目)、市场服务(帮助入孵企业评估产品)、人才培养服务、技术服务等。众创空间的综合服务能力对提高企业效率、提高孵化成功率有着重要的作用。

3. 增值服务能力

这里的增值服务侧重于众创空间与第三方机构进行合作后间接性地为入孵企业提供的服务。其服务内容主要包括:针对入孵企业行业的特点和自身的需求,帮助入孵企业与相关部门或行业对接,搭建联系的桥梁,提高企业的运行效率;同时与工商部门、法务部门等建立联系通道,为小微企业的运营提供有力的保障。

二、变 量 界 定

(一)众创空间治理结构相关观测变量界定

1. 外部治理结构

在进行文献综述后,针对众创空间的特点,结合学者的研究,本研究将外部治理结构主要分为：资本治理、政策法规和人才吸引三部分内容。

（1）资本治理：政府对众创空间发展的资金支持，为众创空间开拓更多的融资渠道；

（2）政策法规：政府出台相应的政策法规对众创空间进行引导，并根据创新创业的大环境走向为众创空间提供向好的政策红利；

（3）人才吸引：市场和政府为双创招聘提供福利，有助于众创空间吸引优质的人才资源。

由此可得到众创空间外部治理结构的观测变量，详见表1-3-1。

表1-3-1 众创空间外部治理结构观测变量表

观测变量	具 体 内 容	来 源
资本治理	政府对众创空间发展的资金支持，为众创空间开拓更多的融资渠道	高明(2012)[187]
政策法规	政府积极引导众创空间发展	
人才吸引	人才竞争优势，在竞争力强大的劳动力市场吸引优质人才	

2. 内部治理结构

众创空间内部治理结构可大致分为管理体系、支撑平台、人才建设、发展战略四个部分：

（1）管理体系：众创空间要构建完备的管理体系，各部门协同配合，信息传达、文件审核高效及时；

（2）支撑平台：主要指构建完备的双创孵化平台，根据众创空间的发展探索更相符的孵化模式，满足不同创业者的需求，将平台进一步延伸；

（3）人才建设：与上文"人才吸引"从而招聘更多专业性人才不同，人才建设是众创空间针对员工的专业服务情况，对员工进行有计划的培养，提高其服务能力，并对平台内部员工的工作效率和成果设定完备的考核标准；

（4）发展战略：众创空间需要对自身的发展有明确规划，并且战略符合入孵企业的利益。

由此可得到众创空间内部治理结构的观测变量，详见表1-3-2。

（二）众创空间孵化服务能力相关变量界定

1. 基础孵化能力

本研究参考张钦(2018)等人的研究成果，从众创空间的自身特征和多数

表1-3-2 众创空间内部治理结构观测变量表

观测变量	具 体 内 容	来 源
管理体系	众创空间构建完备的管理体系,信息传达、文件审核高效及时	张楠烨(2018)[188]
支撑平台	构建完备的双创孵化平台,根据众创空间的发展探索更符合的孵化模式,满足不同创业需求,将平台进一步延伸	
人才建设	对众创空间内部员工进行培训,提高员工的服务能力,并制定工作考核标准	
发展战略	双创平台对自身的发展有明确的规划,并且战略符合入孵企业的利益	

入孵企业的需求出发,将众创空间的基础孵化能力大致分为硬件设施、文化氛围和沟通支持三部分:

(1)硬件设施:指众创空间为入孵企业所提供的办公场地、办公设施设备、公共环境、网络环境、交通、通信等,用以保证企业的基本工作,同时提升企业工作效率;

(2)文化氛围:是众创空间吸引企业的关键所在,良好的创新创业文化氛围能够帮助众创空间更有效地管理入孵的企业,并带动入孵企业的健康发展;

(3)沟通支持:是众创空间获取政府支持、与政府相关部门沟通的能力,以及根据政府政策引导企业正确孵化的能力。

由此可得到众创空间基础孵化能力的观测变量,详见表1-3-3。

表1-3-3 众创空间基础孵化能力观测变量表

观测变量	具 体 内 容	来 源
硬件设施	众创空间的办公场地、办公设施设备、公共环境、网络环境、交通、通信等	张钦(2018)[186]
文化氛围	众创空间的创新创业氛围	
沟通支持	引导企业参与政府的支持项目,协助其申报、管理以及与政府部门的沟通	

2. 综合服务能力

综合服务能力更多地用于体现众创空间的孵化功能,在企业孵化的不同层面给予孵化服务,多层次地为入孵企业的发展保驾护航。综合服务能力不仅是企业在众创空间中发展的保障,也是其成长发展是否顺利稳定的必要因素。针对众创空间的综合服务能力,本研究将其划分为四个方面,其中包括:

(1) 人才培养能力:指众创空间需要吸引优秀的创业者,吸收各创业者所长,使得各创业者之间进行学习互补,让初级创业者在学习中成长,让有经验的创业者更加游刃有余;

(2) 技术支持能力:指众创空间为初创企业提供仪器设施的服务,帮助企业在信息库中进行数据收集,并帮助入孵企业与实验室、研发中心等进行对接,进行研发活动;

(3) 市场评估能力:指对初创企业的产品或服务进入市场的可行性进行评估,减少企业出现的问题和突发的状况;

(4) 关系网络连接:是众创空间将各企业联系起来,增加各初创企业,初创企业与成熟企业之间的联系、交流与合作。

由此可得到众创空间综合服务能力的观测变量,详见表1-3-4。

表1-3-4 众创空间综合服务能力观测变量表

观测变量	具 体 内 容	来 源
人才培养能力	运用吸引优秀创业者的天然优势,吸收各创业者所长,使得各创业者之间进行学习互补	冯冰洁 (2018)[189]
技术支持能力	对仪器设施的使用、信息库数据收集提供服务,并帮助入孵企业与实验室、研发中心等进行对接,进行研发活动	
市场评估能力	对初创企业的产品或服务进入市场的可行性进行评估	
关系网络连接	增加各初创企业,初创企业与成熟企业之间的联系、交流与合作	

3. 增值服务能力

增值服务能力是众创空间与第三方进行联系合作,更加多元全面地为入孵企业提供在经营管理活动中的服务。此类服务不仅可以丰富众创空间的服务种类,也可拓宽众创空间的联系网络,推动众创空间服务的成长,形成更加稳定复杂的服务体系。本研究将众创空间的增值服务能力归纳为以下四部分:

(1) 广告营销:包括为初创企业提供参与市场的机会和广告宣传,扩大

初创企业的知名度,为初创企业争取市场提供更多的可能;

(2)法律服务:主要是与第三方平台进行法律合作,为入孵企业提供合同审核、专利保护、法务帮助等服务;

(3)融资能力:是众创空间帮助初创企业获得风投、融资等资金支持,或进行基金的申请,保障入驻企业的资金业务,获得稳定的金融服务;

(4)专业咨询:双创平台能够根据不同入孵企业的行业特点,针对性地与相关专业人士联系,搭建咨询桥梁,帮助企业发展。

由此可得到众创空间增值服务能力的观测变量,详见表1-3-5。

表1-3-5 众创空间增值服务能力观测变量表

观测变量	具 体 内 容	来 源
营销能力	广告营销,包括为初创企业提供参与市场的机会和广告宣传,扩大初创企业的知名度,为初创企业争取市场提供更多的可能	王友双(2017)[43]、李斌(2019)[50]
法律服务	主要是与第三方平台进行法律合作,为入孵企业提供合同审核、专利保护、法务帮助等服务	
融资服务	是众创空间帮助初创企业获得风投、融资等资金支持,或进行基金的申请,保障入驻企业的资金业务,获得稳定的金融服务	
咨询服务	双创平台能够根据不同入孵企业的行业特点,针对性地与相关专业人士联系,搭建咨询桥梁,帮助企业发展	

第二节 假设提出与模型构建

一、假设提出

(一)众创空间外部治理结构与其孵化服务能力的关系假设

在组织治理中,外部治理结构是以政府为主导的组织、机构之间的联系和合作,可以理解为政府、市场为众创空间发展所采取的一系列举措,进而对众创空间的运作和服务产生影响。其外部环境在一定程度上会影响众创空间的资源获取以及干扰众创空间的生存方向,一旦众创空间的外界因素不稳定,就势必会割裂与其他要素的联系,影响入驻企业的发展。张粮瑞(2019)[190]以河南省国家大学科技园为例,认为外部的管理框架对双创的孵化活动有一定的影响,良好的治理结构可以引导双创活动的高效有序进行。Cirule 等(2017)[191]认为对人才的招聘、对市场的分析是提高孵化器服务价值的一大重点。Stoken(2015)[130]在针对性地研究了某一类孵化服务后,认为政府政策的支持和资金的保证尤为重要,可以影响服务的进度和成功率。Lai 和 Lin(2015)[192]认为不同企业对信息的接受和消化存在时间和专业上的差异,众创空间能够为其提供政府的政策动向、市场的环境变化,缩减信息传递的时间。所以,外部治理结构能够在一定程度上提高众创空间的孵化率,提升企业的成功率。在优厚的政策环境下,各融资渠道的顺利通畅,人才市场的活跃供给,都可以充分地提高孵化效率。基于上文,提出假设。

H1:众创空间外部治理结构对其孵化服务能力产生显著的正向影响。

H1 中包含了 3 个子假设:

H1-1:众创空间外部治理结构对其基础孵化能力产生显著的正向影响;

H1-2:众创空间外部治理结构对其综合服务能力产生显著的正向影响;

H1-3:众创空间外部治理结构对其增值服务能力产生显著的正向影响。

(二)众创空间内部治理结构与其孵化服务能力的关系假设

企业内部治理结构是基于股东大会、董事会、监事会三方制定的一系列制度规章来规范企业的治理行为,而对于众创空间来说,可以将内部治理结构视为管理者进行的制度、体系安排,从而规范众创空间的运作,更好地进行孵化服务。张瑜(2020)[193]认为众创空间内部的运营体系与孵化服务有着直接联系。众创空间的制度安排、体系规范,所有的工作内容全部与入孵企业紧密接轨,对企业从入驻、孵化到成长等一系列阶段都起着直接的影响,故而其一系列关于平台、体系等安排在一定程度上会影响企业的孵化,或对众创空间整体的孵化率产生影响。Smilor(1987)[194]将众创空间的孵化服务能力分为三类,并认为其内部的治理结构对内部的支撑服务具有一定的影响。Cirule(2017)[191]在强调人才招聘、市场分析对孵化服务有影响的同时,认为管理咨询、各类创业辅导同样可以提升孵化器的服务质量。FSten(2016)[195]认为构建孵化的平台网络能够提高孵化效率,帮助入孵企业获得更多的市场机会,推动孵化服务的正向发展。所以,众创空间的内部治理结构,其平台各方的对接模式、体系的制度安排、人员的调整、机理措施等,都会在整个众创空间的网络中传导至入孵企业。由此可见,高效合理的制度,上传下达的机制,敏锐洞察的市场嗅觉,整个众创空间的发展战略,甚至严格细致的员工绩效考评体系,都会影响对入孵企业的服务质量。基于上文,提出假设。

H2:众创空间内部治理结构对其孵化服务能力产生显著的正向影响。

H2 中包含了 3 个子假设:

H2-1:众创空间内部治理结构对其基础孵化能力产生显著的正向影响;

H2-2:众创空间内部治理结构对其综合服务能力产生显著的正向影响;

H2-3:众创空间内部治理结构对其增值服务能力产生显著的正向影响。

基于上述分析,汇总得出众创空间治理结构与其孵化服务能力之间的关系假设,如表 1-3-6 所示。

表 1-3-6　众创空间治理结构与其孵化服务能力间关系假设汇总表

假设编号	假　设　描　述
H1	H1:众创空间外部治理结构对其孵化服务能力产生显著的正向影响
	H1-1:众创空间外部治理结构对其基础孵化能力产生显著的正向影响
	H1-2:众创空间外部治理结构对其综合服务能力产生显著的正向影响
	H1-3:众创空间外部治理结构对其增值服务能力产生显著的正向影响
H2	H2:众创空间内部治理结构对其孵化服务能力产生显著的正向影响
	H2-1:众创空间内部治理结构对其基础孵化能力产生显著的正向影响
	H2-2:众创空间内部治理结构对其综合服务能力产生显著的正向影响
	H2-3:众创空间内部治理结构对其增值服务能力产生显著的正向影响

二、模型构建

本研究基于上述分析,对众创空间治理结构进行维度划分,划分为外部治理结构和内部治理结构两个潜在变量;之后对孵化服务能力进行维度划分,得到基础孵化能力、综合服务能力和增值服务能力三个潜在变量。本研究将外部治理结构和内部治理结构视为自变量,研究治理结构和孵化服务能力之间的关系,形成如图 1-3-1 所示的预设模型:

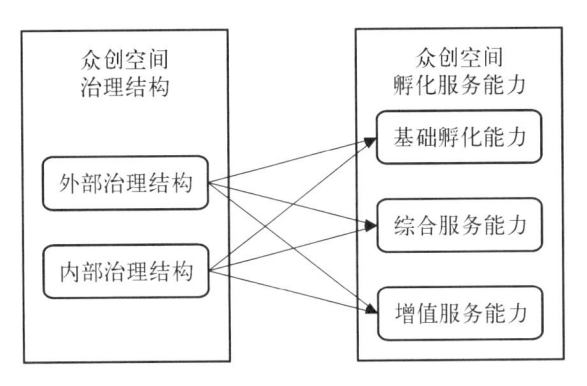

图 1-3-1　众创空间治理结构与其孵化服务
能力关系理论预设模型图

第三节　初测量表设计与数据分析

一、初测量表设计

在查阅相关文献、翻阅相关资料、与其他相关研究者多方讨论后,对所设计的量表进行了细微的调整,从而明确了量表的测项,之后再经过与部分众创空间入孵企业创业者的商讨,确定最终的量表内容。

（一）众创空间治理结构量表设计

在划分众创空间治理结构变量的测项内容时,参考了张楠烨（2018）、段术（2019）[188][196]等有关众创空间治理体系的文献,将治理结构划分为外部治理结构和内部治理结构两个维度,并对测项内容进行描述,如表1-3-7所示。

表 1-3-7　众创空间治理结构量表

潜变量	测项	测项内容
外部治理结构	Q1	资本治理：众创空间有多方投资者的联系网络,政府稳定的融资渠道支持
	Q2	政策法规：政府对众创空间提供利于入孵企业发展的政策和法规,并在政策上协助众创空间的发展
	Q3	人才吸引：政府出台引进人才进入众创空间的福利政策,吸引高端人才进入众创空间
内部治理结构	Q4	管理体系：众创空间根据自身发展情况,各部门配合情况以及入孵企业的需求,制定高效有序的管理体系
	Q5	支撑平台：众创空间平台高效便捷,与多方对接,入孵企业可在平台上了解信息,进行咨询,申请众创空间帮助等

续表

潜变量	测项	测项内容
内部治理结构	Q6	人才建设：众创空间重视内部员工的培训,重视员工的服务能力,并且制定考核标准,以监督员工的自身发展和工作效率
	Q7	发展战略：众创空间根据运行现状和前景展望,制定发展战略,提升众创空间服务质量,并对入孵企业的发展起到带动引领作用

本研究结合众创空间的自身特点以及众创空间内部治理现状,整理出关于治理结构的七个观测变量。第一维度为外部治理结构,其中包括三个观测变量：资本治理、政策法规和人才吸引,在数据处理中,用 Q1～Q3 表示;第二维度为内部治理结构,包括四个观测变量：管理体系、支撑平台、人才建设和发展战略,在数据处理中,用 Q4～Q7 表示。量表采用的是李克特 5 级评分法：其中 1 为最不重要的分数,5 为最重要的分数,从 1 到 5 的重要程度依次递增。

（二）孵化服务能力量表设计

近年来,有越来越多的学者开始关注众创空间的孵化服务能力,本研究参考张钦(2018)、孔原(2017)[186][197]等学者的研究,与上文的分析相结合,将孵化服务能力划分为三个维度：基础孵化能力、综合服务能力和增值服务能力,并整理出 11 个观测变量,如表 1-3-8 所示。

表 1-3-8 众创空间孵化服务能力初始量表

潜变量	测项	测项内容
基础孵化能力	Q8	硬件设施：包括办公场地、办公设施设备、公共环境、网络环境、交通、通信的配备情况
	Q9	文化氛围：众创空间各入孵企业对待创新创业的积极态度,众创空间内部对创新创业氛围的烘托以及对初创者相关知识的普及
	Q10	沟通支持：在入孵企业的孵化进程中,协助入孵企业与政府部门沟通,完成与政府部门对接的流程
综合服务能力	Q11	人才培养能力：培养创业者的创新思维,教授相应的创业知识,进行路演辅导,并举办多种创业交流活动
	Q12	技术支持能力：众创空间为入孵企业提供仪器设备、数据信息,帮助入孵企业进行技术查新等服务

续表

潜变量	测项	测项内容
综合服务能力	Q13	市场评估能力：对入孵企业在孵化中产生的产品或服务进行评估，提供进入市场的可行性建议
	Q14	关系网络连接：为入孵企业与众创空间内部其他企业建立联系网络
增值服务能力	Q15	广告营销：对接广告服务公司，为初创企业提供广告宣传和其他营销手段
	Q16	法律服务：与律师事务所等机构进行对接，为入孵企业提供合同审核、专利保护、法务帮助等服务
	Q17	融资能力：与商业银行、保险基金等机构进行对接，帮助初创企业获得安全稳定的金融服务
	Q18	专业咨询：与双创专业人士对接，为入孵企业提供创业指导服务，搭建咨询桥梁

第一维度为基础孵化能力，包括三个观测变量：硬件设施、文化氛围和沟通支持，在进行分析时用 Q8～Q10 表示；第二维度为综合服务能力，包括四个观测变量：人才培养能力、技术支持能力、市场评估能力和关系网络连接，在进行分析时用 Q11～Q14 表示；第三维度为增值服务能力，包括四个观测变量：广告营销、法律服务、融资能力和专业咨询，在进行分析时用 Q15～Q18 表示。量表采用的是李克特 5 级评分法：其中 1 为最不重要的分数，5 为最重要的分数，从 1 到 5 的重要性逐渐上升。

二、初测数据分析

（一）初测样本发放与回收

为保证调研问卷的信度，排除其中信度较低的测项，在正式进行问卷调查之前，本研究通过对文献的整理，并向相关人员进行调查了解，结合众创空间发展现状制定了第一份问卷，由江苏大学众创空间的创客填写，进行了问卷的预调查。填写时间约为 6 分钟，初测问卷于 2020 年 4～5 月发放。本次发放预测回收 55 份，其中有效问卷 51 份，有 4 份问卷存在胡乱填写的情况，样本有效率为 92.7%。

（二）测项净化

本研究运用测项与潜变量的总计相关性(CITC)来净化测量项目，目前得到认同的测项净化标准是：总计相关性值应大于 0.5，当总计相关性值小于 0.5 时,删除项后 Cronbach's α(克隆巴赫系数)值增加,则算作净化测试通过;Cronbach's α 的系数大于 0.6。可信度的系数界定由表 1-3-9 所示。

表 1-3-9　Cronbach's α 可靠性系数表

可　靠　性	Cronbach's α 系数
无可靠性	α<0.3
可靠性微弱	0.3≤α<0.5
具有可靠性	0.5≤α<0.6
可靠性较强	0.6≤α<0.9
非常可靠	0.9≤α

在众创空间治理结构对其孵化服务能力影响的实证分析中,本研究解析了五个潜变量:外部治理结构、内部治理结构、基础孵化能力、综合服务能力和增值服务能力。

1. 外部治理结构的总计相关性和信度分析

外部治理结构的各测项如表 1-3-10 所示,Q1、Q2、Q3 的初始总计相关性值均在 0.6~0.9 之间,表现了极好的信度,通过了测项净化。而外部治理结构的总信度系数为 0.863,测项结构可信,Q1~Q3 三个测项可以将外部治理结构较好地表现出来。

表 1-3-10　外部治理结构的总计相关性和信度分析表

测项	项已删除的标度均值	项已删除的标度方差	修正后的项与总计相关性	删除该项后的 Cronbach's Alpha 值
Q1	8.73	1.483	.829	.719
Q2	8.78	1.933	.663	.876
Q3	8.73	1.523	.745	.805
总信度系数		Cronbach's α=0.863		

2. 内部治理结构的总计相关性和信度分析

内部治理结构的各测项如表 1-3-11 所示,Q5 的总计相关性值为

0.610,大于 0.5,有较好的信度;Q4 的总计相关性值小于 0.5,在删除了 Q4 项之后,克隆巴赫系数升高,大于 0.5,所以予以保留;Q6 的总计相关性值小于 0.5,在删除了 Q6 项之后,克隆巴赫系数也升高,值为 0.623,大于 0.5,所以予以保留;同样,对于总计相关性值仅为 0.356 的 Q7,删除该项,克隆巴赫系数升高,大于 0.5,予以保留。而内部治理结构的总信度系数为 0.658,大于 0.6,测项结构合理可信。

表 1-3-11 内部治理结构的总计相关性和信度分析表

测项	项已删除的标度均值	项已删除的标度方差	修正后的项与总计相关性	删除该项后的 Cronbach's Alpha 值
Q4	12.80	2.001	.417	.603
Q5	12.86	1.641	.610	.460
Q6	12.86	2.081	.387	.623
Q7	12.94	1.936	.356	.651
总信度系数			Cronbach's α=0.658	

3. 基础孵化能力的总计相关性和信度分析

基础孵化能力的各测项如表 1-3-12 所示,Q8、Q9、Q10 的初始总计相关性均在 0.6~0.8 之间,表现了极好的信度,通过了测项净化。而基础孵化能力的总信度系数为 0.855,测项结构可信,Q8~Q10 三个测项可以将基础孵化能力较好地表现出来,不做其他调整。

表 1-3-12 基础孵化能力的总计相关性和信度分析表

测项	项已删除的标度均值	项已删除的标度方差	修正后的项与总计相关性	删除该项后的 Cronbach's Alpha 值
Q8	8.96	1.558	.743	.782
Q9	9.04	1.318	.699	.805
Q10	9.02	1.220	.734	.776
总信度系数			Cronbach's α=0.855	

4. 综合服务能力的总计相关性和信度分析

综合服务能力的各测项如表1-3-13所示，Q12的总计相关性值为0.501，大于0.5，信度尚好；Q11的总计相关性值小于0.5，在删除了Q11项之后，克隆巴赫系数升高，大于0.5，所以予以保留；Q13的总计相关性值小于0.5，在删除了Q13项之后，克隆巴赫系数也升高，值为0.574，大于0.5，所以予以保留；同样，对于总计相关性值仅为0.365的Q14，删除该项，克隆巴赫系数升高，大于0.5，予以保留。而综合服务能力的总信度系数为0.657，大于0.6，测项结构合理可信。

表1-3-13 综合服务能力的总计相关性和信度分析表

测项	项已删除的标度均值	项已删除的标度方差	修正后的项与总计相关性	删除该项后的Cronbach's Alpha值
Q11	13.16	1.535	.425	.597
Q12	13.25	1.474	.501	.544
Q13	13.22	1.573	.461	.574
Q14	13.25	1.634	.365	.637
总信度系数			Cronbach's α=0.657	

5. 增值服务能力的总计相关性和信度分析

增值服务能力的各测项如表1-3-14所示，Q15的总计相关性值为0.557，大于0.5，信度较好；Q16的总计相关性值为0.693，大于0.5，信度也很可观；Q17的总计相关性值小于0.5，在删除了Q17项之后，克隆巴赫系数升高，大于0.5，所以予以保留；Q18的总计相关性值小于0.5，在删除了Q18项之后，总计相关性系数也升高，值为0.780，大于0.5，所以予以保留。而增值服务能力的总信度系数为0.764，测项结构合理可信，通过信度检验。

(三) 探索性因子分析

探索性因子分析可以对多维观测变量进行降维处理，同时也能够对量表进行内容效度（表面效度）的分析。探索性分析是通过因子旋转，将测项转换成潜变量，减少观测变量，降低分析问题的难度。本研究首先通过采用巴特利球形检验和KMO测度的方法，对数据进行检验，检验其是否符合分析要求，即巴特利的球形度检验需保证显著水平，且KMO值处于0.5～1的区间内，数值越靠近1越优。

表 1-3-14　增值服务能力的总计相关性和信度分析表

测项	项已删除的标度均值	项已删除的标度方差	修正后的项与总计相关性	删除该项后的Cronbach's Alpha 值
Q15	13.08	2.274	.557	.701
Q16	13.08	2.074	.693	.623
Q17	13.02	2.380	.577	.693
Q18	13.18	2.348	.423	.780
总信度系数			Cronbach's α=0.764	

针对51份预测问卷的数据,本研究进行了检验分析,见表1-3-15所示。众创空间治理结构的KMO为0.532,孵化服务能力的KMO为0.616,两个值均符合上文的标准,处于0.5~1之间。同时,巴特利的球形度检验结果显著,满足进行下一步分析的条件。

表 1-3-15　众创空间治理结构与其孵化服务能力的 KMO 和 Bartlett 的检验表

潜变量		众创空间治理结构	孵化服务能力
取样足够度的 Kaiser-Meyer-Olkin 度量		.532	.616
Bartlett 的球形度检验	近似卡方	145.023	183.300
	Df	21	55
	Sig.	.000	.000

该因子分析主要运用主成分分析法,其中众创空间治理结构潜变量提取两个因子,孵化服务能力潜变量提取三个因子。进而生成因子旋转矩阵,潜变量之间结构明确,测项上的因子结构也满足假设,结果如表1-3-16所示。

当样本数大于50时,探索性因子分析才可对观测变量进一步净化,因子负载系数大于0.3为显著,因子负载系数大于0.4为重要,因子负载系数大于0.5为非常重要。在上文的表1-2-10为治理结构潜变量的因子旋转矩阵,

表 1-3-16　初测研究的众创空间治理结构的因子旋转矩阵表

测　项	因子 1 外部治理结构	因子 2 内部治理结构
Q1	.938	——
Q2	.801	——
Q3	.893	——
Q4	——	.674
Q5	——	.865
Q6	——	.675
Q7	——	.575

提取方法：主成分分析法。
旋转法：具有 Kaiser 标准化的正交旋转法。
a. 旋转在 3 次迭代后收敛。

方差解释%	35.197	28.624
累计方差解释%	35.197	63.822

选取得到两个因子，与设计的量表一致，七个可测变量对应的因子载荷量均大于 0.5，两个成分的累计方差解释量达到了 35.197%，说明治理结构量表具有较好的效度。

表 1-3-17 列出了以孵化服务能力为潜变量的因子旋转矩阵，在因子旋转矩阵中的因子共有 3 个，与设计的量表一致，11 个可测变量对应的因子载荷量均大于 0.5，效度明显，且三个成分的累计方差解释为 63.822%，满足大于 50% 的要求，结果显示孵化服务能力测量表效度较好。

（四）信度检验

为分析测量工具对结果测定的稳定性，基于总计相关性系数，本研究用信度检验来对一致性进行研究。当总计相关性系数大于 0.6 时，可认为测项具有较好的一致性。总计相关性系数越大，则证明测项的一致性和稳定性越强。

表 1-3-17 初测研究的孵化服务能力的因子旋转矩阵表

测　项	因　子 1 基础孵化能力	因　子 2 综合服务能力	因　子 3 增值服务能力
Q8	.882	——	——
Q9	.871	——	——
Q10	.862	——	——
Q11	——	.635	——
Q12	——	.764	——
Q13	——	.712	——
Q14	——	.639	——
Q15	——	——	.788
Q16	——	——	.876
Q17	——	——	.785
Q18	——	——	.541
提取方法：主成分分析法。 旋转法：具有 Kaiser 标准化的正交旋转法。 a. 旋转在 4 次迭代后收敛。			
方差解释%	21.972	21.521	19.145
累计方差解释%	21.972	43.493	62.638

由表 1-3-18 可得，各潜变量的总计相关性系数均大于 0.6，初测研究通过了信度检验。

表 1-3-18 初测研究中各潜变量的 Cronbach's α 系数表

潜　变　量	测　项　数　量	Cronbach's α 系数
外部治理结构	3	0.863
内部治理结构	4	0.657

续表

潜变量	测项数量	Cronbach's α 系数
基础孵化能力	3	0.848
综合服务能力	4	0.657
增值服务能力	4	0.758

第四节 正式问卷发放回收与数据分析

在分析整理预测问卷的结果后,本次调研问卷共有18题,其中潜变量"治理结构"7题,潜变量"孵化服务能力"11题。在潜变量"治理结构"中,外部治理结构3题,内部治理结构4题;在潜变量"孵化服务能力"中,基础孵化能力3题,综合服务能力4题,增值服务能力4题。

本次调研问卷由四个部分组成。第一部分为首语,主要用于为受调研者介绍此次调研;第二部分为受调研的公司信息,便于对收集的数据进行分析整理;第三部分为众创空间治理结构的调查问卷,第四部分为众创空间孵化服务能力的调研问卷,第三、四部分为问卷的主体,用于收集假设模型的数据。本次线上调研采用匿名的方式,未涉及被调查者的个人隐私,且所有被调查者都是自愿参与调研的。

一、样本范围选择

截至2020年年底,镇江市共有省级以上的孵化器28多家(内含众创空间),众创空间30余家,孵化场地总面积90多万平方米,年销售收入超50亿元,上缴税收约五亿元。2020年当年新增省级孵化器、省级众创社区和省级众创空间八家,六家孵化器获评A类(优秀)、14家孵化器获评B类(良好),新增439万元省级孵育资金。此外,镇江市国家大学科技园被认定为第三批国家小微企业双创示范基地,镇江中小企业信息产业园区被评为省级创业示范基地,由此可见,镇江市可作为众创空间快速发展区域的有力代表。

二、问卷的发放和回收

(一)问卷的发放

本次调研以向众创空间相关人员发送线上问卷为主,其中包括江苏大学众创空间的创业者及工作人员,双创基地相关人员,镇江市其他众创空间入孵企业成员等。问卷于 2020 年 5 月 2 日起开始发放,全部通过线上调查的方式进行。

(二)问卷的回收

本次问卷调查在 2020 年 5～6 月,线上问卷共发放 218 份,但因为线上问卷调查的不稳定性,未能与被调查者直接对接,其中有效问卷 209 份,有效率达 95.87%。受调研群体多数为入驻众创空间的创业者和相关工作人员。

三、样本描述分析

对 209 份有效问卷进行描述性统计,分析数据的有效性。如表 1-3-19 所示,由 SPSS 24.0 所计算的描述性统计结果可知,所有均值均高于 2.5,表明测项影响力较高;均值标准差小于等于 0.082,样本标准差小于等于 1.188,样本方差小于等于 1.412,有一定的波动,但是在可接受的范围内。

表 1-3-19 描述性统计结果表

测量变量	样本量 有效	样本量 缺失	最小值	最大值	均值	均值标准差	样本标准差	方差
Q1	209	0	1	5	4.077	.080	1.162	1.350
Q2	209	0	1	5	3.990	.073	1.061	1.125
Q3	209	0	1	5	3.971	.073	1.056	1.115
Q4	209	0	1	5	3.986	.076	1.103	1.216
Q5	209	0	1	5	4.010	.074	1.074	1.154
Q6	209	0	1	5	4.029	.074	1.065	1.134
Q7	209	0	1	5	4.134	.075	1.088	1.184
Q8	209	0	1	5	3.928	.078	1.126	1.269
Q9	209	0	1	5	4.067	.078	1.133	1.284
Q10	209	0	1	5	4.038	.075	1.078	1.162
Q11	209	0	1	5	3.919	.082	1.188	1.412

续表

测量变量	样本量 有效	样本量 缺失	最小值	最大值	均值	均值标准差	样本标准差	方差
Q12	209	0	1	5	3.986	.069	.997	.995
Q13	209	0	1	5	4.057	.074	1.064	1.131
Q14	209	0	1	5	4.057	.073	1.055	1.112
Q15	209	0	1	5	4.014	.075	1.085	1.178
Q16	209	0	1	5	4.096	.069	.991	.981
Q17	209	0	1	5	4.101	.074	1.063	1.129
Q18	209	0	1	5	4.158	.067	0.975	0.951

对问卷的调查数据进行正态分布的分析。如表1-3-20所示,本研究中测量数据的偏度系数均介于-1.554和-1.101之间,所有偏度系数小于0,略微为左偏分布;峰度系数介于0.564和2.162之间,所有峰度均大于0,但小于3,表现为低峰分布的特征。综合看,本次调研结果近似满足正态分布的假设,可以继续作进一步的分析。

表1-3-20 测量变量的正态分布检验表

测量变量	偏度	峰度
Q1	-1.357	1.091
Q2	-1.348	1.481
Q3	-1.254	1.322
Q4	-1.122	.593
Q5	-1.429	1.647
Q6	-1.264	1.140
Q7	-1.490	1.628
Q8	-1.101	.595

续表

测量变量	偏　度	峰　度
Q9	−1.554	1.752
Q10	−1.239	1.093
Q11	−1.127	.564
Q12	−1.468	2.162
Q13	−1.229	1.183
Q14	−1.407	1.636
Q15	−1.236	1.107
Q16	−1.452	2.107
Q17	−1.440	1.775
Q18	−1.484	2.102

四、信度检验

在运用结构方程模型分析数据之前，同预测数据一样，正式数据要进行探索性因子分析。为保证使用数据的可靠性，分量表的信度系数应在0.6以上，总量表的信度系数应在0.7以上。

(一) 众创空间治理结构的信度检验

众创空间治理结构的信度检验如表1-3-21所示，相关性系数为0.798，大于临界值0.7，即该量表总体上信度较好；治理结构又分为外部治理结构和内部治理结构两个维度，这两个维度的分量表的相关性系数分别为0.834和0.851，均大于0.6，且各测项的总计相关性值均大于0.5，表明内部一致性较优。

(二) 众创空间孵化服务能力的信度检验

孵化服务能力的信度检验如表1-3-22所示，相关性系数为0.856，大于临界值0.7，即孵化服务能力量表可信度较高；孵化服务能力潜变量又分为基础孵化能力、基础服务能力和增值服务能力三个维度，其中基础孵化能力的系数为0.843，综合服务能力的系数为0.862，增值服务能力的系数为0.846，均大于临界值0.6，且所有测项的总计相关性值均大于0.5，内部一致性较好，能够进行结构方程模型检验。

表1-3-21　众创空间治理结构的信度检验表

	测项	修正后的项与总计相关性	删除项后的Cronbach's α系数	Cronbach's α系数	Cronbach's α系数
外部治理结构	Q1	.726	.737	.834	.798
	Q2	.718	.746		
	Q3	.642	.818		
内部治理结构	Q4	.749	.785	.851	
	Q5	.646	.830		
	Q6	.660	.824		
	Q7	.710	.802		

表1-3-22　孵化服务能力的信度检验表

	测项	修正后的项与总计相关性	删除项后的Cronbach's α系数	Cronbach's α系数	Cronbach's α系数
基础孵化能力	Q8	.662	.827	.843	.856
	Q9	.757	.734		
	Q10	.711	.781		
综合服务能力	Q11	.679	.837	.862	
	Q12	.665	.838		
	Q13	.804	.780		
	Q14	.688	.828		
增值服务能力	Q15	.666	.810	.846	
	Q16	.625	.826		
	Q17	.692	.797		
	Q18	.744	.777		

五、效度检验

效度检验是检验其有效性,即潜变量是否满足内部一致性的要求。本节计划采用验证性因子分析(CFA)对数据进行探究,以探究因子之间是否相关以及相关程度,检验模型的拟合优度,以及测项对潜变量测量的真实性。验证性因子分析的检验标准如下:测项的因子载荷量超过 0.5 的临界值;因子标准负载系数的 C.R.值(T值)超过临界值(置信度为 95% 时,C.R.值应大于2)。

模型拟合优度的检验指标为:第一,卡方指标(χ^2):大于临界值 0.5;第二,χ^2/df 指标:$\chi^2/df<2$ 时,模型拟合最优,$\chi^2/df<5$ 时,模型的拟合可接受;第三,RMSEA、SRMR 越接近 0 表示模型拟合度越好,当 RMESA≤0.05 时适配较好,当 RMESA≤0.1 时基本适配,当 RMESA>0.1 时是不良适配,当 SRMR<0.05 时,拟合度较好;第四,相对拟合指数:当 NFI、CFI≥0.9 时,判定模型拟合为优,越接近于 1 时,拟合效果越好;第五,拟合优度指数:当 GFI≥0.9,判定模型拟合为优,越接近于 1 时,拟合效果越好。

(一)众创空间治理结构的验证因子分析

运用 AMOS 24.0 软件,构建众创空间治理结构的验证性因子分析模型,如图 1-3-2 所示,且所有的测项与潜变量之间的因子负载系数均为标准化的结果,测项变量与潜变量的因子荷载系数处于 0.70~0.84 之间,大于 0.5,通过了因子分析,模型较为适配。

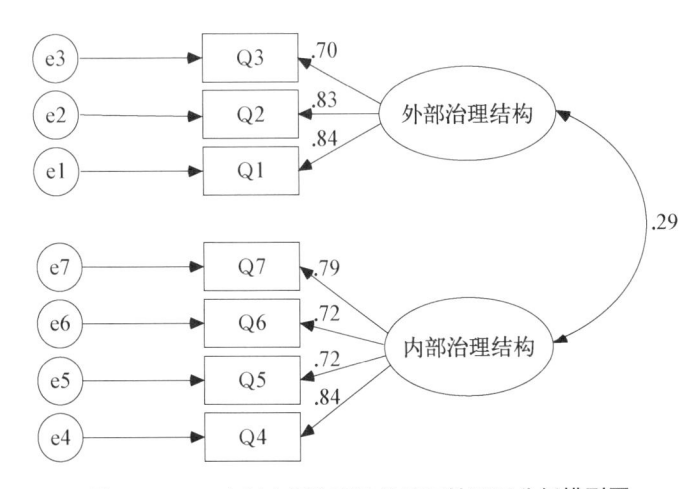

图 1-3-2 众创空间治理结构验证性因子分析模型图

众创空间治理结构潜变量的因子分析显示：$\chi^2/df=2.026$，模型拟合尚可接受；SRMR 为 0.056 6，小于 0.1，满足要求，RMESA 为 0.07，模型拟合度基本适配；GFI 的值为 0.964，CFI 值为 0.978，NFI 值为 0.959，三个数值都大于 0.9，表明模型拟合通过。同时，各测项与潜在变量之间的标准因子负载均大于 0.5，满足了验证性因子分析的条件。

（二）众创空间孵化服务能力的验证性因子分析

孵化服务能力中所有的测项与潜变量之间的因子负载系数均为标准化的结果，由图 1-3-3 可看出，测项变量与潜变量的因子荷载系数处于 0.72～0.90 之间，大于 0.5，通过了因子分析，模型较为适配。

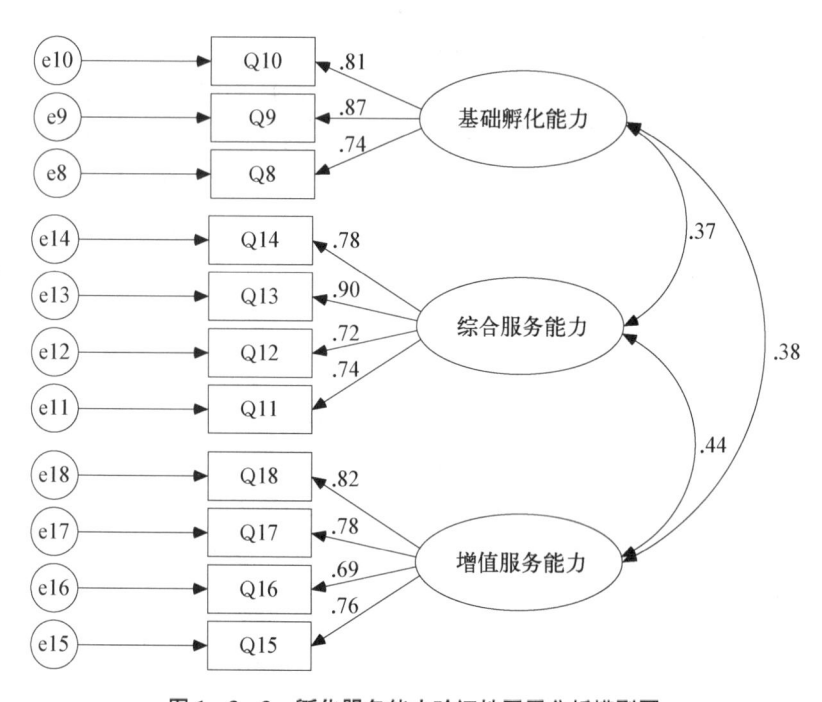

图 1-3-3　孵化服务能力验证性因子分析模型图

众创空间治理结构潜变量的因子分析显示，$\chi^2/df=1.366$，拟合度可接受；SRMR 为 0.044 7，小于 0.05，RMESA 为 0.042，模型拟合度非常好；GFI 的值为 0.952，CFI 值为 0.986、NFI 值为 0.950，均大于 0.9，表明模型拟合通过。同时，每个测项与其对应的潜变量之间的标准因子负载均大于 0.5，通过了验证性因子分析的要求。

六、共线性检验

变量之间相互独立是保证模型成立的假设之一，以避免高度相关而影响模型的估计(一般定义高度相关为相关系数大于0.8)。此观点在潜变量较多时不具有说服力。本研究构建众创空间治理结构的两个潜变量和关于孵化服务能力的三个潜变量,由于潜变量数只有五个,数量不多,因此可借用潜变量间的相关系数来判断共线性,如表1-3-23所示。

由此可见,各潜变量之间的相关系数均小于0.5,远远低于0.8,说明两两潜变量之间的独立性强,模型估计较为准确。

表1-3-23 潜变量之间的路径相关系数表

路　　径	系　　数
外部治理结构——内部治理结构	0.29
基础孵化能力——综合服务能力	0.37
基础孵化能力——增值服务能力	0.44
综合服务能力——增值服务能力	0.38

第五节　模拟评价与假设验证

一、模型拟合评价

(一) 概念模型

本研究以众创空间治理结构的两个维度为自变量,以孵化服务能力的三个维度为因变量,建立假设模型,结果如图1-3-4所示:

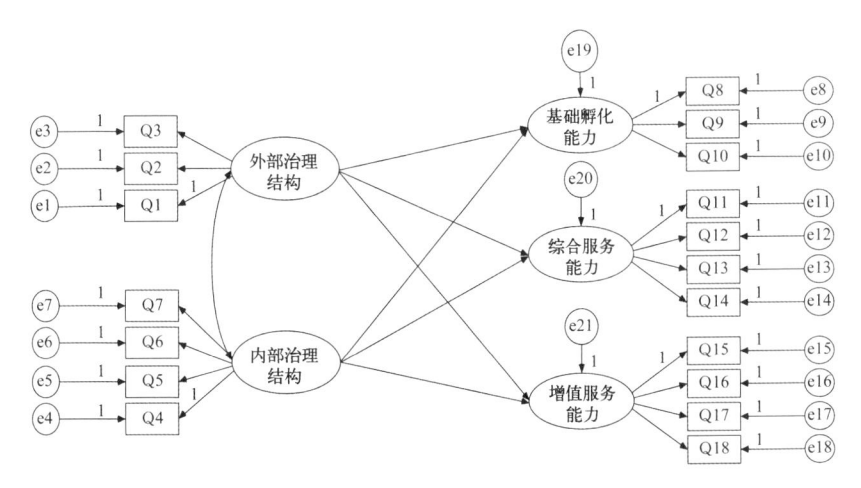

图1-3-4　众创空间治理结构与其孵化服务能力关系模型图

(二) 模型拟合分析

众创空间治理结构对其孵化服务能力的标准化回归系数的具体数值可参见表1-3-24。根据众创空间治理结构与其孵化服务能力关系的模型,结合关系模型中的各路径系数和表1-3-26的拟合结果可得,由于各因子负载量均处于0.687~0.887的区间内,所以判定拟合度较好。其中RMESA为0.05,SRME的值为0.061,小于0.1,GFI为0.905,CFI为0.963,NFI为0.901,均大于0.9,符合预期结果。模型整体上数据拟合效果较好。

表1-3-24　众创空间治理结构与其孵化服务能力拟合数据表

路　　径	非标准化估计值(Estimate)	标准化估计值(Estimate)	T值(C.R.)	显著水平(P)
基础孵化能力 ← 外部治理结构	.155	.191	2.335	.020
基础孵化能力 ← 内部治理结构	.332	.368	4.175	***
综合服务能力 ← 外部治理结构	.281	.322	4.060	***
综合服务能力 ← 内部治理结构	.362	.371	4.622	***
增值服务能力 ← 外部治理结构	.345	.419	5.542	***
增值服务能力 ← 内部治理结构	.402	.437	5.576	***
Q1 ← 外部治理结构	1.000	.876	——	
Q2 ← 外部治理结构	.826	.792	11.602	***
Q3 ← 外部治理结构	.723	.697	10.040	***
Q4 ← 内部治理结构	1.000	.827	——	
Q5 ← 内部治理结构	.854	.725	10.937	***
Q6 ← 内部治理结构	.870	.745	10.990	***
Q7 ← 内部治理结构	.920	.771	12.021	***
Q8 ← 基础孵化能力	1.000	.732	——	
Q9 ← 基础孵化能力	1.191	.866	11.031	***
Q10 ← 基础孵化能力	1.064	.813	10.590	***

续表

路　　径	非标准化估计值（Estimate）	标准化估计值（Estimate）	T值（C.R.）	显著水平（P）
Q11 ← 综合服务能力	1.000	.748	——	
Q12 ← 综合服务能力	.807	.719	10.165	***
Q13 ← 综合服务能力	1.061	.887	12.377	***
Q14 ← 综合服务能力	.928	.782	10.847	***
Q15 ← 增值服务能力	1.000	.772	——	
Q16 ← 增值服务能力	.812	.687	9.370	***
Q17 ← 增值服务能力	.983	.775	10.993	***
Q18 ← 增值服务能力	.942	.810	11.406	***
拟合指数	$\chi^2=195.317, p=0.000, \chi^2/df=1.526$ RMSEA=0.05, SRMR=0.061, GFI=0.905, CFI=0.963, NFI=0.901			

（三）模型评价结果

根据表1-3-26所展示的数据可看出，各潜变量之间的因子负载系数均在0.191~0.437之间，没有共线问题或无关问题，各路径通过了检测要求，潜变量之间的T值均在2以上，无须清理或者删除测项。但是在表中也可以清晰地发现，虽然"外部治理结构→基础孵化能力"路径的因子负载系数为0.191，但是显著性水平为0.02，大于0.005，即代表性相对较弱。由此可看出众创空间治理结构对其孵化服务能力的正向影响有限，予以剔除。最终，本研究形成的关系模型为："外部治理结构→综合服务能力""外部治理结构→增值服务能力""内部治理结构→基础孵化能力""内部治理结构→综合服务能力""内部治理结构→增值服务能力"。这五条路径的检测均符合要求。

二、假设检验

在上文的分析中，虽然H1-1通过了路径检验，但是T值较小，代表性较弱，所以最终通过的假设为：H1-2、H1-3、H2-1、H2-2和H2-3，且显著性良好，各维度之间的直接关系也可较为清晰地表达出来。具体内容由表1-3-25所示。

表 1-3-25 众创空间治理结构与其孵化服务能力间关系假设结果及检验表

假 设	路　　　径	标准化估计值	T 值	假设结果
H1	众创空间外部治理结构对其孵化服务能力产生显著的正向影响			
H1-1	外部治理结构→基础孵化能力	.191	2.335	拒绝（代表性弱）
H1-2	外部治理结构→综合服务能力	.322	4.060	接受
H1-3	外部治理结构→增值服务能力	.419	5.542	接受
H2	众创空间内部治理结构对其孵化服务能力产生显著的正向影响			
H2-1	内部治理结构→基础孵化能力	.368	4.175	接受
H2-2	内部治理结构→综合服务能力	.371	4.622	接受
H2-3	内部治理结构→增值服务能力	.437	5.576	接受

众创空间外部治理结构对其孵化服务能力产生较为显著正向作用，其三条路径系数分别为 0.191、0.322 和 0.419，但其中第一条路径所对应的外部治理结构对众创空间基础孵化能力的影响力微弱，在经过综合考虑之后删除此路径。外部治理结构对综合服务能力的影响略小于外部治理结构对增值服务能力的影响，但是两者的影响都较为显著，因此可认定子路径 1-2、1-3 均为较为显著状态，即众创空间外部治理结构对孵化服务能力有显著影响。众创空间内部治理结构对其孵化服务能力同样产生较为显著的正向作用，其三条路径的相关系数为 0.368、0.371、0.437，三个系数值在 0.36~0.44 之间，系数值相近，说明内部治理结构对基础孵化能力、综合服务能力和增值服务能力都具有较为显著影响，且影响程度类似，同时也体现了内部治理结构和孵化服务能力之间的相关度较高。在所有相关系数中，众创空间内部治理对增值服务能力的路径系数值最高，即在所有的维度中，众创空间内部治理可以较好地提升孵化服务的能力。

三、结 果 讨 论

在针对众创空间治理结构对其孵化服务能力的影响的研究中，除了外部治理结构对基础孵化能力的影响较弱，其他假设均证明，众创空间治理结构确实可以对众创空间的孵化服务能力产生影响，且众创空间治理结构可以推动众创空间孵化服务能力的提升。就单路径分析而言：(1) 外部治理结构对基础孵化能力的提升受限,这主要是外部治理结构与基础孵化能力的直接联系较少,基础孵化能力一般侧重于众创空间本身的硬件服务,外部治理结构只能从侧面对其进行影响,但是影响深度不够;(2)外部治理结构对综合服务能力的影响主要是,政府为众创空间提供各类福利政策,高效率地为众创空间获取资源,并由众创空间内部转化分配,从而提高综合服务能力;(3)外部治理结构对增值服务能力的影响比综合服务能力较强一些,具体表现为与资源市场的对接使得众创空间为入孵企业寻求资源支持有了更大的平台,并且紧跟政策导向,入孵企业的外部形象更加受欢迎,能获得的第三方平台的支持更多;(4)内部治理结构对基础孵化能力的推动较强。主要是由于内部体系的完善和管理制度的健全,将资源进行合理的分配,为入孵企业提供基本的孵化需要,打造更好的孵化环境;(5)内部治理结构对综合服务能力的提升有较强的带动作用,主要是综合服务能力的要求与内部治理的体系更加的吻合,包括一系列从种子到孵化的体系流程、技术的指导与支持,都是内部治理对综合服务能力的保障;(6)在内部治理结构对增值服务能力的提升中,众创空间为对各种咨询、法律业务进行保障,会与第三方平台进行合作,完善自身的服务质量,保障企业的成长发展。

本部分设定众创空间的外部治理结构和内部治理结构为自变量,来探讨众创空间治理结构和孵化服务能力的关系,并通过问卷调查整理相关数据,运用 SPSS 24.0 软件和 AMOS 24.0 软件进行分析拟合,通过得到的数据和各项系数来论证假设,从而得到如下结论:

(1)众创空间外部治理结构对综合服务能力的影响为正向,对增值服务能力也有正向影响,对基础孵化能力有影响但是影响甚微不作讨论。其中,通过进行系数比较可以得出,众创空间外部治理结构对增值服务能力的影响较大。这说明众创空间对外部治理体系的构建,与各资源方形成良好的连接,加大对政策的利用,是从外部推动孵化服务能力的关键所在。

(2)众创空间内部治理结构对孵化服务能力的三个维度同样具有正向影响,对众创空间基础孵化能力的系数路径为 0.368,对综合服务能力的系数路径为 0.371,对众创空间增值服务能力的系数路径为 0.437,其中前两个系数值较为相近,这说明提供完备的基础环境和周到的综合服务,是众创空间孵化效率得以提升的关键。

(3)除 H1-1 因代表性较弱被予以拒绝之外,其余五条假设全部通过检验,即众创空间治理结构与孵化服务能力之间存在显著正向关系,众创空间治理结构有利于基地孵化服务能力的提升。

第二篇

众创空间孵化服务能力对新创企业创业效能传导机理研究

第一章 众创空间与新创企业价值共创机理研究

众创空间作为新创企业的孵化基地,为创业者提供了良好的成长环境,并在新创企业发展的各个阶段为其提供支持,激发新创企业的活力,而新创企业作为众创空间的组成部分,通过提高自身也能促进众创空间的发展。由此可知,众创空间与新创企业并非单独存在。已有研究表明创新生态系统中存在着价值共创,作为创新生态系统重要组成部分的众创空间与新创企业也不例外,然而现有研究并未对二者的价值共创开展系统性研究。因此,本章从政府、众创空间、新创企业三个方面分析影响众创空间与新创企业价值共创的因素集,通过定性比较研究的方法,识别出二者实现价值共创的驱动因素,构建众创空间与新创企业价值共创的理论模型,并根据驱动因素分析的结果确定条件变量和结果变量,进而运用模糊集定性研究方法(fsQCA)进行数据分析和测量校准,从条件组态而非单一条件的角度,得出驱动因素间的多重并发因果关系,进而得出众创空间与新创企业价值共创的关键性因素。

第一节 变量选择

一、结果变量选择

众创空间与新创企业的价值共创的实现绝不只受到单一条件影响,它是多方面、多层次的因素共同作用的结果。众创空间与新创企业之间也绝非单向的影响,而是相互作用,资源共享,一者受到某因素影响而产生某种结果,这种结果同时也会作用于另一者并产生相应影响,即二者的资源是双向流动的,并通过合作获取各自的价值。对于众创空间而言,总营收是衡量其运行情况良好与否的重要指标,良好的收入是维持众创空间正常运行和发展的基本保障,收入是众创空间能获取的直接价值,收入越高说明众创空间的经营情况越好，在保证自身发展的同时，更有能力为新创企业提供良好的创业环境与服务，帮助新创企业的成长与孵化，进一步能帮助其吸引更多投融资以实现价值共创；于新创企业来说，由于处于创业初期，资金是影响其发展的重要因素，充足的资金来源是保证其在初期能够生存和发展的必要条件，其获得资金的能力也是衡量该初创企业经营状况和发展潜力的重要指标。获得投融资的多少直接反映了该企业在投资人眼中的发展潜力与价值，而获得资金越多，则越有资本进行企业的发展，是企业正常运营与壮大的保障。企业获得的投融资总额多少也反映了众创空间运行情况的好坏。鉴于价值共创的特殊性，本研究将分别选取众创空间总营收与新创企业获得投融资总额两个核心变量作为衡量众创空间价值获取与新创企业价值获取的结果变量。

二、条件变量选择

关于价值共创影响因素的研究，通过参考相关文献，借鉴其他学者在众创空间与新创企业价值共创的研究基础，本研究从政府、众创空间以及新创企业三个方面出发，共选取了地方有关众创空间的政策数量、政策补贴、众创空间提供培训次数、获得技术支撑服务的团队和企业数量、拥有知识产权数量以及新创企业吸纳总人数六个解释变量分别代表六个维度，作为影响众创空间和新创企业价值创造的共同因素。

（一）政府方面

1. 政策——地方有关众创空间的政策数量

以"地方有关众创空间的政策数量"代表"政策"。政府的支持是众创空间与新创企业发展最有效的保证。而政策作为政府宏观调控的一部分，针对大众创业出现的诸如创业基础设施建设还不发达，场地、服务等成本较高，创业投融资渠道还不够通畅，创新创业发展存在区域的不平衡，新创创业还有部分正处于市场失灵的状态下，社会对大众创新创业的认知还不够全面等问题，地方政府通过出台各种扶持和优惠政策，如奖励和补助政策、创新的税收政策、引导和鼓励各类天使投资、帮助规范众创空间的管理、开放资源共享、激励人才参与、开展教育培训等，从而促进众创空间高质量发展的新局面的形成。地方有关政策越多，说明重视程度越高、给予的资源越多，吸引创业者也会相应增多。地方政策通过影响财政补贴、人才引入等方式直接或间接影响众创空间与新创企业的价值共创。

2. 补贴——财政补贴

以"财政补贴"代表"补贴"。财政补贴指政府对众创空间的财政支持。众创空间作为一个营利性组织，资金是其持续良好经营必不可少的条件，它决定了众创空间的发展是否安全,同时也支持着众创空间中在孵企业创新项目的发展。而众创空间的收入除了来自租金收取、服务性收费、投资收益等经营收入,还有一部分十分重要的资金来自政府补贴。当地政府在众创空间的投入越多,说明该地区对众创空间越重视,同时可以侧面反映出该地区的经济应该较为发达,有充足的财政为众创空间提供支撑,这给众创空间在该地区的发展提供了基础保障,解决了部分资金问题,使得众创空间有更充足的资金运作、升级其硬件软件等设备,进而能为新创企业创造一个更良好的成长环境。

(二)众创空间方面

1. 互动——众创空间提供培训次数

以"众创空间提供培训次数"代表"互动"。蒋林强(2019)[198]指出,众创空间开展各项培训活动次数是评价其绩效的重要指标,活动次数越多,得分越高。通过提供创业教育、创新技术、政策分析等主体活动,为创业者提供了学习和交流的机会,创业者可根据自己的需求选择性地参加不同的主题培训,丰富自己的知识储备,了解更多的创新创业知识和国家政策等,可以提高参与者的创新创业水平。同时,创业培训通过邀请行业领导者和专业人士开展讲座,能给在孵企业的管理者带来市场的最新动态和行业的最新消息,使得新创企业能随时根据市场调节其创新内容和方向,紧跟时代的步伐,并充分利用政策优惠和最新信息进一步提升新创企业的创新性与成长活力。已有相关研究证实培训次数对众创空间的发展有正向影响,但仍缺乏对众创空间与新创企业价值共创的影响研究。

2. 技术——获得技术支持的新创企业占比

以"获得技术支持的新创企业占比"代表"技术"。在20世纪改革开放之初,"科学技术是第一生产力"的论断就已经被提出来,并且经过几十年的发展,这一论断的准确性和前瞻性进一步被证实,这是从国家的宏观角度来看。着眼于众创空间和新创企业,这一理论同样适用。新创企业特别是技术开发型新创企业,其项目的研发和开展都离不开技术的支撑,特别是掌握核心技术尤为重要。但由于处于创业初期,在技术设备和技术人员上都相对缺乏,此时,众创空间作为企业孵化平台,则需要为企业提供技术支持,且受到技术支持的新创企业的比例越高,说明众创空间的硬件能力越强,孵化能力越强。众创空间在技术方面为新创企业提供帮助,能够促进新创企业科技和创新的研究,使得其有足够硬件条件去实践技术创新,从而提高其价值获取的能力。

(三)新创企业方面

1. 创新——拥有知识产权数量

以"拥有知识产权数量"代表"创新"。创新是以新思维、新发明和新知识描述为特征的一种概念化过程推动进步和发展的不竭动力。对于众创空间来说,"创"意味着创新创业,因此,创新能力毫无疑问是影响众创空间的重要因素之一。对于新创企业来说,创新是企业生存与发展的根本,企业要想在现代经济社会的发展过程中存活下去,就必须不断地改变,让企业自身的发展与时代的发展相适应,才能抓住新的机遇。2015年,国务院明确提出,要让知识产权制度成为激励创新的基本保障。新创企业作为知识产权的拥有者,拥有知识产权数量越多,说明其创新能力越强,竞争力越强,吸引投融资的能力也相应增强,同时能使得众创空间的整体创新性更强更有活力,进而提高众创空间的盈利能力,增加众创空间的总收入。

2. 人才——新创企业吸纳总人数

以"新创企业吸纳总人数"代表"人才"。从大背景看,一个城市经济发展水平和运作效率也受到人才去留的直接影响。新世纪以来,人才一直是各大城市争相争夺的重点(杨继香,2019)[199],人才的流动倾向往往代表了一个行业或是城市的发展前景,对于新创企业而言,人才是其可持续发展的重要保障,在企业的发展中起到了创新价值、创造财富和整合资源的作用,特别是由于处在创业初期,各方面都还不稳定,此时更需要有人来对企业的未来进行规划,对企业的项目进行分析,保证企业的正常运作。掌握人才的企业才更有可能在日益激烈的市场竞争中存活下来。因此,吸引人才就业的能力越强,说明该众创空间的潜力越大。其次,这里统计的人才包括高层管理者、技术人员等所有人,他们的大量加入,能让新创企业更具有创新性,更能以一种创新的方式快速成长,进而实现价值的获取。

第二节 研究假设与模型构建

一、研究假设

首先,在建设初期,政府运用其优惠政策,帮助众创空间更加稳健地发展,同时通过对资金的支持如财政补贴等为创业者提供最初的金融支持(王丽平和刘小龙,2017)[179]。其次,创新活动作为开放协作与资源共享的载体,是影响价值共创的重要因素(Suprateek 等,2012)[200]。林迎星(2006)[145]提出技术资源和人力资源是影响新创企业价值实现的重要因素。众创空间配备的导师资源和培训服务也能帮助企业更好地实现产品和技术研发(薛红志和张玉利,2007)[201]。由此可见,政策、补贴、创新、互动、人才、技术这六个方面都对众创空间与新创企业的价值共创有一定的影响,但是由于其价值共创

不是单个因素影响的结果,而是多因素通过一定的条件组合后共同作用的结果,因此结合上一节中对条件变量的讨论,提出以下假设:

H1:政策、补贴、创新、互动、人才、技术都存在,众创空间与新创企业能实现价值共创。

H2:仅有政策、补贴、创新、互动、人才存在,众创空间与新创企业能实现价值共创。

H3:仅有政策、补贴、创新、人才、技术存在,众创空间与新创企业能实现价值共创。

H4:仅有补贴、创新、互动、人才、技术存在,众创空间与新创企业能实现价值共创。

H5:仅有创新、技术、人才、政策存在,众创空间与新创企业能实现价值共创。

H6:仅有创新、人才、政策、补贴存在,众创空间与新创企业能实现价值共创。

H7:仅有创新、人才、补贴、互动存在,众创空间与新创企业能实现价值共创。

H8:仅有人才、创新、互动存在,众创空间与新创企业能实现价值共创。

H9:仅有技术、互动、创新存在,众创空间与新创企业能实现价值共创。

H10:仅有创新、人才、补贴存在,众创空间与新创企业能实现价值共创。

二、模型构建

本章通过对文献的回顾和理论梳理,整理出资金和收入两个结果变量代表价值共创的结果,并筛选出六个可能的影响因素作为其条件变量,结合上一节中的相关假设,提出本研究的理论模型(图2-1-1),以探索这六个条件变量在不同的组合情况下对众创空间与新创企业价值共创产生的联合效应。

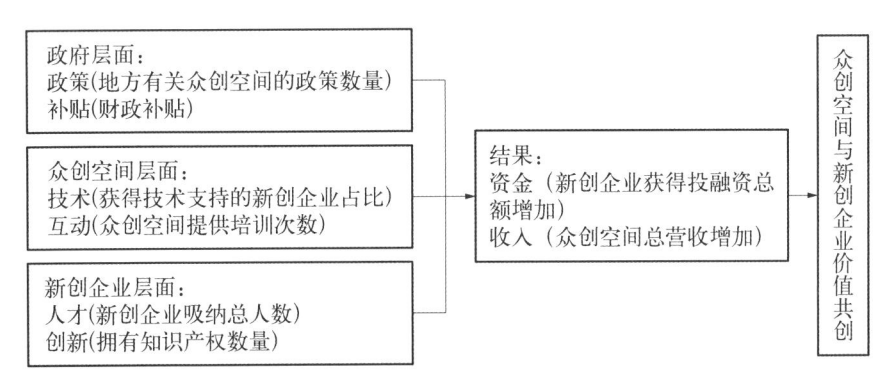

图2-1-1 众创空间与新创企业价值共创结果影响因素研究模型图

第三节 实证分析

一、研究方法选择

定性比较方法（QCA）是一种集合论组态分析方法，能从整体上探寻多重并发因果诱致的复杂社会问题"如何"发生（Rihoux，2006）[202]，在组织与管理研究中，QCA 为解释组织实践的并发因果、等效性和非对称性等复杂因果关系提供了新的研究思路和方法（杜运周和贾良定，2017）[203]。本研究使用模糊集定性比较分析方法（fsQCA）来检验众创空间的总营收、新创企业吸纳总人数、拥有知识产权数量、财政补贴、众创空间提供培训次数、地方有关众创空间的政策数量六个解释因素如何相互作用从而共同影响众创空间与新创企业价值共创的实现。[269]

选择 fsQCA 的原因有以下几点：(1) 解决 csQCA 的一个重要局限性，即变量是二进制的。fsQCA 通过将模糊集和模糊逻辑原理与 QCA 原理相集成来扩展 csQCA（Rihoux，2006）[202]，这提供了一种更现实的方法，即变量可以获取 0 到 1 范围内所有值。(2) fsQCA 适用于 10~60 个中小样本且解释变量为 4~9 个的研究，定性分析样本为 31 个，且解释变量均为六个，符合要求。(3) fsQCA 关注目标结果及其前因之间的复杂且不对称关系，且由于其对异常值不敏感使得样本代表性不会影响所有解决方案（Fisss 等，2011）[204]。

二、数据来源

根据本章驱动因素分析，在结果变量上，选择众创空间的总收入作为研究众创空间价值创造的结果变量，选择新创企业获得的投融资总额作为研究新创企业价值创造的结果变量。且由于最后的目的是研究众创空间与新创企业的价值共创，因此即使实证研究时先分别分析了影响二者价值获取的因素，但最终需得出的结论是影响价值共创的共同因素，因此在变量的选取上，选择相同的条件变量。政府层面选择从政策和补贴两个维度讨论，即地方有关众创空间的政策数量和财政补贴作为条件变量；众创空间层面从互动和技术两个维度讨论，即众创空间提供培训次数和获得技术支持的新创企业占比作为条件变量；新创企业层面，从创新和人才两个层面讨论，即拥有知识产权数量和吸纳就业总人数作为条件变量。本研究所有数据来源于《中国火炬统计年鉴（2020）》《北大法宝》以及《中国统计年鉴（2020）》，各变量原始数据见表 2-1-1 所示。

表 2-1-1　各变量原始数据表

	收入（千元）	资金（千元）	政策（个）	创新（个）	互动（次）	人才（人）	技术（%）	财政补贴（千元）
1	4 690 000	37 600 000	52	54 075	4 204	158 217	33.69	315 531
2	266 513	668 291	51	4 856	2 986	22 250	44.23	60 140
3	348 755	217 933	188	2 832	8 204	28 825	60.8	97 914
4	460 104	158 382	78	3 861	5 918	31 529	35.67	96 345
5	212 454	30 333	76	1 586	1 912	13 698	69.26	43 951
6	426 464	1 080 000	171	2 732	3 199	58 661	39.14	96 727
7	217 863	51 208	77	633	1 557	5 522	74.89	28 550
8	44 761	16 690	95	1 468	835	7 350	35.84	19 615
9	827 524	10 200 000	81	11 806	2 361	41 488	37.99	131 213
10	1 750 000	1 670 000	255	19 350	8 455	73 306	44.34	326 670
11	1 480 000	2 220 000	213	11 030	8 562	75 151	48.97	272 388
12	322 015	318 060	262	5 844	3 594	27 505	43.28	65 152
13	659 761	613 093	154	6 962	3 744	23 022	45.8	97 680
14	831 010	573 701	103	4 062	4 854	35 786	95.53	66 043
15	1 100 000	398 461	220	6 360	8 286	53 420	52.83	213 042
16	432 854	414 340	196	6 147	3 771	32 566	69.67	67 725
17	809 426	1 400 000	116	8 526	4 907	48 628	43.49	221 447
18	373 940	1 310 000	82	4 648	3 210	33 600	51.37	101 301
19	2 160 000	4 110 000	147	25 039	8 623	85 524	45.13	150 364
20	116 831	32 746	63	700	1 355	7 892	46.94	32 235
21	34 439	20 667	48	1 322	512	4 614	33.38	9 852
22	416 279	241 723	70	4 919	3 376	29 026	44.92	87 416
23	373 688	450 009	129	3 128	3 145	26 665	43.94	93 703

续表

	收入 (千元)	资金 (千元)	政策 (个)	创新 (个)	互动 (次)	人才 (人)	技术 (%)	财政补贴 (千元)
24	154 671	11 410	69	660	1 872	6 989	49.12	19 996
25	229 518	100 969	149	1 637	1 899	12 358	70.84	30 256
26	2 000	1 000	13	0	18	73	6.67	2 000
27	1 150 000	2 180 000	80	11 473	4 593	43 260	47.34	147 065
28	329 508	57 058	100	1 516	2 763	15 355	60.46	59 514
29	55 789	206 245	51	302	516	4 142	34.09	7 957
30	4 840	2 840	38	170	96	709	45.21	1 200
31	82 801	23 995	26	537	775	8 347	25.84	27 085

三、测量和校准

QCA是将原因条件和结果校准为集合,通过计算集合间的子集关系,从而确定各条件及其组合对结果的必要性和充分性。赋予案例的特定条件集合隶属度的过程即为校准(Schneider & Wagemann,2012)[264],只有将原始案例数据校准为集合隶属分数后,才能进一步进行必要性与充分性的子集关系分析。校准时关键的一步是设置阈值,由于目前对众创空间与新创企业价值共创相关方面现有参考文献较少,无法从其他已有研究中直接获取已被广泛使用和普遍接受的标准,且不能简单地用"0"和"1"来表示发生与否,所以本研究进行模糊集校准时,设定三个校准锚点:完全不隶属(隶属度=0.05)、最大模糊交叉点(隶属度=0.5)、完全隶属(隶属度=0.95),即5%、50%和95%分位数值分别作为完全不隶属、交叉点、完全隶属的阈值。以搜集整理到的各省变量的原始数据为依据,通过Excel中的percentile(array,k)函数分别计算得出各条件及结果变量的校准锚点,计算结果如表2-1-2所示。

根据模糊集隶属度的校准方法和本研究所确定的模糊集隶属度的校准锚点可知,若所选案例在该变量下的值大于95%所对应的分位值,则将其赋值为"1",即判定为完全隶属,意为在所选案例中该变量一定影响众创空间与新创企业价值共创;若所选案例在该变量下的值小于5%所对应的分位值,则将其赋值为"0",即判定为完全不隶属,说明在所选案例中该变量对结果没

表 2-1-2　结果与条件的校准表

条件和结果变量	校准锚点		
	完全隶属	交叉点	完全不隶属
众创空间总营收(收入)	1 954 338	373 688	19 639.5
新创企业获得投融资总额(资金)	7 145 427.5	318 060	7 125
地方有关众创空间的政策数量(政策)	237.5	82	32
众创空间提供培训次数(互动)	8 508.5	3 199	304
财政补贴(补贴)	293 959.5	67 725	4 978.5
拥有知识产权数量(创新)	7 824	2 538	214
新创企业吸纳总人数(人才)	80 337	27 505	2 425
获得技术支持的新创企业占比(技术)	0.728 6	0.451 3	0.296 1

有影响;而若所选案例在该变量下的值正好等于50%所对应的分位值,即判定为交叉点,表示在所选案例中该变量既不完全影响众创空间与新创企业价值共创,也不完全不影响价值共创;若所选案例在该变量下的值大于5%而小于95%所对应的分位值,则根据其在该变量下所处的位置按比例赋值,数字越大则对结果影响越大,反之则越小。

本研究通过 fsQCA 软件中的 compute-Calibrate(x,n1,n2,n3)校准功能将变量转化为介于0~1的模糊集隶属度,其中在 x 输入要校准的变量,n1 输入该变量的完全隶属值,即5%所对应的分位数值;n2 输入该变量的交叉点值,即50%所对应的分位数值;n3 输入该变量的完全不隶属值,即95%所对应的分位数值,最后得出的结果如表2-1-3所示。

表 2-1-3　各变量模糊集隶属度表

样本	结果变量		条件变量					
	收入	资金	政策	创新	互动	人才	技术	补贴
1	1	1	0.14	1	0.64	1	0.1	0.96
2	0.29	0.54	0.13	0.79	0.45	0.35	0.46	0.41
3	0.45	0.28	0.89	0.54	0.94	0.52	0.84	0.6

续表

样本	结果变量		条件变量					
	收入	资金	政策	创新	互动	人才	技术	补贴
4	0.54	0.18	0.44	0.68	0.82	0.56	0.14	0.59
5	0.2	0.06	0.41	0.23	0.21	0.16	0.93	0.24
6	0.53	0.58	0.85	0.53	0.5	0.85	0.24	0.59
7	0.21	0.07	0.43	0.08	0.15	0.07	0.96	0.13
8	0.06	0.05	0.56	0.2	0.08	0.08	0.14	0.09
9	0.7	0.99*	0.49	0.99	0.3	0.69	0.2	0.7
10	0.93	0.64	0.97	1	0.95	0.93	0.46	0.97
11	0.89	0.7	0.93	0.99	0.95	0.94	0.6	0.94
12	0.39	0.5	0.97	0.87	0.56	0.5	0.41	0.47
13	0.63	0.53	0.8	0.92	0.58	0.37	0.52	0.6
14	0.7	0.53	0.6	0.7	0.72	0.62	1	0.48
15	0.8	0.51	0.93	0.9	0.95	0.81	0.7	0.87
16	0.53	0.51	0.9	0.89	0.58	0.57	0.93	0.5
17	0.7	0.62	0.66	0.97	0.72	0.77	0.42	0.88
18	0.5	0.61	0.5	0.77	0.5	0.59	0.66	0.61
19	0.97	0.84	0.78	1	0.96	0.96	0.5	0.75
20	0.1	0.06	0.24	0.09	0.13	0.09	0.55	0.15
21	0.05	0.05	0.12	0.17	0.06	0.06	0.09	0.06
22	0.52	0.32	0.33	0.79	0.52	0.52	0.49	0.56
23	0.5	0.51	0.71	0.58	0.49	0.47	0.44	0.59
24	0.14	0.05	0.31	0.08	0.2	0.08	0.61	0.09

续表

样本	结果变量		条件变量					
	收入	资金	政策	创新	互动	人才	技术	补贴
25	0.23	0.11	0.78	0.24	0.21	0.14	0.94	0.14
26	0.04	0.04	0.02	0.04	0.04	0.04	0	0.04
27	0.81	0.69	0.47	0.99	0.69	0.71	0.56	0.74
28	0.41	0.07	0.59	0.21	0.39	0.19	0.84	0.4
29	0.06	0.25	0.13	0.05	0.06	0.06	0.11	0.05
30	0.04	0.05	0.07	0.04	0.04	0.04	0.5	0.04
31	0.08	0.06	0.03	0.07	0.08	0.09	0.02	0.13

根据表2-1-3中得到的条件变量的结果,可以初步判断,受政策影响最大的是区域10和12,地区11和15次之,隶属度分别为0.97和0.93,而受政策影响最小的是地区26,隶属度仅为0.02;地区1、10、19的众创空间中在孵企业的创新性最强,隶属度为1,呈完全隶属的状态,地区26和30的创新性最弱,隶属度仅有0.04;就互动而言,地区19的众创空间与新创企业的互动最频繁,受互动影响最大,隶属度为0.96,其次是地区10、11和15,隶属度为0.95,互动频率最低的是地区26和30,隶属度仅为0.04;对于人才而言,最具吸引力的是地区1,隶属度为1,达到完全隶属的状态,因此人才这一变量对于地区1的众创空间与新创企业的价值共创影响很大,其次是地区19,隶属度为0.96;对于技术服务支撑这一变量来说,地区14以1的完全隶属度位居所有省份之首,地区7次之,地区25再次,而地区26则以0的完全不隶属度排在最末;最后是政府补贴,地区10接受政府政策补贴最多,隶属度为0.97,地区1以0.96的隶属度位居第二,而地区30收到政策补贴的影响最小,隶属度仅为0.04。

从中可以初步总结出,沿海地区和北京等经济较为发达的地区的政策相对更多,吸引人才的能力较强,众创空间提供的培训活动多,企业的创新能力也更强,政府的政策补助相对内地来说也更多,而中国其他地区各方面的条件都不是特别突出,除了在技术支撑上,地区14、7、5等表现较为优秀。而诸如地区26、30、31这样的西部、西北部地区,各方面都相对较弱。由此可以看出各变量在不同的地区中影响不同。

通过对数据的观察可知,不同变量对同一地区的影响差距很大,以地区1为例,虽然其创新和人才的变量隶属度为1,已经达到了完全隶属,但是政策和技术变量的隶属却仅为0.14和0.1;再比如地区7,虽然技术这一变量的隶属度高达0.96,然而其他变量的隶属度均未超过0.43。因此,为探究变量之间的关系以及变量对整体的影响还需进行进一步的研究。

第四节 定性比较分析结果

一、单变量必要性分析

在用定性比较研究方法进行分析时,保留必要条件已经成为研究者的共识(张明和杜运周,2019)[205],其目的在于确定是否有条件为结果发生的必要条件,即没有该条件,该结果就无法产生。检验时,利用一致性和覆盖度衡量该条件或条件组合是否为结果的必要条件。一致性可以显示出该条件变量的出现或不出现在多大程度上与结果的出现保持一致,而覆盖度可以显示出该变量出现或者不出现覆盖了多少案例。通常认为一致性大于0.9,并且具有足够的覆盖度时该条件是结果的必要条件。一致性具体解释为,该变量下每个案例的隶属度和结果变量隶属度的交集之和与该变量下每个案例的隶属度之和之比,公式为:

$$Consistency(X_i \leqslant Y_i) = \sum [min(X_i, Y_i)] / \sum X_i \quad (2-1-1)$$

覆盖度具体解释为,该变量下每个案例的隶属度和结果变量隶属度的交集之和与结果变量隶属度之和之比,公式为:

$$Coverage(X_i \leqslant Y_i) = \sum [min(X_i, Y_i)] / \sum Y_i \quad (2-1-2)$$

其中 X_i 表示该变量下每个案例的隶属度,Y_i 表示结果隶属度。

(一)以众创空间总营收为结果变量的单变量必要性分析

表2-1-4中为使用fsQCA软件中的Necessary Conditions功能计算出的以收入为结果变量的单个条件变量必要性分析结果。如表所示,创新变量的一致性最高为0.970 000,覆盖率达78%;补贴变量次之,一致性为0.939 286,覆盖了91.5%的案例;人才变量的一致性为0.925 000,但覆盖率最高,为93.6%;互动变量的一致性为0.922 857,覆盖率为89.3%。这四个变量的一致性均大于0.9,且覆盖率都较高,说明这四个条件均为收入这一结果的必要条件,即当众创空间实现收入时,总是会受这四个条件的影响。而其

他一致性小于0.9的变量,则需要通过相互组合,形成一定的条件组态,一起才能影响众创空间的总收入,进而影响众创空间的价值获取。

表 2-1-4 单变量必要条件分析表

变量	一致性	覆盖度
政策	0.838 571	0.725 587
～政策	0.526 429	0.497 301
创新	0.970 000	0.780 460
～创新	0.336 429	0.346 323
互动	0.922 857	0.892 882
～互动	0.534 286	0.452 511
人才	0.925 000	0.936 370
～人才	0.525 714	0.428 655
技术	0.696 429	0.634 766
～技术	0.647 857	0.579 923
补贴	0.939 286	0.915 101
～补贴	0.526 429	0.443 175

注:其中"～"表示"非"。

(二)以新创企业获得投融资总额为结果变量的单变量必要性分析

表2-1-5中为使用fsQCA软件中的Necessary Conditions功能计算出的以资金为结果变量的单个条件变量必要性分析结果。如表所示,创新变量的一致性最高为0.978 333,覆盖率为67.5%;补贴变量次之,一致性为0.929 167,覆盖了77.6%的案例;人才变量的一致性为0.924 167,覆盖率为80.2%。这四个变量的一致性均大于0.9,说明这三个条件均为收入这一结果的必要条件,即当新创企业获得投融资时,总是会受这三个条件的影响。而其他一致性小于0.9的变量,则需要通过相互组合,形成一定的条件组态,才能影响新创企业获得的投融资总额,进而影响新创企业的价值获取。

表 2-1-5 单变量必要条件分析表

变　　量	一　致　性	覆　盖　度
政策	0.805 833	0.597 651
～政策	0.530 833	0.429 825
创新	0.978 333	0.674 713
～创新	0.308 333	0.272 059
互动	0.870 833	0.722 184
～互动	0.577 500	0.419 238
人才	0.924 167	0.801 880
～人才	0.528 333	0.369 249
技术	0.704 167	0.554 037
～技术	0.748 333	0.574 169
补贴	0.929 167	0.775 922
～补贴	0.546 667	0.394 468

注：其中"～"表示"非"。

二、多变量组态分析

相比于单个条件的必要性分析，多变量组态分析从多个条件构成不同的条件组态出发揭示其对结果产生的充分性。从集合的角度看，该过程也就是讨论多个条件变量构成的组态代表的集合是否为结果集合的子集的过程。在此之前，需参考已有研究和研究者对所选变量的初步分析为不同的标准设置相应的门槛值。首先，在频数阈值的确定上，根据以往的研究，对于样本中小样本(即案例数小于 40)，一般考虑将频数阈值设定为 1 或 2，大样本则应考虑更高的频数阈值。其次，在一致性阈值的确定上，已有相关研究一般将大于 0.8 的一致性视为是可接受的最低标(Leppänen, 2019)[206]。为避免"同时子集关系"(某一组态既能导致结果，也能导致其非集)，张明和杜运周(2019)[205]还提出建议将 PRI(Proportional Reduction in Inconsistency)一致性保持在 0.75 以上，也有研究适用了较低门槛值，具体可根据数据情况作相应调整。

在参考上述标准制定的基础上,结合本研究条件及数据的实际情况,最终本研究在分析以收入为结果变量的组态时将频数阈值确定为1,一致性阈值确定为0.8,PRI为0.75;而分析以资金为结果变量的组态时,由于分析结果中PRI一致性普遍较低,为保证数据的覆盖度,将频数阈值确定为1,一致性阈值确定为0.8,PRI确定为0.65。

满足以上分析标准后,运用fsQCA进行标准分析,最终会产生三种解,根据将逻辑余项纳入考虑的程度分为复杂解、中间解及简约解(Rihoux B & Ragin C.,2009)[207]。其中,中间解纳入了部分符合理论方向预期和经验证据的逻辑余项,兼具复杂解与简单解的优势。因此,合理有据、复杂度适中的中间解通常是QCA研究中汇报和诠释的首选(张明和杜运周,2019)[205],本研究与多数已有研究一致,汇报中间解,并辅之以简约解。

在结果的呈现上,表中实心圆表示条件出现,含叉圆表示条件不出现,空格表示不确定。小圆代表辅助条件(仅存在于中间解),大圆代表核心条件(包括同时存在于简约解和中间解的条件,以及在单变量必要性分析中得出的一致性大于0.94的必要条件,之所以选择0.94而非传统情况下的0.9,是由于本研究数据得出的结果一致性普遍较高,为了使得结果更加准确,因此结合实际,适当提高了门槛值)。

(一)以众创空间总营收为结果变量的组态分析

首先通过fsQCA软件中的Truth Table Algorithm功能,将单变量分析后的数据进行分析,得出如表2-1-6的原始真值表,其中"1"表示出现,"0"表示不出现。此时的真值表尚未考虑PRI一致性,为了使结果更准确,结合本研究实际,将PRI小于0.75的条件组态结果变量的结果,即在这里指"收益"的结果由"1"改为"0",并将结果为"0",也就是结果不出现的条件组态去除,由此得到一个调整后的新真值表2-1-7。

表2-1-6 多变量组态分析的原始真值表

政策	创新	互动	技术	补贴	人才	案例数	收益	一致性	PRI一致性
1	1	1	1	1	1	3	1	0.985 866	0.955 224
1	1	1	0	1	1	2	1	0.984 848	0.948 598
1	1	1	1	0	1	1	1	0.991 54	0.920 635

续表

政策	创新	互动	技术	补贴	人才	案例数	收益	一致性	PRI 一致性
0	1	1	0	1	1	3	1	0.980 216	0.917 91
0	1	1	1	1	1	1	1	0.983 019	0.896 551
0	1	0	0	1	1	1	1	0.980 519	0.886 075
1	1	1	1	1	0	1	1	0.984 899	0.790 699
1	1	0	0	1	0	1	1	0.977 477	0.629 63
0	1	0	0	0	0	1	1	0.879 147	0.135 593
1	0	0	0	0	0	1	0	0.725 49	0
1	0	0	1	0	0	2	0	0.683 301	0
0	0	0	1	0	0	4	0	0.596 491	0
0	0	0	0	0	0	4	0	0.347 107	0

表 2-1-7 考虑 PRI 后多变量组态分析的真值表

政策	创新	互动	技术	补贴	人才	案例数	收益	一致性	PRI 一致性
1	1	1	1	1	1	3	1	0.985 866	0.955 224
1	1	1	0	1	1	2	1	0.984 848	0.948 598
1	1	1	1	0	1	1	1	0.991 54	0.920 635
0	1	1	0	1	1	3	1	0.980 216	0.917 91
0	1	1	1	1	1	1	1	0.983 019	0.896 551
0	1	0	0	1	1	1	1	0.980 519	0.886 075
1	1	1	1	1	0	1	1	0.984 899	0.790 699

根据新的真值表再通过 fsQCA 进行标准化分析，并由软件根据特定的算法对上述条件组合进行一定的合并与取舍，再结合根据中间解及简约解的输出结果，最终得出以下四种多变量组态的分析结果，如表 2-1-8 所示。

表 2-1-8 多变量组态分析结果表

变量	实现众创空间价值获取的组态			
	组态 1	组态 2	组态 3	组态 4
地方有关众创空间的政策数量	●	●	——	⊗
众创空间提供培训次数	●	•	●	
财政补贴	●	——	●	●
拥有知识产权数量	●	●	●	●
新创企业吸纳总人数	——	●	•	
获得技术支持的新创企业占比	•	•		⊗
一致性	0.982 837	0.981 567	0.971 878	0.981 636
原始覆盖度	0.613 571	0.608 571	0.839 286	0.42
唯一覆盖度	0.015 714 3	0.010 714 2	0.136 429	0.030 714 3
总体解的一致性	0.968 364			
总体解的覆盖度	0.896 429			

注：●=核心条件出现，⊗=核心条件不出现，•=辅助条件出现，⊗=辅助条件不出现，"空格"=不确定。

据表 2-1-8 可知，不管是单个解抑或总体解，其一致性都高于可接受的最低门槛值 0.8，结果符合要求。其中总体解的一致性为 0.968 364，覆盖了约 89.6% 的案例。

从各条件组态本身来看，组态 1(政策 * 互动 * 补贴 * 创新 * 技术)中，众创空间提供培训次数、财政补贴、拥有知识产权数量三个条件的出现起到了核心作用，地方有关众创空间的政策数量和获得技术支持的新创企业占比条件的出现起到了辅助作用，且其在所有条件组态中一致性最高，达到了 0.983，覆盖了 19 个案例。组态 2(政策 * 互动 * 创新 * 人才 * 技术)中，拥有知识产权数量和新创企业吸纳总人数的出现起到核心作用，众创空间培训次数、地方有关众创空间的政策数量以及获得技术支持的新创企业占比条件的出现起辅助作用，该组态覆盖了 18 个案例，一致性为 0.982。组态 3(互动 * 补贴 * 创新 * 人才)中众创空间提供培训次数、财政补贴、拥有知识产权数量三个条件的出现起到了核心作用，新创企业吸纳总人数的出现起辅助作用，其覆盖率最高，覆盖了共21个案例,且有四个案例只满足该条件案例,一致性为0.972。组态4(～政策*补贴*创新*人才*～技术)中,财政补贴、拥有知识产权数量及新创企业吸纳总人数条件的出现起核心作用,地方有关众创空间的政策数量和获得技术支持的新创企业占比条件的不出现起到辅助性作用,众创空间提供培训次数无关紧要,该组态一致性为0.981,仅覆盖了13个案例。

（二）以新创企业获得投融资总额为结果变量的组态分析

与上述方法一致,通过fsQCA软件中的Truth Table Algorithm功能,将单变量分析后的数据进行分析,得出如表2-1-9的原始真值表,不同的是,由于分析结果中PRI一致性普遍较低,为保证数据的覆盖度,这里将PRI小于0.65的条件组态结果变量的结果,在这里指"资金"的结果由"1"改为"0",并将所有结果为"0",也就是结果不出现的条件组态去除,由此得到一个调整后的新真值表2-1-10。

表2-1-9 多变量组态分析的原始真值表

政策	创新	互动	技术	补贴	人才	案例数	收益	一致性	PRI一致性
1	1	1	0	1	1	2	1	0.935 262	0.756 477
0	1	0	0	1	1	1	1	0.919 913	0.699 187
1	1	1	1	1	1	3	1	0.906 949	0.635 945
1	1	0	0	1	0	1	1	0.950 451	0.592 594
0	1	0	1	0	1	3	1	0.859 712	0.589 474
0	1	1	1	1	1	1	1	0.901 887	0.566 666
1	1	1	1	0	1	1	1	0.918 782	0.441 861
0	1	0	0	0	0	1	1	0.867 298	0.397 849
1	1	1	1	1	0	1	1	0.892 618	0.288 889
1	0	0	0	0	0	1	0	0.680 672	0
1	0	0	1	0	0	2	0	0.525 912	0
0	0	0	1	0	0	4	0	0.454 386	0
0	0	0	0	0	0	4	0	0.338 843	0

表 2-1-10　考虑 PRI 后多变量组态分析的真值表

政策	创新	互动	技术	补贴	人才	案例数	收益	一致性	PRI 一致性
1	1	1	0	1	1	2	1	0.935 262	0.756 477
0	1	0	0	1	1	1	1	0.919 913	0.699 187

根据新的真值表再通过 fsQCA 进行标准化分析，并由软件根据特定的算法对上述条件组合进行一定的合并与取舍，再结合根据中间解及简约解的输出结果，最终得出以下四种多变量组态的分析结果，如表 2-1-11 所示。

表 2-1-11　多变量组态分析结果表

变量	实现新创企业价值获取的组态	
	组态 a	组态 b
地方有关众创空间的政策数量	⊗	●
众创空间提供培训次数	⊗	●
财政补贴	•	•
拥有知识产权数量	●	●
新创企业吸纳总人数	●	•
获得技术支持的新创企业占比	⊗	⊗
一致性	0.919 913	0.935 262
原始覆盖度	0.354 167	0.565 833
唯一覆盖度	0.058 333 4	0.27
总体解的一致性	0.922 414	——
总体解的覆盖度	0.624 167	——

注：●＝核心条件出现，⊗＝核心条件不出现，•＝辅助条件出现，⊗＝辅助条件不出现，"空格"＝不确定。

据表 2-1-11 所示，不管是单个解抑或总体解，其一致性都高于可接受的最低门槛值 0.8，结果符合要求。其中总体解的一致性为 0.922 414，覆盖了约62.4%的案例。

组态 a(~政策 * ~互动 * 补贴 * 创新 * 人才 * ~技术)中,众创空间提供培训次数条件的不出现与拥有知识产权数量和新创企业吸纳总人数条件的出现起核心作用,拥有知识产权数量条件的出现与地方有关众创空间的政策数量和获得技术支持的新创企业占比条件的不出现起辅助作用,共覆盖了10个案例,一致性为0.920。组态 b(政策 * 互动 * 补贴 * 创新 * 人才 * ~技术)中地方有关众创空间的政策数量、拥有知识产权数量以及新创企业吸纳总人数条件的出现与获得技术支持的新创企业占比起核心作用,众创空间提供培训次数和财政补贴条件的不出现起到了辅助性作用,共覆盖17个案例,一致性为0.935。

第五节 假设检验

因本研究需探究的是影响众创空间与新创企业价值共创的条件组态,即在得到影响众创空间和新创企业价值获取的驱动因素的组态后,还需将二者结合,通过得到影响二者价值创造的共同组态进而得出影响其价值共创的因素组合。根据上述分别对以众创空间总营收与以新创企业获得投融资总额为结果变量的分析,将得到的条件组态进行整合归纳,可以得出以下几种新的实现众创空间与新创企业价值共创的路径,见表2-1-12所示。

表2-1-12 多变量组态分析结果表

变量	实现价值共创的路径			
	路径1	路径2	路径3	路径4
地方有关众创空间的政策数量	⊗	●	⊗	•
众创空间提供培训次数	⊗	●	●	●
财政补贴	•	•	•	•
拥有知识产权数量	●	●	●	●
新创企业吸纳总人数	●	●	●	●
获得技术支持的新创企业占比	⊗	⊗	⊗	•

注:●=核心条件出现,⊗=核心条件不出现,•=辅助条件出现,⊗=辅助条件不出现,"空格"=不确定。

（一）路径1（～政策＊～互动＊补贴＊创新＊人才＊～技术）

根据表2-1-8中组态4（～政策＊补贴＊创新＊人才＊～技术）与表2-1-11中组态a（～政策＊～互动＊补贴＊创新＊人才＊～技术）的构成，可以看出，二者除了众创空间培训次数这个变量显示不同以外，其余变量均呈现相同状态，又由于在组态4中众创空间提供培训次数这一变量无关紧要而组态a中表现为不出现，因此将这一变量确定为不出现。假设H10成立。

（二）路径2（政策＊互动＊补贴＊创新＊人才＊～技术）

根据表2-1-8中组态3（互动＊补贴＊创新＊人才）与表2-1-11中组态b（政策＊互动＊补贴＊创新＊人才＊～技术）的构成可以看出，组态2中地方有关众创空间的政策数量变量出现，获得技术支持的新创企业占比变量不出现，而两者在组态3中均无关紧要，因此满足组态2中的状态即可。假设H2成立。

（三）路径3（～政策＊互动＊补贴＊创新＊人才＊～技术）

根据表2-1-8中组态4（～政策＊补贴＊创新＊人才＊～技术）与表2-1-11中组态b（政策＊互动＊补贴＊创新＊人才＊～技术）的构成，可以发现众创空间提供培训次数在组态4中无关紧要而在组态b中表现为出现，因此将其确定为出现。同时地方有关众创空间的政策数量这一变量在组态4中表现为不出现，而在组态b中表现为出现，结合单变量条件分析，由于该条件在以众创空间的总营收为结果变量的分析中，一致性为0.84，覆盖率为0.73，而在以新创企业获得的投融资总额为结果变量的分析中，一致性为0.81，覆盖率为0.6，可以看出不管是一致性还是覆盖率，前者都大于后者，因此满足其在组态4中的状态，将地方有关众创空间的政策数量这一变量确定为不出现。假设H7成立。

（四）路径4（政策＊互动＊补贴＊创新＊人才＊技术）

根据表2-1-8中组态1（政策＊互动＊补贴＊创新＊技术）与表2-1-11中组态b（政策＊互动＊补贴＊创新＊人才＊～技术）的构成，可以发现新创企业吸纳总人数变量在组态1中无关紧要而在组态b中表现为出现，因此将其确定为出现。同时获得技术支持的新创企业占比这一变量在组态1中表现为出现，而在组态b中表现为不出现，结合单变量条件分析，由于该条件于两个结果变量的必要性均约为0.7，而该条件在以众创空间的总营收为结果变量的分析（0.63）中覆盖率大于在以新创企业获得的投融资总额为结果变量的分析（0.55），因此将获得技术支持的新创企业占比这一变量确定为出现。假设H1成立。

本部分采用质性研究方法，以中国31个省份的众创空间作为研究样本，基于已有相关文献，从政府、众创空间、新创企业三个方面出发共筛选出六个影响众创空间与新创企业价值共创的驱动因素，并通过模糊集定性比较分析方法，运用fsQCA3.0对样本数据进行测量、校准和分析，得出众创空间与新创企业价值共创机理，并进一步给出众创空间与新创企业价值共创的策略构型。经过对结果的分析，本研究得出以下结论：

1. 众创空间与新创企业不是独立存在的，它们之间存在相互促进的关系。众创空间通过为企业提供培训、技术支持等帮助新创企业实现成长，吸引更多的投融资；新创企业通过吸引人才、提高自身创造力，不仅提升了自身的价值，也加快了众创空间的创新步伐，从而提高收入，实现价值获取。这些内外部资源在二者之间快速流动并被有效利用，从而实现价值共创。

2. 众创空间与新创企业价值共创的实现受到政策、互动、补贴、创新、人才、技术等因素的影响，但是单独某一个条件并不能导致价值共创结果的发生，它们之间必须通过有条件的组合共同构成众创空间与新创企业价值共创的充分条件，共同作用影响结果的发生。本部分根据对数据的分析整理，共得出四种实现众创空间与新创企业价值共创的条件组态，分别是路径1(～政策*～互动*补贴*创新*人才*～技术)、路径2(政策*互动*补贴*创新*人才*～技术)、路径3(～政策*互动*补贴*创新*人才*～技术)、路径4(政策*互动*补贴*创新*人才*技术)，可以看出，各条件在组态中的出现状态虽然不同，但是它们通过一定的组合都能使价值共创的结果发生。

3. 根据众创空间、新创企业、政府三个层面在影响不同地区众创空间与新创企业价值共创的条件组态中的重要程度，将四条路径归纳为三种构型，分别是共同主导型、政府扶持型和新创企业主导型。其中共同主导型表示在政府、众创空间和新创企业三方面条件都充足时，实现众创空间与新创企业的价值共创水到渠成；政府扶持型表示在众创空间缺乏部分孵化服务能力时，重点提高政府的支持力度加之新创企业具备较好的创业能力，也能实现价值共创；新创企业主导型表示在政府和众创空间能提供的帮助都有限时，新创企业的人才储备和创新能力足够强，再辅之以政府给众创空间提供的资金支持，仍能实现价值共创。

第二章 众创空间孵化服务能力对新创企业创业绩效影响机理研究

本章主要是聚焦于以小微企业双创基地为主的众创空间孵化服务能力对新创企业创业绩效的影响方式以及影响程度,将众创空间孵化服务分为基础服务、增值服务和专业服务等维度;将新创企业创业绩效分为财务绩效、成长绩效以及创新绩效等维度,并基于此作出相关假设,使用结构方程模型进行验证,得到相关研究结果,以期对众创空间孵化服务能力助力新创企业绩效提升,提供可参考、可复制的路径策略。

第一节 维度划分与变量度量

一、维 度 划 分

(一)新创企业创业绩效维度划分

张承龙和夏清华(2012)[208]提出三个企业绩效评价指标:财务绩效指标、企业价值指标和社会效应指标。余绍忠(2013)[209]指出可以从种群生态、资源、战略和社会感知四个方面对企业创业绩效进行研究。王小燕(2018)[210]提出企业创业绩效包括营利性绩效、成长性绩效和创新性绩效。Borman(1997)[211]将企业绩效分为任务绩效和周边绩效,任务绩效包括企业技术、产品等资源的发展,周边绩效包括人际关系和工作效率。Copper(1995)[90]认为创业绩效可以分为四种:目标实现、未来发展、吸引员工以及能力表现。Cramer(2002)[135]提出企业绩效分为主观绩效和客观绩效,主观绩效是指企业主指定的除财务绩效以外能测量企业发展潜力的绩效,客观绩效主要包括收入、业绩、市场份额等指标。Muprhy(1996)、沈超红和罗亮(2006)、李蓉(2007)[212]等国内外学者将企业绩效分为财务绩效和非财务绩效两个维度。基于现有文献基础,本研究将新创企业创业绩效维度划分为三个方面:

1. 财务绩效

主要衡量新创企业生存现状,这也是企业创业绩效的基本指标。

2. 成长绩效

重点在于新创企业未来发展空间以及成长潜力评价。

3. 创新绩效

考察企业创新创造能力。企业技术发展是日新月异的,研发技术的改进是企业竞争力的核心因素之一,企业期望可持续发展应当重视创新能力以及创新人才的培养。

(二) 众创空间孵化服务能力维度划分

众创空间形式多样,包括小微企业双创基地等主要载体,其建立的落脚点是新创企业的发展,随着新创企业数量和规模的不断壮大,众创空间孵化服务能力也逐渐提升。美国孵化器协会将服务能力分为五种,包括场所布局、管理咨询与企业规划、资金获得和开拓市场、财务技术咨询与指导、法律服务等。Allen 和 Rahman(1985)[213]将众创空间服务分为管理支持、商务支持等五个维度。Schwartz(2012)[214]指出众创空间服务包括出租办公设施和基础设备,协助企业管理,提供融资服务以及提供技术等资源支持。张振刚和薛捷(2004)[215]提出企业孵化器具有多项功能:提供基础设施服务和公共设施服务、提供中介服务、提供融资担保服务、营造区域创新环境、搭建组织交流平台。王红卫(2008)[216]指出众创空间服务能力分为基础与业务服务、教育与环境服务、网络与政策服务。曾小静(2016)[217]总结众创空间的功能分为基本服务、经济社会功能服务、创新服务三个维度,其中基本功能包括提供孵化场地和设施、科技服务、管理咨询服务、投融资服务等,经济社会功能包括培育新创企业集群、推动区域经济增长、促进社会就业等,创新功能包括营造创新环境、传播创新文化等。李哲森(2016)[218]提出众创空间具有五种功能:孵化功能、实训功能、引导功能、服务功能以及集聚功能。其中孵化功能是指为企业主提供培训、专家咨询、场所以及贷款和法律咨询等服务;实训功能是指为企业主提供仿真、模拟等技能培训;引导功能是指众创空间帮助企业制定决策战略,引导企业走上正确的道路;服务功能包括六个维度:商务服务、物业管理、融资服务、能力支援、项目服务以及创业支持;集聚功能拉动产业集群,推动区域化经济发展。

基于国内外文献,本研究选取众创空间为研究对象,将众创空间孵化服务能力分为基础服务、增值服务以及专业服务三个维度:

1. 基础服务

面对的是众创空间内所有入驻企业,提供的是初创企业创建和发展过程中必需的设备支持。

2. 增值服务

为在孵企业提供除众创空间之外的、与其他中介机构之间的桥梁关系，帮助企业寻求专业机构的技术、资金、培训等咨询服务。

3. 专业服务

服务对象是个性的，与入驻企业产品和服务类型挂钩。

二、变量度量

（一）新创企业创业绩效相关测量变量界定

本研究探究众创空间孵化服务能力对新创企业创业绩效的影响，以新创企业绩效提升为研究对象，期望进一步推动新创企业的发展。从现有文献中可以发现常用企业绩效评价指标包括财务绩效、客户满意度绩效、人力绩效、成长性绩效以及生产绩效等。本研究在现有文献中选取财务绩效、成长绩效、创新绩效作为变量进行分析。

1. 财务绩效

Eesley(2003)[219]提出初创企业绩效最重要的衡量标准就是企业收入，这一结论也同样被 Batjargal(2013)、Eaggers 和 Song(2015)所论证。刘昱熙(2004)[220]提及经济增加值即利润是企业财务绩效的重要指标之一，用以衡量企业创造的效益，保证了股东利益。基于以上研究，本研究将财务绩效分为以下五种类别。

（1）企业销售收入：通过销售产品和提供服务所获得的货币收入，营业收入包括主营业务收入和其他业务收入，销售收入主要是主营业务收入。

（2）企业利润率：主要形式包括销售利润率、成本利润率、产值利润率、资金利润率、净利润率。本研究主要探究销售利润率，即销售利润总额和销售收入总额的比率。

（3）投资回报率：指企业投资后获得的经济回报，通过降低成本、提高利润率等措施都可以提高企业投资回报。

（4）投资回报期：企业进行一项投资后获得的经济回报的时长。

（5）市场占有率：即市场份额，指企业产品在市场上的销售数量占市场同种类型的产品的百分比。

2. 成长绩效

Brouthers & Bakos(2004)[221]、Kaplan & Norton(2001)[222]以及罗亮(2006)[202]等人提出企业的运营成长可以通过市场、雇员和产品等方面进行衡量。Zahra(1996)[223]将市场增长率、销售增长率等指标作为企业自身的评价指标，企业主通过这些指标来判断创业是否取得满意效果。Wiklund & Shepherd(2003)[224]认为企业成长绩效应为衡量企业的员工数量以及产品销售额增长。基于以上研究，本研究选取以下四类指标对企业成长绩效进行测量。

(1) 员工人数增长率：本年雇员人数减去去年企业人数，再将得到的结果除去年企业人数，最终得到企业的员工人数增长率。

(2) 市场增长率：指产品的市场销售额和销售数量在比较期内的增长率，即企业产品前后几年在市场上的增长比重。

(3) 销售额增长率：指在一定时期内某类产品销售额的增长比重。

(4) 新市场开拓成功率：这是市场营销中的重要组成部分，包括分析市场需求、定位目标市场、进行市场细分、目标客户定位以及决策等步骤。

3. 创新绩效

刘昱熙(2004)[220]将企业绩效技术创新层面的指标划分为新产品研发费用、新产品研制效率、新产品创利能力等，来探究企业产品工艺技术发展水平。马马度(2014)[225]研究东北企业绩效，突出企业主对企业绩效的影响，提出新产品和新服务对企业的重要影响。基于以上研究，本研究将创新绩效分为以下三类。

(1) 新产品开发成功率：由于初创企业技术水平不高，新产品研发能力不足，要提高新产品开发成功率，应定位市场需求，提高技术水平。

(2) 新产品上市周期：产品开发的目的是实现业务成功，上市周期一般包括产品概念设计、计划、开发、发布、通用几大流程。

(3) 新型管理方法：初创企业往往存在管理经验不足、制度不规范等问题，新型管理方法的探究有助于规范企业秩序、营造高度的企业文化认同感。

(二) 众创空间孵化服务能力相关测量变量界定

1. 基础服务

李哲淼(2016)[218]探究了辽宁模式，提出众创空间为在孵企业提供创业场所、物业管理等服务，提升企业毕业率。李恒光(2008)[226]认为国内众创空间服务功能涵盖通信设备、商务网络技术等十项内容，及创新创业环境。张景安(2001)[227]提出孵化器的服务包括提供场地、物业管理等基础服务。基于上述研究，本研究将基础服务分为以下三类：

(1) 基础设施服务：众创空间为入驻企业提供必需的创业空间以及基础设施，包括办公场地、计算机等办公设备、会客室会议厅以及休闲场所等，降低了新创企业的创业成本，是众创空间的基础孵化服务能力。

(2) 公共设施与物业服务：众创空间为入驻企业提供社会共享和使用

的公共物品及劳务,包括医疗卫生、照明用具、消防设施等。物业服务包括工程、清洁和安保三个方面。工程方面包括企业共用设施设备的维修、养护和管理,众创空间内的巡视和检查,以及协商对接水、电、气等相关单位对众创空间内相关管线的维护和检查。清洁方面包括众创空间内卫生的清扫、垃圾处理、管道的疏通,以及绿化设施的管理等。安保方面包括众创空间内日常安全巡查、车辆的停放与疏通,以及企业装修的管理等。

(3) 企业初创支持服务:众创空间帮助入驻企业创建,协助企业与管理部门进行沟通交涉,办理工商、税务、营业执照等相关证件,帮助符合政府扶植政策的企业申请相应的创业优惠政策。

2. 增值服务

增值服务是指众创空间引进外部的支持。冯海红和曲婉(2019)[228]探讨了众创空间的社会网络服务对新创企业的影响与助力作用,并以咖啡馆为研究对象进行实例分析。曾小静(2016)[217]认为孵化器常规服务包括提供科技、咨询、投融资服务等,协助管理企业日常运营。吴文清、张海红和赵黎明(2016)[229]认为科技企业孵化器与创投之间存在竞合关系,功能提升包括技术支持、投融资管理以及培训等增值服务。基于以上研究,本研究将众创空间增值服务界定为管理咨询服务、人才培育服务,以及资金融通服务三类变量。

(1) 管理咨询服务:众创空间拥有专业的咨询人员,为入驻企业提供专业的法律法规、财务、运营、管理决策等方面的咨询,规范新创企业制度,提升新创企业竞争力和存活率。

(2) 人才培育服务:帮助新创企业解决人才短缺、创业者经验不足的缺陷。众创空间的人才培训以及人才引进政策,不仅增强了企业的创新创业能力,优化组织结构,同时也缓解了社会就业问题。培训内容包括企业管理与技术开发、人才招聘、法律与金融知识等。

(3) 资金融通服务:帮助企业解决初创期资金短缺的困难,拓宽融资渠道。众创空间为新创企业引进创业资金,包括天使投资、商业银行贷款、政府基金扶持等,同时也为企业提供担保服务,使创新创业可行化。

3. 专业服务

专业服务是众创空间根据新创企业提供的产品或服务分别为其提供的个性化的帮助。包括市场营销服务、技术支持服务、生产服务、信息支持服务。曾小静(2016)[217]提出众创空间可以营造创业环境、搭建创业平台,促进产业升级、经济发展等,具有深远的社会影响。王红卫(2008)[216]提出网络与政策服务为在孵企业提供与第三方机构交流的桥梁,更便捷地获得技术、资金等资源并不断发展成熟。

（1）市场营销服务：营销包括线上线下两种途径，众创空间会根据入驻企业产品性质提供相应的营销渠道，并有可能开拓国外销售市场，帮助企业提升知名度，树立品牌形象。

（2）技术支持服务：众创空间为新创企业项目申报、技术研发等提供专业的咨询和指导，并设立企业技术交流平台，通过技术展览、研发成果讲座等方式推动企业的产品创新，节约技术创新时间与成本。

（3）生产服务：包括生产设计、生产制造等服务。众创空间为企业提供市场需求信息，并积极促成企业与设计机构的交流，设计出满足消费者需求的产品或服务。并且在企业工艺改进、质量检测、设备校准等方面提供技术指导，引进专业人才帮助企业优化生产方式、改进生产设备、提高生产效率，设计专业化的生产流程，减少生产过程中不必要的浪费，提升产品质量。

（4）信息支持服务：众创空间作为企业孵化平台具有专门的信息收集系统，为企业提供有关的政策信息、市场信息、产品发展动态等，形成完整的信息流，指导企业提供的产品服务方向，更好地迎合市场需求，提升企业活力。

第二节　研究假设与模型构建

一、研究关系假设

（一）众创空间基础孵化服务能力与新创企业创业绩效的关系假设

M. McAdam & R. McAdam(2008)[67]指出众创空间提供创业场所、会客室等基础设备的服务对入驻企业的资源产生直接的影响。Schwartz & Hornych(2008)[214]提出众创空间的场地租金优惠降低了企业初创成本，对盈利绩效产生直接影响。Sugan et al.(2003)[110]提出培训服务对企业绩效产生间接影响，人才培训会增加企业主决策能力、管理能力、创新能力等，有助于提升企业绩效。朱秀梅(2008)[230]以吉林初创企业为研究对象，发现众创空间资源整合能力越强，对企业绩效的积极影响越大。聂庆婷(2016)[231]指出政府应引导众创空间的服务能力发展，进而对企业发展产生刺激作用，有助于提高企业专业性。徐天瑜(2017)[232]提出众创空间国际化服务能力对企业创业绩效产生正向影响。王小燕(2018)[210]利用结构方程模型探究科技企业孵化器服务支持对企业绩效的影响，得出孵化器服务支持对组织绩效有积极的间接影响，并且资源整合是影响的中介桥梁。段志勇和黎尔平(2019)[233]提出孵化器基础知识服务包括工商代理注册、代理税务登记以及项目申报等服务,这一基础服务为在孵企业营造了一种高效的创业环境,对企业创业绩效有正向支持作用。基于上述研究,本研究提出以下假设。

H1:众创空间基础孵化服务能力对新创企业创业绩效产生显著的正向影响。

H1包括如下三个子假设。H1-1:众创空间基础孵化服务能力对新创企业财务绩效产生显著的正向影响。H1-2:众创空间基础孵化服务能力对新创企业成长绩效产生显著的正向影响。H1-3:众创空间基础孵化服务能力对新创企业创新绩效产生显著的正向影响。

(二)众创空间增值孵化服务能力与新创企业创业绩效的关系假设

唐明凤、王艳等(2016)[234]提出孵化器服务分为常规服务和增值服务两个维度,其中增值服务包括管理支持类、技术类、社会网络咨询类,众创空间通过增值服务为在孵企业提供知识创造。曾境舒(2018)[235]认为创业园功能有载体功能、集聚功能和转化功能三类,为创业企业提供从初创期到成熟期各阶段需要的多样化服务,提高在孵企业毕业率。温梦源(2018)[236]将众创空间服务分为业务服务、技术服务和网络服务三个维度,并且认为新创企业主经验不足,孵化器提供的服务能够帮助新创企业解决日常问题,弥补管理咨询的不足,缓解投融资困境。颜振军、侯寒(2019)[237]提出我国多数省份众创空间具有较强的孵化能力,应推动众创空间科学发展,为企业创新发展提供服务支撑,提升区域经济水平。Chandler和Hanks(1994)[89]提出企业创业行为需要各主体提供相应的资源,创业服务平台的服务能力影响着企业获取资源的难易程度,进而影响企业创业绩效,即众创空间服务能力间接影响企业绩效。Abduh et al.(2007)[33]提出孵化器服务分为有形服务和无形服务两类,其中无形服务包括管理咨询等增值服务,对企业绩效产生积极的影响,企业创业绩效反映了孵化器的服务质量。Jin L和Madison K(2017)[238]提出孵化器的网络增值服务将企业无形服务转变成有形产品,是新创企业目前迫切需要的服务支持,影响企业的成长。基于以上研究,本研究提出以下假设。

H2:众创空间增值孵化服务能力对新创企业创业绩效产生显著的正向影响。

H2包括如下三个子假设。H2-1:众创空间增值孵化服务能力对新创企业财务绩效产生显著的正向影响。H2-2:众创空间增值孵化服务能力对新创企业成长绩效产生显著的正向影响。H2-3:众创空间增值孵化服务能力对新创企业创新绩效产生显著的正向影响。

(三)众创空间专业孵化服务能力与新创企业创业绩效的关系假设

王红卫(2008)[216]提出众创空间提供的技术支持、研发协助等专业服务对新创企业主的管理能力、创新能力、专业技术能力的形成和提升会产生直接作用,但无法对企业战略造成直接影响。刘成梅(2017)[239]以江苏省苏南地区孵化器及初创企业为研究对象,探究孵化器环境及网络建设对企业创业绩效的影响,发现初创企业以众创空间网络关系嵌入为中介,提升资源服务能力以及新创企业创业绩效。袁剑锋(2018)[240]以广东省孵化企业为研究对象,提出网络嵌入对企业绩效产生倒U型影响,过度会导致企业绩效下滑,创业失败,同时适度嵌入对企业创新绩效产生正向影响。俞金含(2018)、黄攀(2018)、姚欣雨(2018)、王泽露(2017)等都认为孵化器技术、咨询等服务对新创企业绩效产生正向影响。[135] M. McAdam & R. McAdam(2008)[67]也指出新创企业创业不是孤立的过程,专业服务引入专家团队使得企业管理决策、技术研发等有显著发展。Schwartz & Hornych(2008)[214]提出众创空间的资金支持降低了企业初创的时间和精力,对财务绩效产生直接影响。Lei W & Yana(2017)[109]认为众创空间咨询指导、培训等服务对提升企业主管理能力有积极作用。基于以上研究,本研究提出以下假设。

H3:众创空间专业孵化服务能力对新创企业创业绩效产生显著的正向影响。

H3包括如下三个子假设。H3-1:众创空间专业孵化服务能力对新创企业财务绩效产生显著的正向影响。H3-2:众创空间专业孵化服务能力对新创企业成长绩效产生显著的正向影响。H3-3:众创空间专业孵化服务能力对新创企业创新绩效产生显著的正向影响。

综上,本研究共作出九组假设,其中众创空间基础服务、增值服务和专业服务与新创企业绩效之间关系的假设分别有三组,如表2-2-1所示:

表2-2-1 众创空间服务能力与新创企业
创业绩效之间关系假设汇总表

假设编号		假 设 描 述
假设1	众创空间基础孵化服务能力对新创企业创业绩效产生显著的正向影响	
	假设1-1	众创空间基础孵化服务能力对新创企业财务绩效产生显著的正向影响
	假设1-2	众创空间基础孵化服务能力对新创企业成长绩效产生显著的正向影响
	假设1-3	众创空间基础孵化服务能力对新创企业创新绩效产生显著的正向影响

续表

假设编号	假设描述	
假设 2	众创空间增值孵化服务能力对新创企业创业绩效产生显著的正向影响	
	假设 2-1	众创空间增值孵化服务能力对新创企业财务绩效产生显著的正向影响
	假设 2-2	众创空间增值孵化服务能力对新创企业成长绩效产生显著的正向影响
	假设 2-3	众创空间增值孵化服务能力对新创企业创新绩效产生显著的正向影响
假设 3	众创空间专业孵化服务能力对新创企业创业绩效产生显著的正向影响	
	假设 3-1	众创空间专业孵化服务能力对新创企业财务绩效产生显著的正向影响
	假设 3-2	众创空间专业孵化服务能力对新创企业成长绩效产生显著的正向影响
	假设 3-3	众创空间专业孵化服务能力对新创企业创新绩效产生显著的正向影响

二、理论模型提出

本研究将众创空间孵化服务能力进行维度划分，得到基础服务、增值服务和专业服务三个潜在变量；将新创企业绩效进行维度划分，得到财务绩效、成长绩效、创新绩效三个潜在变量。以公共服务和专业服务为自变量，来探讨众创空间孵化服务能力与新创企业绩效之间的关系并作出九组假设，构建结构方程模型，如图 2-2-1 所示。

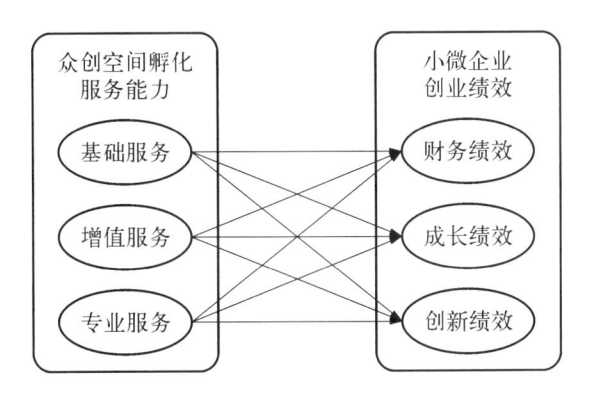

图 2-2-1 众创空间服务能力与新创企业创业绩效关系理论预设模型图

第三节 量表设计

量表是科学研究的关键,关系到调研的成败。在量表设计的过程中应谨小慎微,尽可能全面地考虑问题,抓住问题的本质,同时也要控制量表的体量,以防过长造成被调研者的不耐烦。

一、量表设计流程

(一)初始设计

(1)阅读文献,根据主题以及研究目的与假设,收集文献中所需资料;
(2)确定本研究运用的结构模型,确定量表形式;
(3)根据文献界定变量,参考已有相关量表撰写本研究的初始量表。

(二)专家咨询

完成初始设计后,将撰写完成的初始量表请教相关专家,按照专家的建议对量表进行二次修改。

(三)企业测填

将修改完成的量表打印若干份选取合适的企业进行测填,对测填结果进行初步分析,检验量表可靠性以及变量选择是否合理,再次进行修改,形成最终量表。

二、众创空间孵化服务能力量表设计

本研究基于国内外研究现状,将众创空间孵化服务能力划分为基础服务、增值服务和专业服务三个维度,见表2-2-2所示。

表2-2-2 众创空间孵化服务能力初始量表

潜变量	测项	测项内容	来源
基础服务	A1	基础设施服务:提供办公场所、会议室会客厅、计算机等基础设备以及休闲场所	王红卫(2008)[216]
	A2	公共设施和物业服务:提供企业共享和使用的公共物品及劳务,包括医疗卫生、照明用具、消防设施等。提供设施设备的维修以及养护和管理、卫生的清扫、管道的疏通以及绿化设施的管理、众创空间内日常安全巡查、车辆的停放	李哲淼(2016)[218]
	A3	企业初创支持服务:帮助企业与相关部门交涉,办理工商、税务、营业执照等相关证件	曾小静(2016)[217]

续表

潜变量	测项	测项内容	来源
增值服务	A4	管理咨询服务：提供专业的法律法规、财务、运营、管理决策等方面的咨询服务	王红卫(2018)[216]
	A5	人才培育服务：提供企业管理与技术开发、人才招聘、法律与金融知识等培训	
	A6	资金融通服务：引进天使投资、银行贷款等并提供担保服务	曾小静(2016)[217]
专业服务	A7	市场营销服务：拓宽营销渠道、开拓市场、塑造品牌知名度	陈志刚(2016)[205]
	A8	技术支持服务：为企业项目申报、技术研发提供专业指导，设立企业技术交流平台	冯梅红(2019)[230]
	A9	生产服务：提供产品或服务创新设计、工艺设计等资源，优化生产方式、改进生产设备、设计专业化的生产流程	赵黎明(2009)[229]
	A10	信息支持服务：提供有关的政策信息、市场信息、产品发展动态等	

通过整理归纳相关文献，总结出十个相关变量。第一维度"基础服务"涵盖三个观测变量，包括基础设施服务、公共设施与物业服务、企业初创支持服务，分别用 A1～A3 表示；第二维度"增值服务"涵盖三个观测变量，包括管理咨询服务、人才培育服务、资金融通服务，分别用 A4～A6 表示；第三维度"专业服务"涵盖四个观测变量，包括市场营销服务、技术支持服务、生产服务、信息支持服务，分别用 A7～A10 表示。量表使用 Likert5 点计分法，1 为最低分、5 为最高分，1 到 5 重要性逐渐增加。

三、新创企业创业绩效量表设计

本研究在归纳王小燕(2018)、沈超红和罗亮(2006)、刘昱熙(2004)[212][220][218]等学者的观点后，将新创企业绩效划分为财务绩效、成长绩效和创新绩效三个维度，见表 2-2-3 所示。

通过整理归纳相关文献，总结出 12 个相关变量。第一维度"财务绩效"涵盖五个观测变量，包括销售收入、企业利润率、投资回报率、投资回报期以及市场占有率，分别用 B1～B5 表示；第二维度"成长绩效"涵盖四个观测变量，包括员工人数增长率、市场占有增长率、销售额增长率以及市场开拓成功

表 2-2-3　新创企业创业绩效初始量表

潜变量	测项	测项内容	来源
财务绩效	B1	企业销售收入	徐雪娇(2018)[211]
	B2	企业利润率	刘昱熙(2004)[220]
	B3	企业投资回报率	沈超红、罗亮(2006)[212]
	B4	企业投资回报期	
成长绩效	B5	市场占有率	Wiklund、Shepherd (2005)[224]
	B6	员工人数增长率	
	B7	市场增长率	
	B8	销售额增长率	王小燕(2018)[210]
	B9	新市场开拓成功率	
创新绩效	B10	新产品开拓成功率	刘昱熙(2004)[220]
	B11	新产品上市周期	
	B12	新兴管理方法	

率,分别用 B6～B9 表示;第三维度"创新绩效"涵盖三个观测变量,包括新产品开发成功率、新产品上市周期以及新型管理方法的出现,用 B10～B12。量表使用 Likert5 点计分法,1 为最低分、5 为最高分,1 到 5 重要性逐渐增加。

第四节　问卷发放与数据分析

一、问卷发放与回收

通过整理,本次问卷共有 22 个题项,其中"众创空间孵化服务能力"包括 10 个题项,"新创企业创业绩效"包括 12 个题项。潜在变量"众创空间孵化服务能力"中,基础服务包括三个题项,增值服务包括三个题项,专业服务包括四个题项;潜在变量"新创企业创业绩效"中,财务绩效包括五个题项,成长绩效包括四个题项,创新绩效包括三个题项。

调研问卷分为四个部分。第一部分是卷首语,主要是调研者的信息以及对答题者的注意提醒;第二部分是被调研企业以及企业主的信息,包括企业行业类型,阶段类型以及企业主性别、年龄和学历;第三部分是众创空间孵化服务能力问卷;第四部分是新创企业创业绩效问卷。后两部分是本次调研的主体,收集到的数据用于后期数据分析、信度效度检验等。

本次问卷发放主要选择镇江市江苏大学大学生创业孵化基地、高新技术园区、镇江学府科技创业园等内部众创空间为调研地点,采用实地发放以及线上发放的方式,实地发放问卷105份,有效问卷100份,由于填写不完善造成无效问卷5份,有效率95.2%,线上发放问卷30份,回收30份,合计130份有效问卷,最终以图表和描述性语言进行描述。

二、样本描述

(一)样本描述性统计

本次调研企业所属行业包括工商业、地产业、金融业及互联网行业等,其中商业所占比重较大,其次是互联网行业,如表2-2-4所示。企业员工人数大多在10人以下,符合小微企业规模,所处阶段主要在初创期,仍需依附众创空间的孵化服务。

表2-2-4 样本描述性统计表

变量	项目	样本数量	百分比
企业所属行业	工业	9	6.9%
	地产业	3	2.3%
	金融业	4	3.1%
	商业	44	33.8%
	互联网	34	26.2%
	其他	36	27.7%
企业员工人数	1~5人	63	48.5%
	6~10人	48	36.9%
	11~20人	7	5.4%
	21~50人	6	4.6%
	50人以上	6	4.6%

续表

变量	项目	样本数量	百分比
企业所处阶段	初创期	91	70%
	成长期	36	27.7%
	成熟期	3	2.3%
企业主性别	男	88	67.7%
	女	42	32.3%
企业主年龄	25 岁以下	90	69.2%
	26～30 岁	29	22.3%
	31～40 岁	5	3.8%
	40 岁以上	6	4.7%
企业主学历	高中	3	2.3%
	专科	2	1.5%
	本科	114	87.7%
	硕士	11	8.5%

（二）变量描述性统计

利用 SPSS 分析的变量统计结果见表 2-2-5，所有的观测变量都采用 5 分尺度，平均值分析结果显示，所有变量都高于 2.5，表示题项具有较高影响力均值标准差在 0.09 内，标准差在 1 之内，表明偏离程度不高，可以接受。

表 2-2-5 变量描述性统计表

测项	个案数	最小值	最大值	平均值		标准差	方差
	统计	统计	统计	统计	标准误差	统计	统计
A1	130	1	5	2.79	.074	.842	.708
A2	130	1	5	2.63	.079	.899	.808
A3	130	1	5	2.65	.082	.929	.864

续表

测项	个案数 统计	最小值 统计	最大值 统计	平均值 统计	标准误差	标准差 统计	方差 统计
A4	130	1	5	3.85	.089	1.015	1.030
A5	130	2	5	3.78	.088	1.006	1.012
A6	130	2	5	3.95	.077	.874	.765
A7	130	1	5	3.14	.082	.930	.864
A8	130	1	5	3.20	.093	1.059	1.122
A9	130	1	5	3.20	.090	1.030	1.060
A10	130	1	5	3.12	.095	1.078	1.163
B1	130	2	5	3.73	.069	.785	.617
B2	130	1	5	3.48	.086	.982	.965
B3	130	1	5	3.21	.075	.860	.739
B4	130	1	5	2.85	.090	1.023	1.046
B5	130	1	5	3.52	.085	.974	.949
B6	130	1	5	3.82	.086	.984	.968
B7	130	2	5	3.87	.073	.830	.688
B8	130	2	5	3.62	.076	.865	.748
B9	130	1	5	3.75	.083	.943	.889
B10	130	1	5	3.38	.087	.990	.981
B11	130	2	5	3.38	.081	.918	.843
B12	130	1	5	3.36	.073	.835	.698

对数据进行正态分布分析,研究中默认偏度在－1～1之间、峰度在－3~3之间,符合正态分布。如表2-2-6所示,样本偏度系数最小值为－0.727,最大值为0.412,多数小于0;峰度系数最小值为－0.977,最大值为0.212,大多小于0。结果基本符合正态分布,有条件进行下一步分析。

表 2-2-6　正态分布检验表

测　项	偏　度　统　计	峰　度　统　计
A1	−.065	−.401
A2	.412	−.157
A3	.099	−.731
A4	−.498	−.652
A5	−.326	−.977
A6	−.460	−.502
A7	.131	−.357
A8	.106	−.943
A9	.237	−.828
A10	.128	−.716
B1	−.263	−.248
B2	−.034	−.790
B3	−.193	−.501
B4	.315	−.391
B5	−.325	−.302
B6	−.727	.212
B7	−.247	−.593
B8	−.278	−.524
B9	−.428	−.151
B10	.008	−.867
B11	.255	−.718
B12	−.037	−.232

三、信度检验

为保证问卷的可靠性,需要对问卷进行信度检验,本研究采用Cronbach's α系数作为信度检验指标。若问卷的设计合理,Cronbach's α系数的数值应在0.7以上,在0.6～0.7可以接受,低于0.6则表明问卷设计不合理。

(一)众创空间孵化服务能力信度检验

众创空间孵化服务潜变量的信度检验如表2-2-7所示,Cronbach's α系数值为0.882,大于0.7,表明该量表总体具有较好的可靠性;孵化服务能力又分为基础服务、增值服务与专业服务,三者Cronbach's α系数值分别为0.797、0.887和0.875,均大于0.6临界值,且10个变量的Cronbach's α系数值都大于0.7,表示变量间的一致性较高。

表2-2-7 众创空间孵化服务潜变量的信度检验表

潜变量	测项变量	删除项后的Cronbach's α系数	Cronbach's α系数	Cronbach's α系数
基础服务	A1	.877	.797	.882
	A2	.874		
	A3	.872		
增值服务	A4	.871	.887	
	A5	.867		
	A6	.875		
专业服务	A7	.866	.875	
	A8	.868		
	A9	.867		
	A10	.864		

(二)新创企业创业绩效信度检验

新创企业创业绩效量表如表2-2-8所示,克隆巴赫Alpha值为0.919,高于0.7,表明该量表总体具有良好的可靠性;新创企业创业绩效分为三个方面,其中财务绩效、成长绩效、创新绩效克隆巴赫Alpha值分别为

0.909、0.897 和 0.844，12 个变量的克隆巴赫 Alpha 值都高于 0.8，表示变量间的一致性较高。

表 2-2-8　新创企业创业绩效潜变量的信度检验表

潜变量	测项变量	删除项后的 Cronbach's α 系数	Cronbach's α 系数	Cronbach's α 系数
财务绩效	B1	.911	.909	.919
	B2	.909		
	B3	.909		
	B4	.913		
	B5	.910		
成长绩效	B6	.919	.897	
	B7	.911		
	B8	.912		
	B9	.910		
创新绩效	B10	.911	.844	
	B11	.914		
	B12	.916		

四、效度检验

效度检验是测量结果与测量内容之间一致性的度量，一致性越高，则表明数据越有效，那么量表就能有效地反映变量；反之，则无法反映变量特征。本研究首先运用 SPSS 软件进行 KMO 和巴特利特因子检验，KMO 值越接近1，则因子分析效果越好，0.6 以上都尚可做因子分析。在 KMO 和巴特利特因子检验完成后，利用 AMOS 对样本进行验证性因子分析。

（一）众创空间孵化服务能力效度检验

众创空间孵化服务能力 KMO 和巴特利特因子检验如表 2-2-9 所示，KMO 值为 0.850，显著性为 0.000，三个维度的方差解释为 76.211%，高于 50%，因此样本符合因子检验的要求。

表 2-2-9 KMO 和巴特利特检验表

KMO 取样适切性量数		.850
巴特利特球形度检验	近似卡方	707.646
	自由度	45
	显著性	.000
方差解释%	基础服务	28.864
	增值服务	25.258
	专业服务	22.089
累及方差解释%	基础服务	28.864
	增值服务	54.122
	专业服务	76.211

然后构建众创空间孵化服务能力验证性因子分析模型,得到图 2-2-2 所示结果,潜在变量与测量变量间的因素负荷在 0.71~0.88 之间,所有因素载荷都在 0.5~1 之间,表明文中的众创空间孵化服务能力有较好的基本适配性。

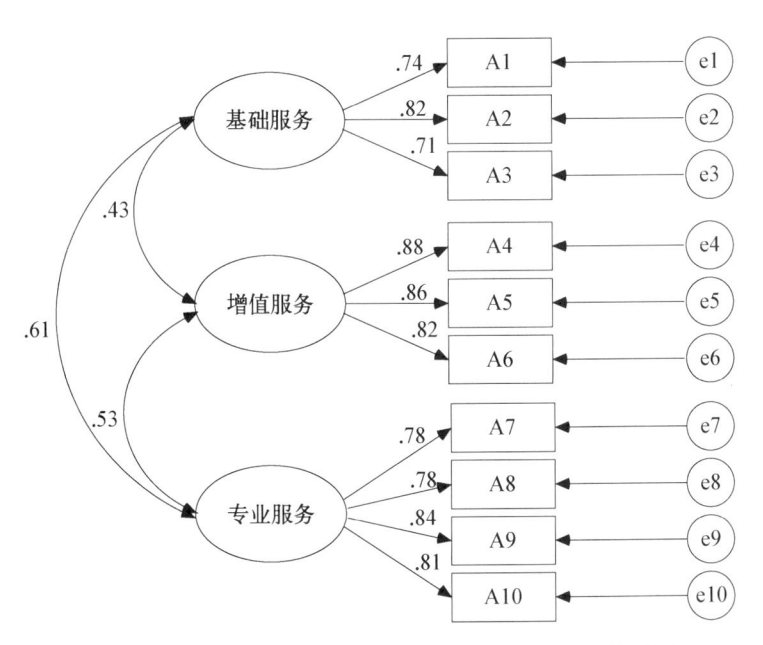

图 2-2-2 众创空间孵化服务能力验证性因子分析模型图

服务能力潜变量的验证性因子分析结果如表 2-2-10 所示，$\chi^2/df=1.723$，表示模型拟合可接受，且 RMSEA 的值为 0.075，RMR 的值为 0.052，GFI 的值为 0.926，CFI 的值为 0.966，NFI 的值为 0.925，达到效度检验的标准。

表 2-2-10 众创空间孵化服务能力验证性因子分析结果表

潜变量		Estimate	C.R.	P	AVE
基础服务	A1	.738	37.825	***	0.575
	A2	.821	33.362	***	
	A3	.711	32.558	***	
增值服务	A4	.878	43.201	***	0.728
	A5	.861	42.810	***	
	A6	.819	51.458	***	
专业服务	A7	.776	38.488	***	0.641
	A8	.777	34.438	***	
	A9	.837	35.430	***	
	A10	.811	33.019	***	
拟合指数	\multicolumn{5}{l}{$\chi^2=55.147$, $p=0.007$, $\chi^2/df=1.723$ RMSEA=0.075, RMR=0.052, GFI=0.926, CFI=0.966, NFI=0.925}

（二）新创企业创业绩效效度检验

新创企业绩效因子分析见表 2-2-11，KMO 值为 0.860，显著性为 0.000，累计方差解释是 76.073%，高于 50%，因此样本符合因子检验的要求。

表 2-2-11 KMO 和巴特利特检验表

KMO 取样适切性量数		.885
巴特利特球形度检验	近似卡方	1 037.084
	自由度	66
	显著性	.000

续表

KMO 取样适切性量数		.885
方差解释%	财务绩效	29.925
	成长绩效	26.284
	创新绩效	19.864
累计方差解释%	财务绩效	29.925
	成长绩效	56.209
	创新绩效	76.073

然后构建新创企业创业绩效验证性因子分析模型,得到图 2-2-3 所示结果,潜在变量与测量变量间的因素负荷在 0.79~0.9 之间,所有因素载荷都在 0.5~1 之间,表明众创空间孵化服务能力有较好的基本适配性。

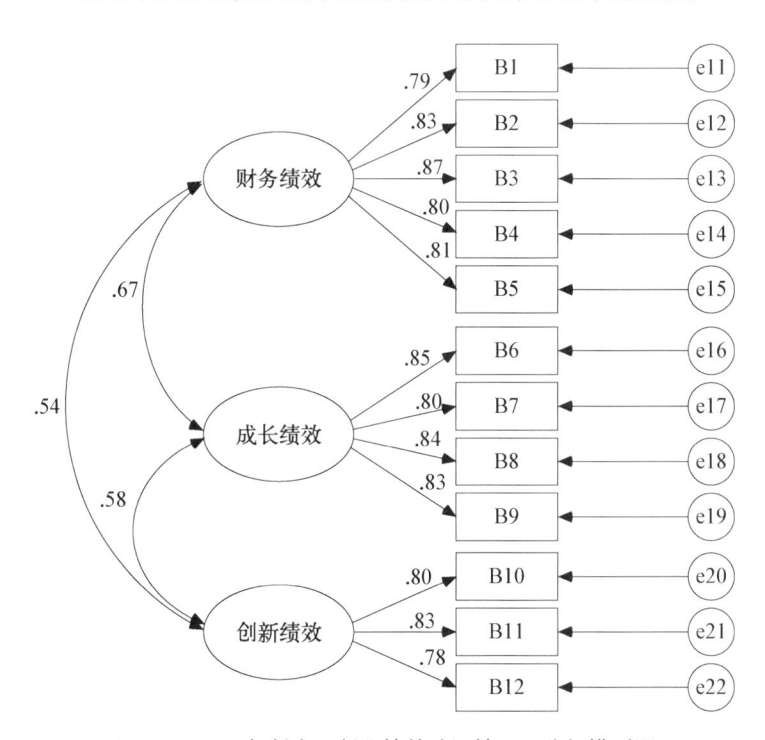

图 2-2-3　新创企业创业绩效验证性因子分析模型图

新创企业创业绩效潜变量的验证性因子分析结果如表 2-2-12 所示,结果显示:$\chi^2/df=1.640$,表示模型拟合可接受,且 RMSEA 的值为 0.070,

RMR 的值为 0.037,GFI 的值为 0.915,CFI 的值为 0.968,NFI 的值为 0.922,达到效度检验的标准。

表 2-2-12　小微企业创业绩效验证性因子分析结果表

潜变量		Estimate	C.R.	P	AVE
财务绩效	B1	.788	54.159	***	0.674
	B2	.833	40.364	***	
	B3	.872	42.531	***	
	B4	.798	31.731	***	
	B5	.811	41.136	***	
成长绩效	B6	.854	44.294	***	0.690
	B7	.802	53.179	***	
	B8	.839	47.754	***	
	B9	.827	45.312	***	
创新绩效	B10	.805	38.877	***	0.650
	B11	.833	42.026	***	
	B12	.780	45.884	***	
拟合指数	\multicolumn{5}{l}{$\chi^2=83.6, p=0.003, \chi^2/df=1.640$ RMSEA=0.070, RMR=0.037, GFI=0.915, CFI=0.968, NFI=0.922}

五、共线性检验

为检验模型中解释变量之间的精确相关关系是否会造成模型估计失真,本研究对模型进行共线性检验。一般认为相关系数高于 0.8,表示多重相关性存在,但若相关系数低,并不意味着多重相关性不存在。本研究对孵化服务能力的三个潜变量和企业创业绩效的三个潜变量进行共线性检验,见表 2-2-13 所示。

（一）基础服务、增值服务和创新服务之间共线性检验

各潜变量之间路径相关系数见表 2-2-13,基础服务和增值服务之间

的相关系数是 0.43,基础服务和专业服务间的相关系数是 0.61,增值服务和专业服务间的相关系数是 0.53,均小于 0.8,表示三者相关性低,潜变量中各测项代表性高,通过共线性检验。

表 2-2-13 各潜变量之间路径相关系数表

路　　径	相 关 系 数
基础服务→增值服务	0.43
基础服务→专业服务	0.61
增值服务→专业服务	0.53
财务绩效→成长绩效	0.67
财务绩效→创新绩效	0.54
成长绩效→创新绩效	0.58

(二)基础服务、增值服务和专业服务之间共线性检验

由表 2-2-13 可知,财务绩效和成长之间的相关系数是 0.67,财务绩效和创新绩效间的相关系数是 0.54,成长绩效和创新绩效间的相关系数是 0.58,均小于 0.8,表示三者相关性低,潜变量中各测项代表性高,通过共线性检验。

第五节　模型评价与假设检验

一、模型拟合效果分析

本研究以众创空间孵化服务能力的两个维度为自变量,以新创企业创业绩效的三个维度为因变量,建立模型假设,通过 AMOS 软件进行模型比较和修正来验证模型和假设。

模型修正的步骤为:(1)检测潜变量的 C.R. 值,删除数值较低的变量;(2)降低模型自由参数,检查路径显著性,删除不显著的路径。

图 2-2-4 是根据量表设计众创空间孵化服务能力对新创企业创业绩效的影响研究的初始模型。

由模型 M1 的估计值和拟合优度表可知,"成长绩效←——基础服务""创

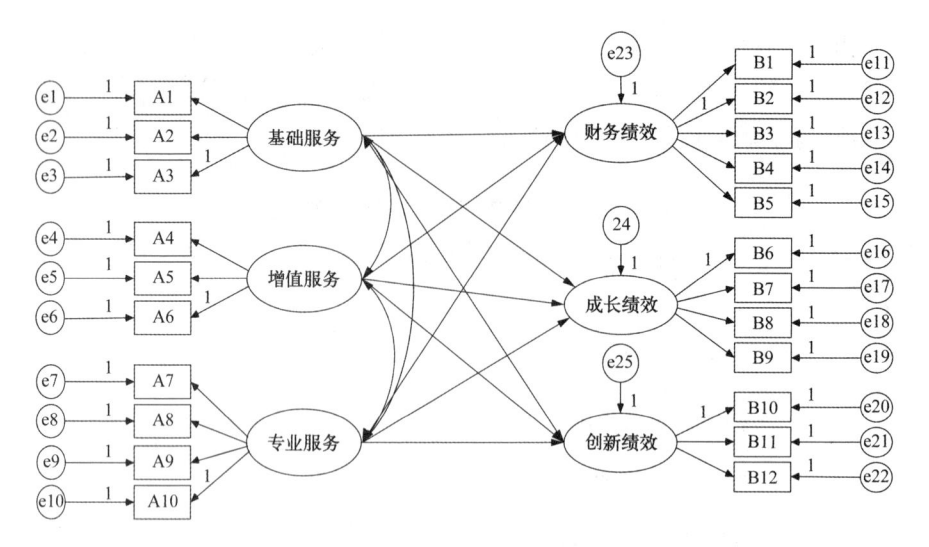

图 2-2-4　模型 M1 分析图

新绩效←——基础服务"和"创新绩效←——专业服务"三条路径显著性不足,其他路径通过检测,表明需要修正模型 M1,见表 2-2-14 所示。

表 2-2-14　模型 M1 的估计值和拟合优度表

路　　径			Estimate	S.E.	C.R.	P
财务绩效	←	基础服务	.405	.098	3.814	***
成长绩效	←	基础服务	.074	.099	.923	.356
创新绩效	←	基础服务	−0.004	.139	−.033	.974
财务绩效	←	增值服务	.438	.077	4.893	***
成长绩效	←	增值服务	.732	.102	8.297	***
创新绩效	←	增值服务	.431	.118	4.109	***
财务绩效	←	专业服务	.227	.080	2.719	.007
成长绩效	←	专业服务	.368	.115	2.996	.003
创新绩效	←	专业服务	.138	.071	1.394	.163
A1	←	基础服务	.749	.125	7.490	***
A2	←	基础服务	.797	.136	7.810	***

续表

路径			Estimate	S.E.	C.R.	P
A3	←	基础服务	.726	.121	7.810	***
A4	←	增值服务	.871	.103	11.926	***
A5	←	增值服务	.866	.102	11.821	***
A6	←	增值服务	.827	.070	11.821	***
A7	←	专业服务	.784	.087	9.601	***
A8	←	专业服务	.770	.100	9.394	***
A9	←	专业服务	.841	.095	10.460	***
A10	←	专业服务	.806	.096	10.460	***
B1	←	财务绩效	.793	.070	10.745	***
B2	←	财务绩效	.843	.124	10.745	***
B3	←	财务绩效	.870	.107	11.190	***
B4	←	财务绩效	.790	.131	9.871	***
B5	←	财务绩效	.805	.125	10.106	***
B6	←	成长绩效	.848	.108	11.345	***
B7	←	成长绩效	.817	.072	11.354	***
B8	←	成长绩效	.829	.074	11.621	***
B9	←	成长绩效	.828	.081	11.600	***
B10	←	创新绩效	.818	.112	9.617	***
B11	←	创新绩效	.820	.097	9.617	***
B12	←	创新绩效	.777	.088	9.136	***
拟合指数			\multicolumn{4}{l}{$\chi^2=288.002, p=0.000, \chi^2/df=1.462$ RMSEA=0.060, RMR=0.046, GFI=0.847, CFI=0.953, NFI=0.868}

有三条路径未达到显著,如表2-2-15所示,因此要修正初始模型。删掉"成长绩效←——基础服务""创新绩效←——基础服务"和"创新绩效←——专业

服务"三条路径,得到最终模型。

表 2-2-15 模型比较表

	路径变化	χ^2	χ^2/df	RMSEA	RMR	GFI	CFI	NFI
临界值	——	——	<3	<0.1	<0.05	≥0.9	≥0.9	<0.8
预设模型 M1	——	288.002	1.462	0.060	0.046	0.847	0.953	0.868
修正模型 M2（最终模型）	"成长绩效←基础服务" "创新绩效←基础服务" "创新绩效←专业服务"	301.650	1.508	0.063	0.057	0.841	0.948	0.861

删除"成长绩效←——基础服务""创新绩效←——基础服务"和"创新绩效←——专业服务"三条路径后,χ^2 值由 288.002 上升到 301.650,表示该修正是有效的,见表 2-2-16 所示。

表 2-2-16 最终模型的估计值和拟合优度表

路径			Estimate	S.E.	C.R.	P
财务绩效	←	基础服务	.401	.122	3.793	***
财务绩效	←	增值服务	.448	.099	4.912	***
成长绩效	←	增值服务	.758	.099	8.261	***
创新绩效	←	增值服务	.650	.091	6.347	***
财务绩效	←	专业服务	.122	.090	1.224	***
成长绩效	←	专业服务	.244	.065	3.384	***
A1	←	基础服务	.745	.123	7.490	***
A2	←	基础服务	.794	.134	7.829	***

续表

路径			Estimate	S.E.	C.R.	P
A3	←	基础服务	.730	.121	7.829	***
A4	←	增值服务	.886	.104	11.788	***
A5	←	增值服务	.866	.103	11.791	***
A6	←	增值服务	.824	.070	11.791	***
A7	←	专业服务	.779	.084	9.968	***
A8	←	专业服务	.778	.096	9.956	***
A9	←	专业服务	.842	.106	9.956	***
A10	←	专业服务	.801	.096	10.349	***
B1	←	财务绩效	.793	.079	10.105	***
B2	←	财务绩效	.843	.096	10.994	***
B3	←	财务绩效	.869	.083	11.468	***
B4	←	财务绩效	.790	.102	10.061	***
B5	←	财务绩效	.805	.096	10.061	***
B6	←	成长绩效	.847	.092	11.583	***
B7	←	成长绩效	.818	.079	10.988	***
B8	←	成长绩效	.829	.082	11.211	***
B9	←	成长绩效	.828	.081	11.583	***
B10	←	创新绩效	.830	.143	8.990	***
B11	←	创新绩效	.817	.132	8.897	***
B12	←	创新绩效	.765	.087	8.990	***
拟合指数			$\chi^2=301.650, p=0.000, \chi^2/df=1.508$ $RMSEA=0.060, RMR=0.063, GFI=0.057,$ $CFI=0.948, NFI=0.861$			

由最终模型的估计值和拟合指数表(表2-2-16)所示,所有的路径都通过了检验。初始模型的修正到此结束,得到最终模型,即本研究的最终模型:

众创空间孵化服务能力对小微企业创业绩效影响模型由于"财务绩效←——基础服务""财务绩效←——增值服务""成长绩效←——增值服务""财务绩效←——专业服务""创新绩效←——增值服务"和"成长绩效←——专业服务"均达到显著性,可保留。

修正后的众创空间孵化服务能力对小微企业创业绩效的影响最终模型的拟合结果里各载荷因子均在 0.7~0.9 之间,所有指标都达到显著,模型基本符合拟合标准;从模型整体拟合指标看,各指标基本达到标准,因此最终模型和拟合效果较好。

二、假设检验

由上节的结论可知,H1-2、H1-3、H3-3 不成立,其他假设成立,即"成长绩效←——基础服务""创新绩效←——基础服务"和"创新绩效←——专业服务"之间无直接影响,见表 2-2-17。

表 2-2-17　最终模型的标准化路径系数及假设检验结果表

假设	路径关系	标准化估计值	C.R.	假设检验
H1	众创空间基础服务能力对小微企业创业绩效产生显著的正向影响			
H1-1	基础服务→财务绩效	.405	3.814	接受
H1-2	基础服务→成长绩效	.074	.923	拒绝
H1-3	基础服务→创新绩效	-.004	-.033	拒绝
H2	众创空间增值服务能力对小微企业创业绩效产生显著的正向影响			
H2-1	增值服务→财务绩效	.438	4.893	接受
H2-2	增值服务→成长绩效	.732	8.297	接受
H2-3	增值服务→创新绩效	.431	4.109	接受
H3	众创空间专业孵化服务能力对小微企业创业绩效产生显著的正向影响			
H3-1	专业服务→财务绩效	.227	2.719	接受
H3-2	专业服务→成长绩效	.368	2.996	接受
H3-3	专业服务→创新绩效	.138	1.394	拒绝

根据对原假设的逐一检验,修正初始模型,得到最终模型,如图 2-2-5 所示。

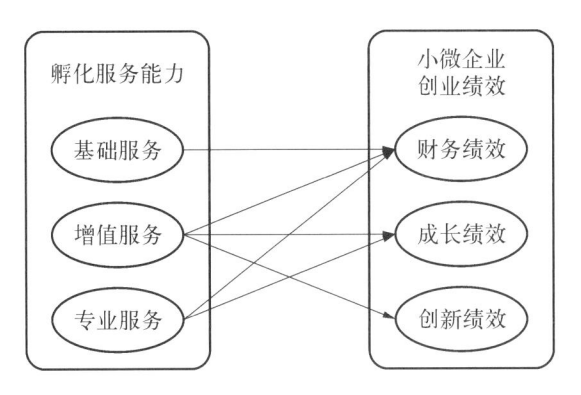

图 2-2-5 众创空间孵化服务能力与新创小微企业创业绩效关系理论模型图

三、结果探讨

基于以上模型拟合和假设检验,本研究得出如下结果:一是众创空间基础服务对新创小微企业创业绩效产生直接影响。其基础服务对小微企业财务绩效指标产生显著的正向影响,路径系数为 0.405。但众创空间孵化服务对小微企业成长绩效和创新绩效不产生显著的正向影响,其中基础服务对创新绩效的路径系数呈负数,表示二者是负相关关系。二是众创空间增值服务能力对新创小微企业创业绩效产生显著的直接影响。众创空间增值服务对小微企业财务绩效、成长绩效和创新绩效都产生显著的正向影响,路径系数分别为 0.438、0.732 和 0.431。其中增值服务对成长绩效的影响大于对财务绩效和创新绩效的影响。三是众创空间专业服务能力对小微企业创业绩效产生显著的正向影响。众创空间专业服务对小微企业财务绩效指标产生显著的正向影响,路径系数为 0.227;众创空间专业服务对小微企业成长绩效指标产生显著正向影响,路径系数为 0.368;众创空间专业服务对小微企业创新绩效指标不产生显著正向影响。通过路径系数可以发现专业服务对成长绩效的影响大于财务绩效的影响。

综上所述,小微企业多处于初创期,众创空间孵化服务能力对其创业绩效的影响大多作用于财务绩效和成长绩效,企业主更关注企业的未来发展,对于初创期的产品销售收入要求较高,以便维持企业的正常运营,成长绩效提升表明企业有更大的发展潜力,与同行业其他企业相比有自身特色,能够更好地发展,进而也会在不久后获得更大收益。

本章得到如下结论：

1. 众创空间基础服务能力对新创小微企业财务绩效产生显著正向影响；但由于众创空间不同服务对企业绩效影响程度不同，以及众创空间服务的有限性，众创空间基础服务能力对小微企业成长绩效和创新绩效不存在显著的直接影响。

2. 众创空间增值服务能力对小微企业创业绩效各个维度（财务绩效、成长绩效、创新绩效）都产生积极的直接影响，其中对成长绩效的影响程度较大。这表明小微企业在发展的每个阶段都着重关注企业成长，这是企业能否持续发展的重要决定时期。

3. 众创空间专业服务能力对小微企业财务绩效和成长绩效产生显著的正向影响，其中对成长绩效影响程度稍大。这表明众创空间为提高入孵企业绩效，应该增强其信息支持服务、技术支持服务，建造网络服务平台，为企业可持续发展提供载体。

第三章 众创空间孵化服务能力调节下新创企业资源拼凑对其合法性的影响研究

和成熟企业相比,新创企业由于成立时间短、资源获取困难等缺陷,其生存和发展存在着较大的挑战,导致我国新创企业失败率高达 80%。Singh(1986)[287]通过实证研究发现新企业面临巨大挑战的主要原因是合法性不足。还有学者从制度理论角度进行研究,发现合法性不足是新企业死亡率更高的主要原因。因此,如何突破新创企业合法性困境是当前学者们讨论的热点问题。本章基于众创空间内新创企业的调查数据为对象进行分析检验,从实证的角度检验资源拼凑对企业合法性获取的影响,并探索众创空间孵化服务能力对该影响效应的作用差异。

第一节 变量界定

一、资源拼凑内涵

"拼凑"一词最初源于法国学者 Lévi-Straus 的著作 *The savage mind*[241],是指人们在探寻问题根源时挖掘事物的内在属性并能够充分利用其内在的价值。而 Baker & Nelson(2005)[242]最先将"拼凑"一词引入创业研究范畴并提出"资源拼凑"的概念,即"将现有资源结合起来并立即采取行动,解决新问题并发现新机会",并认为资源拼凑可以更全面地解释一些新兴企业如何解决资源限制并取得创业成功。从资源的可用性和可塑性来看,资源拼凑通过对现有资源的组合和再造,摆脱稀缺资源的桎梏(王兆群等,2017)[243]。通过对国外数据库进行"穷举式"检索,对与拼凑有密切关系的文献进行梳理之后发现,善于拼凑的企业能够发现手头资源的新属性,通过对其合理利用实施创新,从而产生差异化价值(于晓宇等,2017)[244]。

在对资源拼凑涵义理解的基础之上,再借鉴 Baker & Nelson(2005)[242]、Rönkkö 等(2013)[245]、赵兴庐等(2016)[246]、张红(2017)[247]、张宇驰(2018)[248]等学者的研究,本研究认为在资源拼凑情境中存在要素拼凑、顾客拼凑和制度拼凑三种不同的维度。

二、合法性内涵

合法性是指以现有环境内的特定规范、道德水平、价值观、信仰作为评判标准,利益相关者对企业及其行为是否合乎期望,判断其正确性、合适性的认知和评价。合法性的研究视角主要从战略和制度两个方面进行。基于战略视角的合法性更加强调企业的主动性,管理者可以在合法性建构中发挥作用,重视新创企业对外部环境的影响与改造,从而使新创企业慢慢摆脱环境的束缚;基于制度的合法性强调制度嵌入在合法性系统中的被动和服从策略,并且新创企业更多的是通过追随或者趋同来获得合法性。一般而言,从战略角度进行研究更为实用和有益。

三、众创空间孵化服务能力内涵

众创空间作为一个提供创新、创业服务的平台,其为入驻企业提供服务的质量可以看作它所拥有的特殊资源,是与其他创业载体相比,核心竞争力所在。众创空间孵化服务能力是众创空间健康发展的重要保障,有利于新创企业和个体创业的发展。学者基于创新 3.0 和服务生态系统理论,构建了众创空间孵化服务能力的三维评价标准,认为众创空间的未来必将寄托于打造服务生态系统,根据入驻企业的生命周期提供有侧重的服务(祁明和钟玮仪,2019)[249]。孵化服务能力是众创空间帮助新创企业使其具有市场竞争力、创新能力、独立生存能力的体现。从资源分析角度,基于创业需求—资源视角,研究众创空间孵化服务能力与小微企业的关系,发现众创空间孵化服务能力有利于小微企业资源的获取(李燕萍和陈武,2017)[250]。国内学者对众创空间孵化服务能力研究还相对较少,而且都是从众创空间管理者的角度出发,主要关注众创空间应当提供什么样的服务,而未综合考虑其入驻企业实际需要的服务。

第二节 假设提出与模型构建

一、理 论 假 设

（一）新创企业资源拼凑与合法性的关系假设

国内一些学者对新创企业资源拼凑与合法性之间关系做了不同角度不同方法的研究，但总体上数量偏少。从组织合法性视角来看，新创企业对手边资源进行合理的开发和利用，能够指导新创企业摆脱资源约束、更好地把握创业机会（宋晶和陈劲，2019）[251]。国内学者有的运用扎根理论的方法进行多案例研究（彭伟和于小进等，2018）[252]，有的通过层次回归分析对新创企业进行研究（王兆群等，2017）[243]，都发现不同类型的资源拼凑有助于社会创业企业获取不同的组织合法性，进而促进其成长。

根据上文的内容，本研究将新创企业资源拼凑划分为要素拼凑、顾客拼凑和制度拼凑三种维度。要素拼凑是指利用不起眼的、非正式的生产要素或者改变资源传统使用方式的过程。善于要素拼凑的企业可以将各种资源转化为生产要素，有效解决了新企业早期资金缺乏、技能和劳动力不足的窘境。顾客拼凑是对不被重视的、边缘的或者可能无法带来明确收益的市场进行资源的开发利用，整合手头资源对该市场进行创造性的拼凑，从而开发新市场，解决新创企业缺乏稳定客源、没有品牌影响力的问题。制度拼凑是指企业另辟蹊径，采用非传统的运作方式，突破行业规章制度的束缚，形成自身独有的处理方式。新创企业可以在同质化中建立优势，寻找自身的差异化价值，根据实际情况形成新的制度规范。总的来说，这三种拼凑方式都在一定程度上为新创企业产品、服务、商业模式等方面的合法性获取提供了支持，因此，本研究做出以下假设：

H1a：新创企业要素拼凑与合法性之间存在正相关关系；

H1b：新创企业顾客拼凑与合法性之间存在正相关关系；

H1c：新创企业制度拼凑与合法性之间存在正相关关系。

（二）众创空间孵化服务能力的调节作用假设

目前国内外关于众创空间孵化服务能力的研究较少，而众创空间孵化服务能力作为调节变量的研究还少有涉猎。从已有的相关研究来看，众创空间的孵化服务能力包含两个维度，分别是自我孵化以及孵化企业的能力，并认为这两种能力是动态的并且彼此相互作用影响（梁琳和刘先涛，2006）[253]。徐天瑜（2017）[232]从国际化角度，根据许多创新企业在创业之初就具有的整合全球资源的意识，验证众创空间国际化孵化服务能力对入驻企业的创业绩效有正向影响。

因为众创空间孵化服务能力的高低程度不同,所以新创企业入驻不同众创空间对自身资源拼凑能力的推动作用是不同的,同一众创空间的不同在孵企业受到的创业扶持也是不同的,例如高新技术行业的新创企业在以投资驱动服务为主的众创空间中能获得较为显著的发展,并且众创空间运营团队的学识、经验和人脉,能够很大程度上帮助新创企业对资源进行合理利用,对创业团队获得投资、融资以及获取合法性都有一定的影响。众创空间孵化服务会为新创企业打造不同的创新创业环境,从而更好地获取企业合法性,润物细无声地影响着创业者的创新创业活动。因此,本研究提出以下假设:

H2a:众创空间孵化服务能力正向调节新创企业要素拼凑与合法性之间的关系;

H2b:众创空间孵化服务能力正向调节新创企业顾客拼凑与合法性之间的关系;

H2c:众创空间孵化服务能力正向调节新创企业制度拼凑与合法性之间的关系。

二、概念模型

本研究共提出了六条假设,结合上述理论假设,本研究构建了资源拼凑、众创空间孵化服务能力与新创企业合法性之间的概念模型,本研究构建的理论模型如图2-3-1所示。

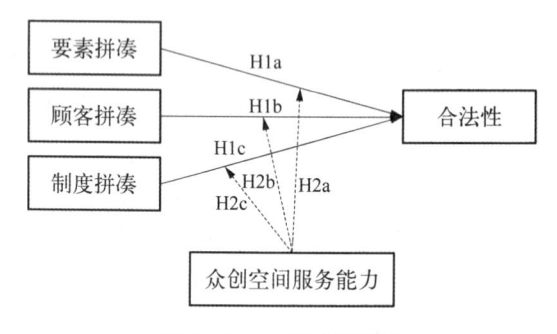

图2-3-1 概念模型图

第三节 研究设计和数据分析

一、变量测度

本研究对资源拼凑、众创空间孵化服务能力和合法性这三个变量进行度量。在资源拼凑的测度方面,参照的是Baker & Nelson(2005)[242]、Senyard等

(2009)[254]的量表,该量表被国内外学者证实符合中国情境,具有较高的信效度。同时借鉴国内学者张红、赵兴庐对资源拼凑的研究内容,并结合本调查研究的实际情况对量表进行适当的调整,请教专家进行修改,最后总结出九个题项。在衡量合法性测度方面,本研究主要参考杜运周等的成熟量表,共计六个题项。由于缺乏权威的众创空间孵化服务能力的量表,因此本研究主要借鉴了陈奇和郑玉华(2018)[255]、姚晓芳(2016)[49]、刘春晓(2015)[39]、王佑镁和叶爱敏(2015)[1]对众创空间内涵的阐述,以及他们对众创空间孵化服务能力的探讨,再结合本研究小组对众创空间的实地调查,将众创空间孵化服务能力划分为五个题项。量表中题项均采用 Likert 五级量表对变量进行测度,1=非常不同意,2=不同意,3=不确定,4=同意,5=非常同意。题项具体内容见表 2-3-1。

表 2-3-1 各变量测量题项表

变量维度	题 项	测量指标
要素拼凑	企业能够整合现有资源或其他易于获得的资源应对新挑战	YS1
	企业能够开发和获取经营运作所需的资源和技术	YS2
	企业能够持续投资以保证员工的技术水平	YS3
顾客拼凑	企业会运用专业的、独具特色的方法来维护顾客关系	GK1
	企业会尽力去满足顾客的所有需求	GK2
	企业更关注于新颖的、创新度较高的市场	GK3
制度拼凑	在企业经营运作过程中,用自己特有的方式而非传统方法	ZD1
	企业采用创新的方式整合资源	ZD2
	如果能够取得更好的结果,企业将放弃传统的行业实践	ZD3
众创空间孵化服务能力	众创空间能够为企业提供基础服务(水电、网络、硬件、邮寄等)	FW1
	众创空间能够为企业提供市场开拓服务	FW2
	众创空间能够为企业提供管理咨询服务	FW3
	众创空间能够为企业提供技术支持服务	FW4
	众创空间能够为企业提供资金融通服务	FW5
合法性	企业经营运作符合国家相关法律法规的条文和精神	HF1
	企业获得行业专业机构或团体的认可	HF2

续表

变量维度	题 项	测量指标
合法性	企业的经营运作或服务符合社会共同价值观和道德规范	HF3
	企业的技术流程、组织结构符合行业通用的标准	HF4
	当地知名新闻媒体给予公司较多的正面报道	HF5
	企业的行为/活动能够被社会公众理解和认识	HF8

二、数据收集

本研究采用问卷调查的方式来收集数据。由于研究情景为入驻众创空间的新创企业,所以,结合地理位置特点与载体资源优势,本研究选取长三角地区的众创空间以及其内的新创企业为调研对象。问卷发放方式分为实地发放和线上发放两种,在征得众创空间负责人同意后,到现场发放问卷共300份,剔除填写不全或具有随意性的回答,共获得有效问卷173份。在发放问卷之前,将询问被访企业的成立年限,若符合标准则邀请他们填写问卷。根据团队老师在众创空间领域的人脉资源,通过电子邮件的形式对100家符合条件的新创企业发放问卷,回收有效问卷49份。总计回收有效问卷222份,占问卷总发放总数的55.5%。

调研企业的基本信息主要包括创业者年龄、所处行业、公司成立年限、企业规模等,根据调查内容显示:众创空间内新创企业创业者特征以年龄30~40岁男性居多,主要以互联网和金融行业为主,企业规模多数在10~50人之间,成立时间在1~3年内的较多,表明众创空间内以新创小微企业为主,符合基本实际情况。具体内容见表2-3-2。

表2-3-2 样本基本信息表

统计内容	分 类	频 数	占比(%)
创业者年龄	30岁以下	43	19.37
	30~40岁	98	44.14
	40~50岁	47	21.17
	50岁以上	34	15.32

续表

统计内容	分类	频数	占比(%)
企业所处行业	制造业	36	16.22
	服务业	48	21.62
	互联网行业	64	28.83
	金融业	49	22.07
	其他	25	11.26
创业者性别	男	165	74.72
	女	57	25.68
公司成立年数	1年以下	66	29.73
	1~3年	121	54.50
	3~5年	35	15.77
企业规模	10人以下	58	26.13
	10~50	112	50.45
	50~100	33	14.86
	100人以上	19	8.56

三、信度和效度检验

本研究通过SPSS25.0和AMOS23.0对问卷数据进行信效度检验，探索性因子分析结果详细见表2-3-3所示。

表2-3-3 探索性因子分析表

变量维度	题项	测量指标	因子载荷	α值	KMO
要素拼凑	企业能够整合现有资源或其他易于获得的资源应对新挑战	YS1	0.87	0.882	0.744
	企业能够开发和获取经营运作所需的资源和技术	YS2	0.81		
	企业能够持续投资以保证员工的技术水平	YS3	0.86		

续表

变量维度	题项	测量指标	因子载荷	α值	KMO
顾客拼凑	企业会运用专业的、独具特色的方法来维护顾客关系	GK1	0.73	0.831	0.718
	企业会尽力去满足顾客的所有需求	GK2	0.84		
	企业更关注于新颖的、创新度较高的市场	GK3	0.80		
制度拼凑	在企业经营运作过程中,用自己特有的方式而非传统方法	ZD1	0.78	0.833	0.724
	企业采用创新的方式整合资源	ZD2	0.78		
	如果能够取得更好的结果,企业将放弃传统的行业实践	ZD3	0.81		
众创空间孵化服务能力	众创空间能够为企业提供基础服务(水电、网络、硬件、邮寄等)	FW1	0.76	0.882	0.872
	众创空间能够为企业提供市场开拓服务	FW2	0.79		
	众创空间能够为企业提供管理咨询服务	FW3	0.76		
	众创空间能够为企业提供技术支持服务	FW4	0.76		
	众创空间能够为企业提供资金融通服务	FW5	0.82		
合法性	企业经营运作符合国家相关法律法规的条文和精神	HF1	0.68	0.915	0.912
	企业获得行业专业机构或团体的认可	HF2	0.85		
	企业的经营运作或服务符合社会共同价值观和道德规范	HF3	0.81		
	企业的技术流程、组织结构符合行业通用的标准	HF4	0.87		
	当地知名新闻媒体给予公司较多的正面报道	HF5	0.80		
	企业的行为/活动能够被社会公众理解和认识	HF8	0.80		

由表2-3-3可以看出,所有题项的因子载荷都大于0.6(最低为0.68),Cronbach's系数均大于0.7,KMO值均大于0.6,结果表明,原始变量之间的相关性很强,适合做因子分析。根据侯杰泰、温忠麟等学者提出的方法,本研

究将要素拼凑、顾客拼凑、制度拼凑、众创空间孵化服务能力、合法性分别放进结构方程模型进行验证性因子分析,各模型拟合结果良好,具体见表2-3-4。综上所述,该量表具有良好的信度和效度。

表2-3-4 验证性因子分析表

构念	题项	RMSEA	χ^2/df	GFI	AGFI	NFI	TLI	CFI
资源拼凑	3	0.043	1.402	0.967	0.938	0.966	0.985	0.990
众创空间孵化服务能力	5	0.073	2.187	0.980	0.939	0.981	0.979	0.989
合法性	6	0.059	1.770	0.976	0.944	0.982	0.987	0.992
理想指标		<0.08	1~3	>0.9	>0.9	>0.9	>0.9	>0.9

变量的相关性和统计值的结果如表2-3-5所示。根据表2-3-5,每个变量的均值和标准差均在正常范围内,变量之间的相关系数均小于0.6,说明本研究的数据不具有共线性。在研究变量中,资源拼凑及其各个维度与合法性呈现显著的正相关性,说明资源拼凑水平越高时,合法性越好,且与众创空间孵化服务能力也显著正向相关,初步验证了变量之间的作用关系,为后续研究的展开打下基础。

表2-3-5 描述性统计与相关性分析表

	均值	标准差	要素拼凑	顾客拼凑	制度拼凑	众创空间孵化服务能力	合法性
要素拼凑	3.665	0.817	1	——			
顾客拼凑	2.709	0.794	0.332**	1			
制度拼凑	3.210	0.847	0.258**	0.404**	1		
众创空间孵化服务能力	3.149	0.747	0.314**	0.373**	0.312**	1	
合法性	3.337	0.731	0.441**	0.500**	0.438**	0.449**	1

注:** 表示相关性在0.01水平(双侧)上显著相关。

第四节 模型验证与假设检验

一、基础模型拟合分析

本研究运用 Amos23.0 软件分析自变量资源拼凑与因变量合法性之间的关系,并检验其直接效应,效果如图 2-3-2 所示。

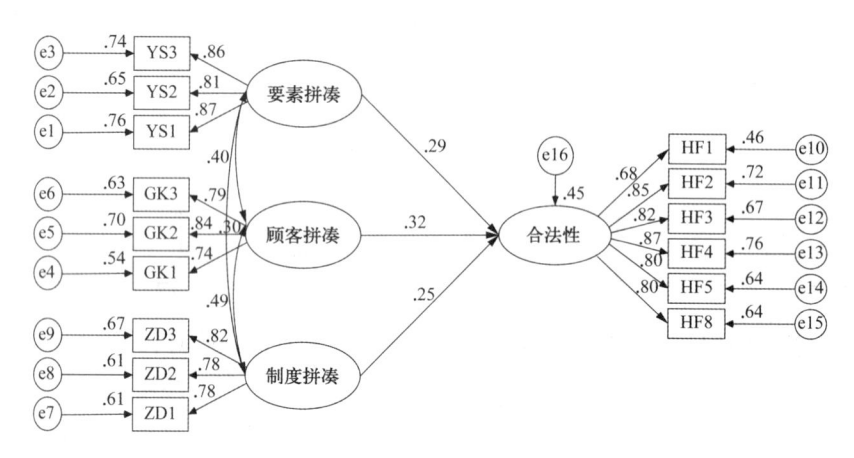

图 2-3-2 "资源拼凑—合法性"作用的 AMOS 模型图

全模型拟合检验见表 2-3-6,从表中可知,该模型各项指标均能满足要求,模型与数据适配度较高,不需要修正。

表 2-3-6 全模型拟合检验表

指标	RMSEA	χ^2/df	GFI	AGFI	NFI	TLI	CFI
模型	0.036	1.290	0.937	0.910	0.946	0.984	0.987
理想指标	<0.08	1—3	>0.9	>0.9	>0.9	>0.9	>0.9

路径系数如表 2-3-7 所示,从检验结果可以看出,要素拼凑对合法性有显著的正向影响,标准化回归系数为 0.295,且 $p<0.001$ 显著,假设 H1a 成立;顾客拼凑对合法性有显著的正向影响,标准化回归系数为 0.318,且 $p<0.001$ 显著,假设 H1b 成立;制度拼凑对合法性有显著的正向影响,标准化回归系数为 0.252,且 $p=0.001$ 显著,假设 H1c 成立。

表 2-3-7　模型路径系数及拟合结果表

路　　径	标准化回归系数	S.E.	C.R.	P
要素拼凑→合法性	0.295	0.051	4.196	***
顾客拼凑→合法性	0.318	0.076	3.818	***
制度拼凑→合法性	0.252	0.067	3.290	**

注：表中*** 表示显著性水平 $p<0.001$，** 表示 $0.001<p<0.01$，* 表示 $0.01<p<0.05$。

二、众创空间孵化服务能力的调节效应分析

为了检验众创空间孵化服务能力对新创企业"资源拼凑—合法性"关系的调节作用，本研究以合法性为因变量，资源拼凑（包括要素拼凑、顾客拼凑和制度拼凑）为自变量，众创空间孵化服务能力为调节变量，采用调节性回归分析法，利用逐步回归进行检验。具体步骤为：先将资源拼凑和众创空间孵化服务能力中心化，再将中心化后的值相乘得到资源拼凑和众创空间孵化服务能力的交互项。在 SPSS25.0 软件中，先加入资源拼凑变量，接着引入众创空间孵化服务能力变量，最后加入资源拼凑和众创空间孵化服务能力的交互项，检验众创空间孵化服务能力对新创企业资源拼凑与合法性关系的调节作用。

该调节效应的层级回归分析结果见表 2-3-8。从表 2-3-8 中的模型 3 可以看出，众创空间孵化服务能力与要素拼凑交互项系数为正且显著（$\beta=0.206, p<0.001$），假设 H2a 成立，说明与孵化服务能力水平较低的众创空间相比，孵化服务能力水平较高的众创空间内的新创企业要素拼凑与合法之间的正相关关系越强；众创空间孵化服务能力与顾客拼凑的交互项系数为负且不显著（$\beta=-0.016, p>0.05$），假设 H2b 不成立，说明众创空间孵化服务能力的高低对于新创企业顾客拼凑与合法性之间的关系无较大影响；众创空间孵化服务能力与制度拼凑交互项系数为正且显著（$\beta=0.132, 0.01<p<0.05$），假设 H2c 成立，说明与孵化服务能力水平较低的众创空间相比，孵化服务能力水平较高的众创空间内的新创企业制度拼凑与合法之间的正相关关系越强。

表 2-3-8　众创空间孵化服务能力的调节效应分析表

变量	模型 1	模型 2	模型 3
要素拼凑	0.276***	0.235***	0.266***
顾客拼凑	0.311***	0.259***	0.234***
制度拼凑	0.241***	0.206***	0.232***
众创空间孵化服务能力	——	0.214***	0.179**
众创空间孵化服务能力×要素拼凑	——	——	0.206***
众创空间孵化服务能力×顾客拼凑	——	——	−0.016
众创空间孵化服务能力×制度拼凑	——	——	0.132*
R^2 更改	0.383	0.036	0.064
F 更改	45.073	13.618	8.871

注：表中*** 表示显著性水平 $p<0.001$，** 表示 $0.001<p<0.01$，* 表示 $0.01<p<0.05$。

三、研 究 结 论

（一）新创企业资源拼凑有利于合法性的获取

由于新创企业的"新生弱势"，有效的资源拼凑能够帮助新创企业快速获取资源，缓解创业初期资源匮乏的局面，这对于企业获取合法性有巨大帮助。新创企业的要素拼凑可以有效缓解创业初期资本、技能和劳动力的不足；顾客拼凑可以开发利用边缘市场资源，从而提升新创企业客源和品牌影响力；制度拼凑可以使新创企业突破行业规章制度的束缚，打造属于自己的经营方式。假设 H1a、H2b、H3c 都成立，因此，这三种类型的资源拼凑都有利于新创企业合法性的建立。

（二）众创空间孵化服务能力对新创企业资源拼凑起到部分调节作用

根据假设 H2a 和 H2c 可知，众创空间孵化服务能力对于要素拼凑与合法性、制度拼凑与合法性之间的关系都具有显著的正向调节作用。相比要素拼凑，众创空间孵化服务能力对制度拼凑与合法性关系的调节作用较弱。这是因为制度拼凑对新创企业的能力和水平有较高的要求，局限性较大，同等条件下，众创空间孵化服务能力对于关注企业物质、技能和劳动力资源的要素拼凑的调节效果更显著。根据假设 H2b 可知，众创空间孵化服务能力对新创企业顾客拼凑与合法性之间关系没有显著的调节作用。这是因为顾客拼凑主要对无人问津的、冷门的市场进行开拓，吸引潜在客户，发掘未知的、不确切的商机，存在较大的随机性和不确定性。众创空间旨在为新创企业提供更加便利的设施和服务，有利于企业快速获取合法性。因此众创空间孵化服务能力的高低对于企业通过顾客拼凑获取合法性的途径并无显著影响。

合法性是新创企业生存的重要条件，受到资源拼凑水平的影响，在嵌入众创空间的情况下，众创空间孵化服务能力会对两者关系产生调节作用。通过对相关文献的梳理，提出变量间的理论假设，选取我国长三角地区典型众创空间为研究样本，运用实证分析的方法进行研究。研究结果显示，新创企业要素拼凑、顾客拼凑和制度拼凑都对合法性获取具有正向影响，众创空间孵化服务能力对要素拼凑、制度拼凑与合法性之间的关系分别起到正向调节作用，对顾客拼凑与合法性之间的关系没有显著影响。

第三篇

众创空间孵化服务绩效评价与协同演化研究

第一章 众创空间孵化运营绩效评价研究

本部分主要内容是对众创空间投入和产出变量进行合理的维度划分,进而构建了众创空间孵化运营绩效评价指标体系和模型,以数据包络分析等为工具,以典型地区众创空间为对象进行了实证模拟,通过综合效率、技术效率、规模效率和规模报酬等参数,评价众创空间孵化运营绩效,找出绩效不显著的原因,并验证指标体系的科学性和实用性。

第一节 众创空间孵化运营绩效评价指标体系设计

一、指标设计依据

(一)投入指标

影响一个经济组织运营绩效的投入性因素主要是人、财、物这三个方面,鉴于此,本研究拟从这三个方面选择众创空间的投入指标。在人的因素方面,既要考虑到人力资源投入数量,也要把人力资源质量考虑在内,因此把接受过高等教育的大专以上人数和具有从业素质的执业资格人数作为影响众创空间孵化运营绩效的人力指标,主要包括大专以上学历人数(A1)和执业资格人数(A2)。物力是众创空间获得增值的基础性条件,固定资产的多少和服务场地面积的大小直接影响众创空间的孵化服务能力,进而影响众创空间的孵化运营绩效,因此把固定资产价值(A3)和服务场地面积(A4)作为影响众创空间孵化运营绩效的物力指标。一个众创空间的财力大小直接影响该众创空间当前的孵化运营能力和未来的发展能力,因此本研究把年度总投入(A5)作为影响众创空间孵化运营绩效的物力指标。

(二) 产出指标

一个经济组织产出的好坏主要从两个方面来衡量：收入和利润。其中收入代表着一个众创空间的规模、销售能力等，而利润则代表了该众创空间的盈利能力。因此，本研究把年度营业收入（B1）和年度利润总额（B2）作为影响众创空间孵化运营绩效的产出指标。

二、指标体系建构

参与评估的所有众创空间可以看作同类型的决策单元（DMU），对于每个众创空间，它的孵化运作情况可以看作大专以上学历人数（A1）、专业执业资格人数（A2）、固定资产价值（A3）、服务场地面积（A4）和企业年度总投入（A5）等多个投入，转化为年度营业收入（B1）和年度利润总额（B2）等多个产出的过程。因此，众创空间孵化运营绩效可以看作在一定时间内输入的投入量所输出的产出量的过程。

众创空间的孵化运营绩效评价指标体系如表3-1-1所示。

表3-1-1 众创空间孵化运营绩效评价指标体系表

一级指标	二级指标	单位
投入（A）	大专以上学历人数（A_1）	人
	专业执业资格人数（A_2）	人
	固定资产价值（A_3）	万元
	服务场地面积（A_4）	平方米
	年度总投入（A_5）	万元
产出（B）	年度营业收入（B_1）	万元
	年度利润总额（B_2）	万元

第二节 众创空间孵化运营绩效评价模型构建

一、模型选择依据

数据包络分析（Data Envelopment Analysis，即DEA），主要是用来解决多输入多输出的决策问题的，在解决多输出的同类型决策单元中运用广泛，它不但能够避免受到主观因素的影响,而且能够简便运算、减小计算误差。因此,它适合用于进行众创空间孵化运营绩效评价,本研究主要选取多个决策单元进行有效性评价并比较有效性大小,再把无效的决策单元和有效的决策单元进行分析,找出无效的原因。

众创空间是规模不固定的产业组织,因此在运用 DEA 对其绩效进行评价时,采用基于 DEA 的 BCC 绩效评价模型。在众创空间孵化运营绩效评价的 BCC 模型中,由于产出的不可控性,在评价过程中使用投入导向的 BCC 模型,这就意味着,绩效评价的基本假设是在产出数量不变的情况下,如何使众创空间的投入最小。投入导向即在产出数量不变的情况下,如何使投入最小;产出导向即在投入要素不改变的条件下,如何使产出最大。所以,本研究令 $x_j = (x_{1j}, x_{2j}, x_{3j}, x_{4j}, x_{5j})$ 和 $y_j = (y_{1j}, y_{2j})$ 分别为第 j 家众创空间的投入和产出,本研究将运用 DEA 中投入导向的 BCC 模型对众创空间孵化运营绩效进行评价,即假设产出水平相同,对投入状况进行比较。

二、比 例 形 式

假设有 n 家众创空间(DUM),分别为 $DUM_1, DUM_2, \cdots, DUM_n$,每个 DUM 有 m 种输入和 s 种输出,DUM_j 的输入和输出向量分别为 $x_j = (x_{1j}, x_{2j}, x_{3j}, \cdots, x_{mj})$,$y_j = (y_{1j}, y_{2j}, y_{3j}, \cdots, y_{sj})$,其中,$j = 1, 2, \cdots, n$。BCC 模型的投入导向比例形式如式(3-1-1)所示:

$$\max h_j = \frac{\sum_{r=1}^{s} u_r Y_{rj} - u_0}{\sum_{i=1}^{m} v_i X_{ij}}$$

$$s.t. \frac{\sum_{r=1}^{s} u_r Y_{rj} - u_0}{\sum_{i=1}^{m} v_i X_{ij}} \leqslant 1, j = 1, 2, \cdots, n \quad (3-1-1)$$

$$u_r \geqslant 0, v_r \geqslant \varepsilon > 0, r = 1, 2, \cdots, s,$$
$$i = 1, 2, \cdots, m$$

其中,$v = (v_1, v_2, \cdots, v_m)^T$,$u = (u_1, u_2, \cdots, u_s)^T$ 分别为 m 重输入和 s 重输出变量的权系数,u_0 表示规模报酬形态。

三、分 式 形 式

式(3-1-1)的分数线性规划在实际求解时,会有无穷组解的情况

发生,因此,可将式(3-1-1)的分母设限为1,以便求解,如式(3-1-2)所示:

令 $v_i = v_i/t$, $u_r = u_r/t$, $t^{-1} = \sum_{i=1}^{m} v_i X_{ij}$,则

$$Max\, g_i = \sum_{i=1}^{s} u_r Y_{rj} - u_0$$

$$s.t. \sum_{i=1}^{m} v_i X_{ij} = 1$$

$$\sum_{i=1}^{s} u_r Y_{rj} - \sum_{i=1}^{m} v_i X_{ij} - u_0 \leqslant 0,\, j=1,2,\cdots,n$$

$$u_r \geqslant 0,\, v_r \geqslant \varepsilon > 0,\, r=1,2,\cdots,s,$$

$$i=1,2,\cdots,m$$

(3-1-2)

根据 u_0 可以给出规模报酬状况:若 $u_0=0$,则规模报酬固定;若 $u_0>0$,则规模报酬递减;若 $u_0<0$,则规模报酬递增。

四、对偶形式

为计算方便,将式(3-1-2)转化为其对偶形式,如式(3-1-3)所示:

$$Max\, \frac{1}{Z_j} = \theta + \varepsilon \left(\sum_{i=1}^{m} s_i^+ + \sum_{r=1}^{s} s_r^- \right)$$

$$s.t. \sum_{j=1}^{n} \lambda_j X_{rj} - \theta Y_{rj} - \lambda_j = 0,\, r=1,2,\cdots,s$$

$$\sum_{j=1}^{n} \lambda_j X_{ij} + s_i^+ = X_{ij},\, i=1,2,\cdots,m$$

$$\sum_{j=1}^{n} \lambda_j = 1$$

$$\lambda_j,\, s_r^-,\, s_i^+ \geqslant 0,\, j=1,2,\cdots,$$

$$n,\, i=1,2,\cdots,m,\, r=1,2,\cdots,s$$

(3-1-3)

其中,式(3-1-2)和式(3-1-3)互为对偶模型。θ 代表受评价单元的扩展因素。当 $\theta_0=1$,且每一个最优解 $s^-, s^+, \theta_0, \lambda_{0i}(j=1,2,\cdots,n)$ 都满足 $s^{0-}=0$, $s^{0+}=0$,则称 DUM_{i0} 为DEA有效。无效的DMU经过调整,可达到效率最优。

第三节　众创空间孵化运营绩效评价数据来源和分析

一、数 据 来 源

由于多数众创空间都是近几年开始创立的,众创空间本身管理制度还不成熟,样本数据获取难度较高,有价值的样本数据相对偏少。鉴于此,本研究选择了江苏23家众创空间为评价对象,对这些众创空间的孵化运营投入产出数据进行分析。数据初步由其官网、实地考察所获得,最终数据由初步考察获得的数据进行整理得到。

二、样本描述性统计状况

23家众创空间的年度营业收入(B1)、年度利润总额(B2)、大专以上学历人数(A1)、专业执业资格人数(A2)、固定资产价值(A3)、服务场地面积(A4)、年度总投入(A5)的指标数值如表3-1-2所示。

表3-1-2　决策单元的投入产出状况表

DMU	DMU_1	DMU_2	DMU_3	DMU_4	DMU_5	DMU_6
A_1	19 800.000	1 964.880	37.900	629.000	85.000	67.550
A_2	2 143.000	1 044.800	32.000	153.000	36.000	40.910
A_3	20.000	24.000	25.000	19.000	20.000	21.000
A_4	0.000	15.000	25.000	16.000	14.000	16.000
A_5	549.000	13 201.200	110.000	17.000	100.000	22.140
B_1	1 000.000	100 500.000	7 200.000	860.000	1 500.000	580.000
B_2	17 682.000	945.080	30.900	501.000	74.000	51.640
DMU	DMU_7	DMU_8	DMU_9	DMU_{10}	DMU_{11}	DMU_{12}
A_1	28.970	6 000.000	489.570	209.600	7 926.000	324.000
A_2	37.370	2 181.200	18.700	45.700	211.000	123.000
A_3	15.000	318.000	21.000	34.000	84.000	25.000

续表

DMU	DMU₇	DMU₈	DMU₉	DMU₁₀	DMU₁₁	DMU₁₂
A₄	12.000	55.000	7.000	5.000	78.000	7.000
A₅	11.800	1 178.000	12.790	0.000	150 328.000	55.000
B₁	360.000	36 000.000	13 000.000	1 447.300	20 000.000	443.000
B₂	16.600	3 843.800	495.870	188.900	7 740.000	226.000

DMU	DMU₁₃	DMU₁₄	DMU₁₅	DMU₁₆	DMU₁₇	DMU₁₈
A₁	119.550	1 564.000	568.000	1 123.000	450.300	4 600.000
A₂	82.500	297.000	30.000	380.000	72.130	142.000
A₃	12.000	68.000	26.000	38.000	18.000	96.000
A₄	16.000	12.000	6.000	30.000	14.000	30.000
A₅	7.000	43.000	9 549.000	132.000	209.330	4 990.000
B₁	14 334.000	1 430.000	120 000.000	1 240.000	1 080.000	3 000.000
B₂	62.050	1 292.000	563.000	768.000	403.170	4 483.000

DMU	DMU₁₉	DMU₂₀	DMU₂₁	DMU₂₂	DMU₂₃
A₁	480.000	5.000	1 626.600	1 645.060	72.000
A₂	0.000	30.000	693.330	553.440	30.000
A₃	44.000	4.000	26.000	28.000	50.000
A₄	5.000	6.000	26.000	20.000	30.000
A₅	90.000	0.000	7 395.130	530.200	79.000
B₁	113 800.000	152.000	32 543.000	43 226.000	3 000.000
B₂	505.000	0.000	958.270	1 116.620	67.000

三、相 关 分 析

为说明各指标选取的合理性,利用 SPSS 和所收集的数据对众创空间孵化运营各投入指标进行相关性分析,结果如表 3-1-3 所示。

表 3-1-3　各投入指标的 Kendall taub 相关系数表

	大专以上学历人数（A1）	专业执业资格人数（A2）	固定资产价值（A3）	服务场地面积（A4）	年度总投入（A5）
大专以上学历人数(A1)	1.000	0.334	0.225	0.225	0.325
专业执业资格人数(A2)	0.334	1.000	0.320	0.170	0.178
固定资产价值(A3)	0.225	0.320	1.000	0.323	0.394
服务场地面积(A4)	0.225	0.170	0.323	1.000	0.296
年度总投入（A5）	0.325	0.178	0.394	0.296	1.000

由此可知，指标之间的相关系数小于 0.4，且不显著，说明指标间不存在多重共线性问题，指标选择相对合理。

四、聚 类 分 析

对所选取的 23 家江苏众创空间的孵化运营投入产出进行聚类分析，结果如图 3-1-1 所示：

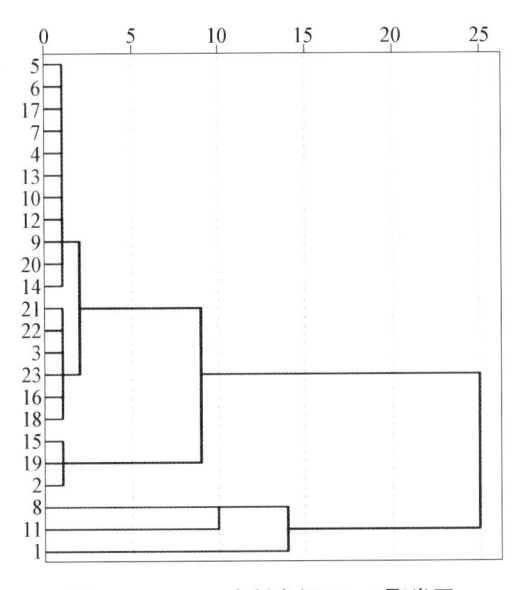

图 3-1-1　众创空间 Ward 聚类图

由图 3-1-1 可知,可将样本分为四类,同类型的众创空间在规模和投入产出结构上具有相似性。其中,第一类包括 5、6、17、7、4、13、10、12、9、20、14 这几个样本,它们属于同一类众创空间;第二类包括 21、22、3、23、16、18 这几个样本;第三类包括 15、19、2 这几个样本;第四类包括 8、11、1 这几个样本。

第四节 众创空间孵化运营绩效评价模型计算

一、绩效参数选择

(一)综合效率

在众创空间孵化运营绩效评价中,综合效率是 DMU 在一定(最优规模时)投入要素下的生产效率,综合效率的计算方法通常采用"技术效率×规模效率"。综合效率是对相应决策单元的资源配置能力和资源使用效率等各个维度能力的一种综合测评。如果众创空间处于生产(孵化服务)前沿的条件下,即综合效率等于1,则该众创空间相对绩效是有效的,也就是说该众创空间资源配置是合理的,如果综合效率小于1,则该众创空间的相对绩效是无效的,即资源配置不合理,需按照生产前沿进行调整。

(二)技术效率

技术效率表示制度和管理水平带来的效率,是众创空间由于孵化服务管理和技术等因素影响的生产效率。如果技术效率等于1,表示在目前技术水平上,其投入资源的使用是有效率的,即众创空间的投入资源得到充分使用,而如果技术效率小于1,表示在目前技术水平上,其投入资源使用是没有效率的,即众创空间的孵化服务投入资源尚未得到充分使用。

(三)规模效率

规模效率是指在制度和管理水平一定的前提下,现有规模与最优规模之间的差异,它表示的是该众创空间和其他众创空间的最优规模之间的差异,如果规模效率等于1,表示该众创空间相对于其他众创空间来说,规模是最优的,而如果规模效率小于1,则表示该众创空间相对于其他众创空间来说,规模不是最优的。

(四)规模报酬

在 BCC 模型下,众创空间处于规模报酬递减区域,可以通过向 TOPS 点移动减小运作规模,这样它就会变得更加有生产能力,但前提是众创空间间处于生产前沿条件下,即它是有效的(综合效率为1),反之无效,这时可将综合效率分解成技术效率和规模效率,数值小的参数就是拖后腿的因素。[277]

二、绩 效 分 析

运用 DEAP 软件,基于所构建的基于投入导向的 BCC 模型,对 23 家众创空间的绩效进行分析,结果如表 3-1-4 所示。抽取的 23 个样本中有 12 个相对有效,11 个相对无效,其中,样本 1、2、4、8、10、12、13、14、16、20、21、22 是相对有效的,资源配置相对较合理,而其余的是相对无效的。

在相对无效的样本中,样本 3 的规模报酬递减,表明该众创空间应该缩小规模;其纯技术效率为 0.560,其投入资源的使用是没有效率的,即该众创空间的投入资源尚未得到充分利用;其规模效率为 0.886,该众创空间相对于其他众创空间来说,规模不是最优的;其综合效率为 0.496,该众创空间的相对绩效是无效的,即资源的配置不合理,需按照生产前沿进行调整。同样地,样本 5、6、7、11、18、23 也存在和样本 3 相同的问题。

表 3-1-4 决策单元孵化运营绩效情况表

空间	综合效率	技术效率	规模效率	规模报酬
DMU_1	1.000	1.000	1.000	不变
DMU_2	1.000	1.000	1.000	不变
DMU_3	0.496	0.560	0.886	递减
DMU_4	1.000	1.000	1.000	不变
DMU_5	0.660	0.676	0.976	递减
DMU_6	0.757	0.789	0.960	递减
DMU_7	0.843	0.918	0.918	递减
DMU_8	1.000	1.000	1.000	不变
DMU_9	0.862	0.869	0.992	递增
DMU_{10}	1.000	1.000	1.000	不变
DMU_{11}	0.843	0.857	0.984	递减
DMU_{12}	1.000	1.000	1.000	不变

续表

空间	综合效率	技术效率	规模效率	规模报酬
DMU$_{13}$	1.000	1.000	1.000	不变
DMU$_{14}$	1.000	1.000	1.000	不变
DMU$_{15}$	0.572	0.888	0.644	递增
DMU$_{16}$	1.000	1.000	1.000	不变
DMU$_{17}$	0.776	0.822	0.943	递增
DMU$_{18}$	0.860	0.862	0.998	递减
DMU$_{19}$	0.690	0.982	0.703	递增
DMU$_{20}$	1.000	1.000	1.000	不变
DMU$_{21}$	1.000	1.000	1.000	不变
DMU$_{22}$	1.000	1.000	1.000	不变
DMU$_{23}$	0.546	0.615	0.888	递减
平均值	0.865	0.906	0.952	

而对于样本 9 来说，其规模报酬递增，表明该众创空间应该扩大规模；其纯技术效率为 0.869，投入资源的使用是没有效率的，即该众创空间的投入资源尚未得到充分使用；其规模效率为 0.992，该众创空间相对于其他众创空间来说，规模不是最优的；其综合效率为 0.862，该众创空间的相对绩效是无效的，即资源配置不合理，需按照生产前沿进行调整。同样地，样本 15、17、19 也存在和样本 9 相同问题。

对于相对无效的样本，这些众创空间的孵化运营投入冗余和产出不足情况如表 3-1-5 所示。和有效决策单元相比，所有无效决策单元都存在投入冗余却没有达到理想产出的情况。

第一类包括 5、6、17、7、4、13、10、12、9、20、14 这几个样本，相对无效的样本包括 5、6、7、9、17，无效率为 45.45%。对于决策单元 5，年度利润总额比理想值少 23.989，大专以上学历人数、专业执业资格人数、固定资产价值、服务场地面积、年度总投入分别冗余了 12.140、7.358、32.417、486.257、23.989；对于决策单元 6，年度利润总额比理想值少 10.908，大专以上学历人数、专业执业资格人数、固定资产价值、服务场地面积、年度总投入分别

表 3-1-5　决策单元的投入冗余和产出不足情况表

DMU		DMU$_3$	DMU$_5$	DMU$_6$	DMU$_7$	DMU$_9$	DMU$_{11}$
投入冗余量	A$_1$	19.235	12.140	14.025	9.819	2.751	12.044
	A$_2$	16.866	7.358	9.307	5.805	0.917	54.883
	A$_3$	48.477	32.417	10.923	0.964	1.675	147 454.408
	A$_4$	3 622.472	486.257	122.517	29.399	12 251.056	2 867.690
	A$_5$	13.609	23.989	10.908	1.356	64.959	1 109.796
产出不足量	B$_1$	0.000	0.000	0.000	0.000	0.000	0.000
	B$_2$	13.609	23.989	10.908	1.356	64.959	1 109.796

DMU		DMU$_{15}$	DMU$_{17}$	DMU$_{18}$	DMU$_{19}$	DMU$_{23}$
投入冗余量	A$_1$	2.910	3.200	49.987	10.246	42.573
	A$_2$	0.672	2.489	4.274	5.088	22.755
	A$_3$	9 427.161	143.879	4 742.964	80.358	30.431
	A$_4$	118 190.012	192.006	414.719	112 360.555	1 155.598
	A$_5$	63.018	71.677	619.729	8.869	92.808
产出不足量	B$_1$	0.000	0.000	0.000	73.666	0.000
	B$_2$	63.018	71.677	619.729	0.000	25.808

冗余了 14.025、9.307、10.923、122.517、10.908；对于决策单元 7,年度利润总额比理想值少 1.356,大专以上学历人数、专业执业资格人数、固定资产价值、服务场地面积、年度总投入分别冗余了 9.819、5.805、0.964、29.399、1.356；对于决策单元 9,年度利润总额比理想值少 64.959,大专以上学历人数、专业执业资格人数、固定资产价值、服务场地面积、年度总投入分别冗余了 2.751、0.917、1.675、12 251.056、64.959；对于决策单元 17,年度利润总额比理想值少 71.677,大专以上学历人数、专业执业资格人数、固定资产价值、服务场地面积、年度总投入分别冗余了 3.200、2.489、143.879、192.006、71.677。

第二类包括 21、22、3、23、16、18 这几个样本,无效样本包括 3、18、23、无效率为50.00%。对于决策单元3,年度利润总额比理想值少了13.609,大专以上学历人数、专业执业资格人数、固定资产价值、服务场地面积、年度总投入分别冗余了19.235、16.866、48.477、3 622.472、13.609;对于决策单元18,年度利润总额比理想值少619.729,大专以上学历人数、专业执业资格人数、固定资产价值、服务场地面积、年度总投入却分别冗余了49.987、4.274、4 742.964、414.719、619.729;对于决策单元23,年度利润总额比理想值少25.808,大专以上学历人数、专业执业资格人数、固定资产价值、服务场地面积、年度总投入分别冗余了42.573、22.755、30.431、1 155.598、92.808。

第三类包括15、19、2,无效样本为15、19,无效率为66.67%,对于决策单元15,年度利润总额比理想值少63.018,大专以上学历人数、专业执业资格人数、固定资产价值、服务场地面积、年度总投入分别冗余了2.910、0.672、9 427.161、118 190.012、63.018;对于决策单元19,年度营业收入总额比理想值少73.666,大专以上学历人数、专业执业资格人数、固定资产价值、服务场地面积、年度总投入分别冗余了10.246、5.088、80.358、112 360.555、8.869。

第四类包括8、11、1这几个样本,无效样本为11,无效率为33.33%。对于决策单元11,年度利润总额比理想值少1 109.796,大专以上学历人数、专业执业资格人数、固定资产价值、服务场地面积、年度总投入分别冗余了12.044、54.883、147 454.408、2 867.690、1 109.796。

三、绩效改进

(一) 参照及权重改进

对无效单元参照有效单元进行改进,利用上述计算公式,所获得的参照单元和参照权重如表3-1-6所示:

表3-1-6 无效单元的改进参照DMU及参照权重表

无效DMU	改进参照DMU	参照权重
DMU_3	DMU_{13},DMU_{20},DMU_2	0.209,0.786,0.005
DMU_5	DMU_8,DMU_{20},DMU_2,DMU_{13}	0.012,0.982,0.004,0.002
DMU_6	DMU_{16},DMU_{20},DMU_8	0.012,0.980,0.008

续表

无效 DMU	改进参照 DMU	参 照 权 重
DMU_7	$DMU_8,DMU_2,DMU_{20},DMU_{21}$	0.004,0.000,0.996,0.000
DMU_9	$DMU_{14},DMU_{10},DMU_4,DMU_1,DMU_{20}$	0.016,0.406,0.050,0.017,0.510
DMU_{11}	$DMU_{10},DMU_1,DMU_{20},DMU_2$	0.337,0.314,0.156,0.193
DMU_{15}	$DMU_{21},DMU_1,DMU_8,DMU_{16}$	0.619,0.021,0.351,0.008
DMU_{17}	$DMU_{16},DMU_1,DMU_{20},DMU_8,DMU_{21}$	0.205,0.007,0.773,0.012,0.003
DMU_{18}	DMU_1,DMU_{16},DMU_8	0.176,0.784,0.040
DMU_{19}	DMU_{10},DMU_1	0.982,0.018
DMU_{23}	$DMU_8,DMU_2,DMU_{20},DMU_{13}$	0.009,0.003,0.911,0.077

（二）改进后的投入产出分析

对于相对无效的样本，应该按照相对有效的样本进行改进。经过调整，达到有效的投入产出如表3-1-7所示。

表3-1-7　决策单元参照有效单元改进后的投入产出状况表

DMU	DMU_3	DMU_5	DMU_6	DMU_7	DMU_9	DMU_{11}
A_1	24.000	7.859	6.975	5.211	18.249	71.956
A_2	15.000	6.642	6.693	6.195	6.083	23.117
A_3	13 201.200	67.583	11.217	10.836	11.115	2 873.592
A_4	100 500.000	1 013.743	457.483	330.601	748.944	17 132.310
A_5	945.080	50.011	40.732	15.244	430.911	6 630.204
B_1	37.900	85.000	67.550	28.970	489.570	7 926.000
B_2	45.609	59.989	51.818	38.726	83.659	1 320.796

DMU	DMU_{15}	DMU_{17}	DMU_{18}	DMU_{19}	DMU_{23}
A_1	23.090	14.800	46.013	33.754	7.427
A_2	5.328	11.511	25.726	4.912	7.225

续表

DMU	DMU₁₅	DMU₁₇	DMU₁₈	DMU₁₉	DMU₂₃
A₃	121.839	65.451	247.036	9.642	48.569
A₄	1 809.988	887.994	2 585.281	1 439.444	1 844.402
A₅	499.982	331.493	3 863.271	496.131	41.192
B₁	568.000	450.300	4 600.000	553.666	72.000
B₂	93.018	143.807	761.729	0.000	55.808

（三）投入冗余率和产出不足率

对于无效DMU,投入冗余百分比（投入冗余量/理想投入）和产出不足百分比（产出不足量/产出理想值）如表3-1-8所示。

由表3-1-8知,对于无效的11个决策单元,与有效的决策单元相比,有六个决策单元的固定资产价值投入冗余百分比超过95%,有七个决策单元的专业执业资格人数投入冗余百分比超过90%。与有效的决策单元相比,个别众创空间服务场地投入明显过多：DMU_9、DMU_{19}、DMU_{15}服务场地面积投入冗余百分比分别达到1 635.78%、6 529.88%、7 805.83%。

表3-1-8 各众创空间投入冗余率和产出不足率表

DMU		DMU₃	DMU₅	DMU₆	DMU₇	DMU₉	DMU₁₁
投入冗余率	A₁	80.15%	154.47%	201.08%	188.43%	15.07%	16.74%
	A₂	112.44%	110.78%	139.06%	93.70%	15.07%	237.41%
	A₃	0.37%	47.97%	97.38%	8.90%	15.07%	5 131.36%
	A₄	3.60%	47.97%	26.78%	8.89%	1 635.78%	16.74%
	A₅	1.44%	58.89%	26.78%	8.90%	15.07%	16.74%
产出不足率	B₁	0.00%	0.00%	0.00%	0.00%	0.00%	0.00%
	B₂	29.84%	39.99%	21.05%	3.50%	77.65%	84.02%

续表

DMU		DMU₁₅	DMU₁₇	DMU₁₈	DMU₁₉	DMU₂₃
投入冗余率	A₁	12.60%	21.62%	108.64%	30.35%	573.22%
	A₂	12.61%	21.62%	16.61%	103.58%	314.95%
	A₃	7 737.39%	219.83%	1 919.95%	833.42%	62.66%
	A₄	6 529.88%	21.62%	16.04%	7 805.83%	62.65%
	A₅	12.60%	21.62%	16.04%	1.79%	225.31%
产出不足率	B₁	0.00%	0.00%	0.00%	13.31%	0.00%
	B₂	67.75%	49.84%	81.36%	0.00%	46.24%

第五节 众创空间孵化运营绩效评价结果分析

一、投入分析

一是大多数众创空间孵化运营人员投入过多。由表3-1-5知,在无效的11个决策单元中,有七个决策单元的大专以上从业人数和专业执业资格人数过多,表明人员投入过多。二是多数众创空间机器设备投入过多。由表3-1-7知,无效的11个决策单元与有效的决策单元相比,有六个决策单元的固定资产价值投入冗余百分比超过95%。三是个别众创空间服务场地投入明显过多。由表3-1-8知,无效的11个决策单元与有效的决策单元相比,DMU₉、DMU₁₉、DMU₁₅服务场地面积投入冗余百分比分别高达1 635.78%、6 529.88%、7 805.83%。

二、产出分析

大多数众创空间年营业收入未达到理想值。由表3-1-5知,对于无效的11个决策单元,与有效的决策单元相比,有10个决策单元的孵化运营年收入未达到理想值。

三、效率分析

一是大多数众创空间孵化运营规模效率相差不大。由表3-1-4知,对于无效的 11 个决策单元,有七个决策单元的规模效率接近 1,两个决策单元的规模效率迫近 0.9。这表明,在制度和管理水平一定的前提下,这七个众创空间和其他众创空间的最优规模之间差异并不大,与有效决策单元之间的综合效率差异受规模效率的影响较小。二是无效单元的绩效主要受技术效率的影响。由表 3-1-4 知,对于无效的 11 个决策单元,有九个决策单元的技术效率低于 0.9,这表明,无效单元主要受管理和技术等因素影响而导致绩效低下,在目前的技术水平上,其投入资源的使用是没有效率的,即众创空间的投入资源尚未得到充分的使用。三是大多数众创空间处于规模报酬递减阶段。由表 3-1-4 知,对于无效的 11 个决策单元,有七个决策单元处于规模递减阶段。对于相对无效的决策单元,目前规模过大,应该作出相应的调整。

本部分运用投入导向的 BCC 模型,建立系统的众创空间孵化运营绩效评价 DEA 模型,并收集了江苏省 23 家众创空间的投入产出数据,运用众创空间孵化运营绩效评价的 DEA 模型对这 23 家众创空间的绩效进行了综合评价,得到相应研究结论,结果表明:大多数无效单元的众创空间处于规模报酬递减阶段,规模效率相差不大,营业收入未达到理想值,机器设备、人员投入过多,个别众创空间孵化服务场地投入明显过多,无效单元主要受技术效率的影响。

第二章 众创空间服务组织治理绩效评价研究

众创空间带来的创新创业新发展、新变化已经深入人心,但是目前还有很多未得到解决的众创空间治理层面的问题:治理失灵问题致使目前众创空间市场的混乱;众创空间治理本身存在资金利用不良、长期利益与短期利益产生冲突的问题;我国目前的众创空间治理模式还不成熟,没有形成统一的治理模式。因此,本研究为提高众创空间治理绩效而建立众创空间服务组织治理绩效评价系统,主要内容是:在文献研究和专家建议基础上,运用投入导向的 BCC 模型,建立系统的众创空间服务组织治理绩效评价模型,同时以江苏省众创空间的服务投入产出数据,开展实证评价。

第一节 众创空间服务组织治理绩效评价指标体系设计

一、指标设计原则

本研究在阅读相关资料[301]和咨询相关专家意见的基础上,遵循组织目标的 SMART 原则,综合利益相关者理论进行设计。

(一)全面性

影响众创空间服务组织治理绩效有多种因素,目前文献研究对于服务组织治理绩效指标的归纳总的分为三类,包括治理环境、治理结构和治理效益。本研究在选取服务组织治理绩效目标时要做到全面兼顾,三者缺一不可。

(二)目标性

众创空间服务组织治理绩效评价指标体系设计要与目前国家发展战略相结合,与众创空间的整体治理目标相统一,并且切实地考虑创业者的创业需求和众创空间未来的治理方向,时刻围绕治理绩效这一主题,做到目标性一致。

(三)可理解性

这个原则的选取是针对评价主体而言的,服务组织治理绩效的评价体系应当能够被评价主体、使用者及相关的需求者所直截了当地理解。过于复杂的设计指标并不会因此增加整个指标设计体系的合理性和科学性。所以说可理解性原则是一个十分重要,应当首要考虑的原则,只要遵循了可理解性原则,才能使得众创空间绩效评价体系成为真正落到实处的研究。

(四)客观性

一个没有做到客观公正的组织治理绩效评价体系一定是不合理的,存在很多漏洞的,并且在真正的实际操作中会面临许多问题,无法长久。本研究在众创空间服务组织治理绩效指标的选择时应做到考虑实际情况、实际操作,综合目前的文献研究和众创空间治理的实际情况选取指标。

(五)可比性

由于不同的众创空间拥有不同的治理环境和治理结构,有种不同的治理目标,没有办法应用统一的组织治理绩效评价体系,但是可比性仍然是一个不可忽视的原则。同行业绩效评价指标要可以与同行业的竞争对手相对比,因此本研究在指定指标体系时,选择了用百分比和率进行投入指标的设计,这样更能实现不同众创空间之间的对比。

二、指标设计依据

在进行众创空间服务组织治理绩效评价指标体系设计中进行的指标选择要符合 DEA 的运算要求。一是要先初步地根据文献调查法和众创空间的相关考察,获得信息和数据综合考量,以便尽可能多地选择评价指标。二是要根据调查的这些众创空间数据对各指标的相关性进行分析,采用 SPSS 软件中的肯德尔等级相关系数,其可以用来分析多个指标间两两相关系数,当相关系数接近 1 或者 -1 则表示两者相关性大,反之越靠近 0,则说明相关性越小。相关系数判断强度时,对于 $0\sim0.2$ 表现为极弱相关和无相关;对于 $0.2\sim0.4$ 表现为弱相关,对于 $0.4\sim0.6$ 表现为中相关,对于 $0.6\sim0.8$ 变现为强相关,对于 $0.8\sim1.0$ 表现为极强相关。本研究为求指标选取得相对合理,将两指标间的相关系数衡量定在 0.4。因此,在投入指标内部之间,如果其中两个指标的相关系数小于 0.4,则指标的选取相对合理;如果其中两个指标的相关系数大于 0.4,则说明指标的选取不妥,存在不合理之处,需要进一步地根据具体情况添加或者删除相应的指标;投入指标和产出指标是正向线性关系,直接应当呈现较强相关,相关系数应当尽可能多接近1。三是继续进行相关性的检测,再次修改,重复上述流程,最终使得所有的指标相关系数都在范围内。

（一）投入指标

本研究综合以往文献中针对组织治理绩效评价衍生的相关评价机制,并综合国内外研究成果,针对众创空间服务组织治理的三方面选择了评价指标,分别是治理环境、治理结构以及治理投入。

1. 服务组织治理环境

其包括外部环境和内部环境,服务组织治理环境的好坏可以直接影响到组织整体收益。外部治理环境包括国有资本进驻众创空间和相关政策的红利等,内部治理环境则是众创空间众多股东的持股比例,导致组织话语权和决定权的相关变动。本研究选择的服务组织治理外部环境指标为国有股持股比例(A1),服务组织治理内部环境指标为第一大股东持股比例(A2)。

2. 服务组织治理结构

其主要包括董事会、监事会、管理层等的治理现状,还包括职工的离职情况、薪酬状况等,众创空间组织治理结构是否稳定、是否合理,直接关系到服务组织治理绩效。众创空间服务组织治理结构主要包括以下几个部分:一是如何更好地支配和控制组织;二是做好监督工作,主要包括监督董事会、监事会、高管层及职工;三是如何更好地实行激励约束机制。因此本研究选择管理层人数(A3)和众创空间中员工离职率(A4)作为考核组织治理结构是否合理的重要指标。

3. 服务组织治理投入

即一个组织的财力。年支出也直接关系到组织治理绩效的最终结果,因此选择的最后一个指标为众创空间年度总投入(A5)。

（二）产出指标

在文献整理过程中,目前对于治理绩效产出指标的认定,普遍采用盈利能力作为衡量标准。一个众创空间的年度总收入和年度总利润可以直观地呈现出众创空间治理效益和治理能力,可以作为治理绩效的评价标准,因而本研究将采用年度营业收入(B1)和年度利润总额(B2)作为众创空间产出指标。

三、指标体系选择

选取的众创空间样本,可以把它们看作决策单元(DMU),其服务组织治理绩效是在一定时间内输入的投入量所输出的产出量的过程。每一个决策单元,是多个服务组织治理投入(每百股国有股持股数 A1、每百股第一大股东持股数 A2、管理层人数 A3、每百人员工离职人数 A4、年度总投入 A5)转化为多个服务组织治理产出(年度营业收入 B1、年度利润总额 B2)的过程。在 DEA 的投入指标和产出指标选择时,一般不选用"率"作为指标,但是综合 DEA 计算方法,同时选取的分母数值相差不大,可认为误差在允许范围内。在 VRS 模型中(即本研究的 BCC 模型),当率指标分母数值在各 DMU 之间差别不大时,可近似认为该指标满足可线性相加条件。所以本研究在指定指标体系时采用每百人、每百股这样的方式以表示率。在进行相关实证分析时,用国有股控股比例指代每百股国有股持股数,用第一大股东持股比例指代每百股第一大股东持股数,用员工离职率指代每百人员工离职人数。

第二节　众创空间服务组织治理绩效评价 BCC 模型构建

DEA(数据包络分析)主要是用来解决诸如多输入多输出的决策问题。其好处在于简便计算,在众创空间服务组织治理绩效评价系统中,考虑到多输入和多输出情况,在缩小计算误差的同时避免受到主观因素的影响,做到更加客观,更加精细。本研究选取 n 个决策单元进行有效性评价,参考 DEA 模型中的相关系数,查找出无效决策单元,将有效的决策单元和无效的决策单元进行对比分析,进一步再分析决策单元无效的具体因素有哪些。

(一)模型选择依据

DEA 模型主要有两种运算模式,一是投入导向,即在产出数量不变时,使得投入最小;二是产出导向,即在投入数量不变时,使得产出最小。因为在众创空间治理绩效评价中,产出数量不可控,且如今市场上的众创空间良莠不齐,治理规模相差较大,各个众创空间规模不一,所以本书选择基于投入导向的 BCC 模型,即最终要使得众创空间治理产出数量不变时,治理投入能够最少。

令 $x_j = (x_{1j}, x_{2j}, x_{3j}, x_{4j}, x_{5j})$ 和 $y_j = (x_{1j}, y_{2j})$ 分别为第 j 家众创空间的投入和产出。

(二)比例形式

假设有 n 家众创空间(DUM),分别为 $DUM_1, DUM_2, \cdots, DUM_n$。$x_j = (x_{1j}, x_{2j}, x_{3j} \cdots, x_{mj}), y_j = (y_{1j}, y_{2j}, y_{3j}, \cdots, y_{sj})$,其中,$j = 1, 2, \cdots, n$。投入导向的 BCC 模型比例形式如下式(3-2-1)所示:

$$maxh_j = \frac{\sum_{r=1}^{s} u_r Y_{rj} - u_0}{\sum_{i=1}^{m} v_i X_{ij}}$$

$$s.t. \frac{\sum_{r=1}^{s} u_r Y_{rj} - u_0}{\sum_{i=1}^{m} v_i X_{ij}} \leqslant 1, j = 1, 2, \cdots, n \quad (3-2-1)$$

$$u_r \geqslant 0, v_r \geqslant \varepsilon > 0, r = 1, 2, \cdots, s,$$
$$i = 1, 2, \cdots, m$$

其中，$v = (v_1, v_2, \cdots, v_m)^T$，$u = (u_1, u_2, \cdots, u_s)^T$ 分别为 m 重输入和 s 重输出的权系数，u_0 表示规模报酬形态。

（三）分式形式

式(3-2-1)分数线性规划实际求解时，会有无穷组解的情况发生，因此，可将(3-2-1)的分母设限为1，以便求解：

令 $v_i = v_i/t$，$u_r = u_r/t$，$t^{-1} = \sum_{i=1}^{m} v_i X_{ij}$，则

$$Max g_i = \sum_{i=1}^{s} u_r Y_{rj} - u_0$$

$$s.t. \sum_{i=1}^{m} v_i X_{ij} = 1$$
$$\sum_{i=1}^{s} u_r Y_{rj} - \sum_{i=1}^{m} v_i X_{ij} - u_0 \leqslant 0, j = 1, 2, \cdots, n \quad (3-2-2)$$
$$u_r \geqslant 0, v_r \geqslant \varepsilon > 0, r = 1, 2, \cdots, s,$$
$$i = 1, 2, \cdots, m$$

根据 u_0 可以给出规模报酬状况：若 $u_0 = 0$，则规模报酬固定；若 $u_0 > 0$，则规模报酬递减；若 $u_0 < 0$，则规模报酬递增。

（四）对偶形式

为了计算方便，将式(3-2-2)转化为其对偶形式：

$$Max \frac{1}{Z_j} = \theta + \varepsilon \left(\sum_{i=1}^{m} s_i^+ + \sum_{r=1}^{s} s_r^- \right)$$

$$s.t. \sum_{j=1}^{n} \lambda_j X_{rj} - \theta Y_{rj} - \lambda_j = 0, r = 1, 2, \cdots, s$$

$$\sum_{j=1}^{n} \lambda_j X_{ij} + s_i^+ = X_{ij}, i = 1, 2, \cdots, m \quad (3-2-3)$$

$$\sum_{j=1}^{n} \lambda_j = 1$$

$$\lambda_j, s_r^-, s_i^+ \geqslant 0, j = 1, 2, \cdots, n,$$
$$i = 1, 2, \cdots, m, r = 1, 2, \cdots, s$$

其中,式(3-2-2)和式(3-2-3)互为对偶模型。

θ 代表受评价单元的扩展因素。当 $\theta_0 = 1$,且每一个最优解 s^-, s^+, θ_0, λ_{0i}, $j = 1, 2, \cdots, n$ 都满足 $s^{0-} = 0$, $s^{0+} = 0$,则称 DUM_{i0} 为 DEA 有效。无效的 DMU 经过以下调整,即可达到效率最优。

$$\Delta X_{ij} = X_{ij} - (X_{ij} - s_i^{-*}), i = 1, 2, \cdots, m$$
$$\Delta Y_{ij} = (\theta_{rj} - Y_{rj}) + s_r^{+*}, r = 1, 2, \cdots, s$$

在对偶模型中,可由 $\sum \lambda_j^*$ 看出规模报酬状况:若 $\sum \lambda_j^* > 1$,则规模报酬递减;若 $\sum \lambda_j^* = 1$,则规模报酬固定;若 $\sum \lambda_j^* < 1$,则规模报酬递增。

第三节 众创空间服务组织治理绩效评价数据来源和分析

一、数 据 来 源

本研究经综合考量之后,出于数据选择标准的多样性、全面性、科学性等要求,选择了江苏省 20 家众创空间相关服务组织绩效数据进行实证分析,所有数据均为 2019 年年末的数据。数据从官网、国家企业信用公示网站以及实地考察、电话访谈等多渠道获得,并对收集来的 20 家众创空间的资产负债表、其他关键信息进行整理汇总,形成数据表格。

二、样本描述性统计状况

决策单元的投入产出状况如表 3-2-1 所示。表 3-2-1 描述了江苏省 20 家众创空间的国有股持股比例(A1)、第一大股东持股比例(A2)、管理层人数(A3)、员工离职率(A4)、年度总投入(A5)、年度营业收入(B1)和年度利润总额(B2)的状况。

表 3-2-1 决策单元的投入产出状况

DUM	A₁	A₂	A₃	A₄	A₅	B₁	B₂
DUM₁	0.00	60.00	5.00	12.65	576.45	10 500.00	716.10
DUM₂	72.70	72.70	5.00	2.00	1 320.20	10 050.00	945.08
DUM₃	0.000	100.00	5.00	13.75	18.00	875.00	50.80

续表

DUM	A_1	A_2	A_3	A_4	A_5	B_1	B_2
DUM_4	100.00	100.00	5.00	8.21	120.00	720.00	35.00
DUM_5	0.00	95.50	5.00	17.00	120.00	1 600.00	89.00
DUM_6	0.00	60.00	4.00	10.98	25.86	590.20	52.18
DUM_7	20.00	51.80	26.00	4.32	1 196.00	36 000.00	3 843.80
DUM_8	0.00	80.00	14.00	5.63	12.79	14 000.00	502.64
DUM_9	100.00	100.00	6.00	1.03	0.01	1 447.30	189.30
DUM_{10}	100.00	100.00	7.00	0.50	63.00	452.15	235.80
DUM_{11}	0.00	64.29	35.00	8.02	150 479.00	21 000.00	7 830.00
DUM_{12}	71.43	71.43	4.00	11.97	8.00	14 653.00	65.02
DUM_{13}	0.00	70.00	18.00	17.66	43.00	1 430.00	1 292.00
DUM_{14}	100.00	100.00	6.000	6.02	9 587.00	123 500.00	569.00
DUM_{15}	0.00	88.89	5.00	8.43	135.00	1 245.70	773.20
DUM_{16}	0.00	50.00	3.00	3.28	209.36	1 095.00	415.36
DUM_{17}	0.00	52.00	23.00	4.28	4 995.00	3 005.00	4 472.10
DUM_{18}	0.00	60.00	11.00	8.92	96.00	11 380.00	508.30
DUM_{19}	0.00	90.00	2.00	5.35	13.00	639.50	70.00
DUM_{20}	72.85	72.85	5.00	2.11	85.00	3 500.00	72.00

三、ward 聚类分析

对所选取的 20 个众创空间的投入产出数据，利用 SPSS 软件中的 ward 离差平方和法进行聚类分析，以期能得到这 20 个样本的分类。分析结果如图 3-2-1 所示。

由图 3-2-1 可知，上述使用 ward 离差平方和法进行的聚类分析，可以将样本分为三类，同类型的众创空间在服务组织规模和投入产出结构上有着相似性。其中，第一类包括 9、13、5、15、16、3、6、19、4、10、17、20 这几个样本。

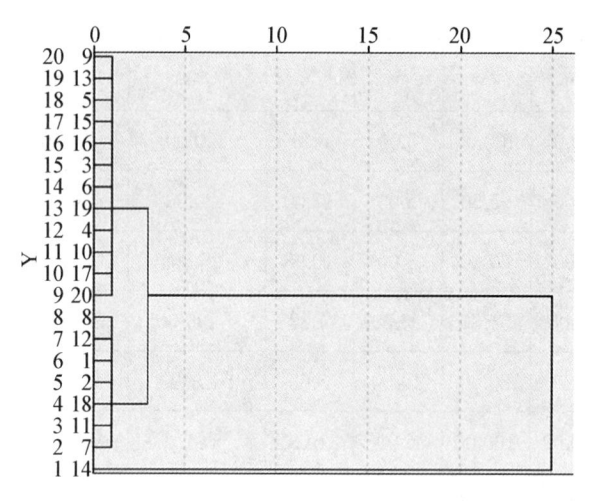

图 3-2-1 众创空间的 ward 聚类图

也就是说,它们是属于同一类的众创空间。第二类包括 8、12、1、2、18、11、7 这几个样本。同理,它们是属于同一类的样本。最后第三类包含的是 14 号样本,即是单独一类的众创空间。

四、相 关 分 析

为了证明指标选取的合理性,利用统计学的相关性分析进行处理,取值区间最后会在 $-1 \sim 1$ 范围内。结果如果越靠近 1 或者 -1,则说明两个指标之间的相关性越高;反之如果越靠近 0,说明两个指标之间的相关性越低。为了证明本研究指标选取的合理性,在投入指标内部需要两两指标之间的相关性越低,即两者的相关性取值应当靠近 0,而投入指标和产出指标呈现的是正向线性关系,需要两两指标间的相关性越高,即两者的相关性系数应当接近 1,最后得出的结果如表 3-2-2 所示:

表 3-2-2 各投入产出指标的相关系数表

相关系数	A1	A2	A3	A4	A5	B1	B2
A1	1.000	0.398	0.068	0.375	0.020	0.315	0.284
A2	0.398	1.000	0.291	0.027	0.241	0.290	0.490
A3	0.068	0.291	1.000	0.070	0.303	0.590	0.845
A4	0.375	0.027	0.070	1.000	0.079	0.038	0.147

续表

相关系数	A1	A2	A3	A4	A5	B1	B2
A5	0.020	0.241	0.303	0.079	1.000	0.400	0.666
B1	0.315	0.290	0.590	0.038	0.400	1.000	0.531
B2	0.284	0.490	0.845	0.147	0.666	0.531	1.000

在表3－2－2中，在各投入指标之间国有股持股比例（A_1）与第一大股东持股比例（A_2）为0.398，国有股持股比例（A_1）与管理层人数（A_3）两者间是0.068，国有股持股比例（A_1）与员工离职率（A_4）之间为0.375，国有股持股比例（A_1）与年度总投入（A_5）两者为0.020，第一大股东持股比例（A_2）与管理层人数（A_3）之间为0.291，第一大股东持股比例（A_2）与员工离职率（A_4）之间为0.027，第一大股东持股比例（A_2）与年度总投入（A_5）两者间是0.241，管理层人数（A_3）与员工离职率（A_4）之间的相关系数为0.070，管理层人数（A_3）与年度总投入（A_5）之间的相关系数为0.303，员工离职率（A_4）与年度总投入（A_5）之间的相关系数为0.079。通过上述数据可知，指标之间的相关系数都在0.4以下，因此指标之间两两相关度都较低，呈现弱相关，所以投入指标的选择较为合理。

由表3－2－2可知，在投入指标和产出指标之间，超过一半的相关系数都大于0.5，较为接近1，说明在投入指标和产出指标之间相关性较高，表现为强相关，所以产出指标的选择是较为合理的。

第四节 众创空间服务组织治理绩效评价实证分析

一、绩效分析

（一）综合技术效率

在本研究的众创空间服务组织治理绩效评价中，综合效率指的是DMU在最优规模时投入相关要素从而获得的生产效率。综合技术效率，简而言之就是对于决策单元DMU多方面能力的一种综合考评。

（二）纯技术效率

在众创空间服务组织治理绩效评价体系中，纯技术效率即单一地由于组织管理能力、治理水平方面所产生的效率，具体可以解释为众创空间在人员调动、职工薪酬待遇、激励奖惩手段、管理层决策等多方面管理手段所带来的影响,从而产生的生产效率。如果在这个效率上最终的纯技术效率为1,则表示在目前的组织管理能力、治理水平上,投入是有效率,在本研究中即可表示为充分利用了众创空间的服务治理投入资源;但反之小于1,则表示组织的管理能力、治理水平低下,从而导致资源没有办法充分得到利用,是无效率的,因此后续要持续优化。

(三)规模效率

规模效率在本研究的众创空间服务组织治理绩效评价体系中,表示在目前的管理、制度等水平保持不变的情况下,现有的规模和已有的最优规模之间存在的差距,即该众创空间规模与选取样本中其他的众创空间仍有差距。具体举例来讲,如果一个众创空间的规模效率为1,则表明该众创空间在所有样本中为最优规模,反之如果不是1,则表明该众创空间还不是最优规模,仍需改进优化。

(四)规模报酬

规模报酬有三种情况,即规模报酬不变,规模报酬递增,规模报酬递减。在本研究的众创空间服务组织治理绩效评价体系当中,规模报酬不变即表明目前治理规模无须变动,规模报酬递增即表明后续治理规模仍需加大,规模报酬递减即表明后续众创空间服务组织治理规模需要缩减。具体在BCC模型下,当组织呈现规模报酬递减,在众创空间处于生产(服务组织治理)前沿条件下时,即组织的综合技术效率等于1时,该组织即可采用向TOPS点移动来缩减规模,增强生产能力。反之不等于1时,需要通过综合效率和规模效率及纯技术效率之间的关系式,分析后两者呈现的结果并判断哪个需要改进。后续按照结果进行逐一分析。

(五)绩效分析结果

运用DEAP软件,使用投入导向的BCC模型对20个众创空间的服务组织治理绩效进行分析,结果如表3-2-3所示。

表3-2-3 治理绩效情况表

空间	综合技术效率(crste)	纯技术效率(vrste)	规模效率(scale)	规模报酬
DMU_1	1.000	1.000	1.000	不变
DMU_2	0.820	1.000	0.820	递增
DMU_3	0.307	1.000	0.307	递增

续表

空间	综合技术效率(crste)	纯技术效率（vrste）	规模效率（scale）	规模报酬
DMU_4	0.110	0.773	0.142	递增
DMU_5	0.280	1.000	0.280	递增
DMU_6	0.199	1.000	0.199	递增
DMU_7	1.000	1.000	1.000	不变
DMU_8	1.000	1.000	1.000	不变
DMU_9	1.000	1.000	1.000	不变
DMU_{10}	0.675	1.000	0.675	递增
DMU_{11}	1.000	1.000	1.000	不变
DMU_{12}	1.000	1.000	1.000	不变
DMU_{13}	1.000	1.000	1.000	不变
DMU_{14}	1.000	1.000	1.000	不变
DMU_{15}	1.000	1.000	1.000	不变
DMU_{16}	0.858	1.000	0.858	递增
DMU_{17}	1.000	1.000	1.000	不变
DMU_{18}	1.000	1.000	1.000	不变
DMU_{19}	0.503	1.000	0.503	递增
DMU_{20}	0.579	1.000	0.579	递增
平均值	0.767	0.989	0.768	

根据表3-2-3呈现的数据，目前在所有收集到的众创空间样本中，11个相对有效，9个相对无效。其中1、7、8、9、11、12、13、14、15、17、18表现为相对有效，即说明众创空间治理资源配置利用是合理的，反之其他相对无效的样本则说明服务治理资源配置利用不合理。

下面对相对无效的样本进行具体分析：9个相对无效的众创空间样本中，巧合的是都存在规模报酬递增的情况，说明这些众创空间都存在着规模不足的问题,后续应当要扩大经济范围、治理人手、参股人数等治理规模方面存在的弊端。

样本4的纯技术效率为0.773,规模报酬递减,其投入的治理资源没有使用效率,即众创空间的服务治理投入资源尚未得到充分的使用,主要包括治理环境、治理结构和治理投入三方面;规模效率为0.142,不为1,即说明目前该众创空间的治理规模不为最优,表现为规模报酬递增,即该众创空间的治理规模后续要不断加大;综合效率为0.110,即表明该众创空间的治理绩效是相对无效的,后续要进一步调整。样本4是唯一一个纯技术效率不为1的,所以列出来单独分析。

样本2的纯技术效率为1,说明目前在技术方面投入的资源已经得到了合理的运用,但是仍然是无效样本,是由于其规模效率没有达到1。样本2的规模效率为0.820,即说明目前该众创空间的服务组织治理规模不为最优,表现为规模报酬递增,该众创空间的服务组织治理规模后续要不断加大;综合效率为0.820,即表明该众创空间的服务组织治理绩效是相对无效的,后续要进一步调整。样本3、5、6、10、16、19、20可参照样本2分析。

相对无效的众创空间样本的投入冗余和产出不足情况如表3-2-4所示。

表3-2-4 投入冗余和产出不足情况表

DMU		DMU_2	DMU_3	DMU_4	DMU_5	DMU_6
投入冗余量	A1	66.100	0.000	97.890	0.000	0.000
	A2	57.019	93.259	97.704	88.516	47.441
	A3	1.262	2.078	2.671	3.601	3.202
	A4	0.361	7.666	76.273	15.811	10.384
	A5	238.033	12.467	106.857	86.420	20.814
产出不足量	B1	0.000	0.000	0.000	0.000	0.000
	B2	0.000	0.000	0.000	0.000	0.000

DMU		DMU_{10}	DMU_{16}	DMU_{19}	DMU_{20}
投入冗余量	A1	45.84	0.000	0.000	70.696
	A2	44.716	21.035	82.144	59.342
	A3	2.880	0.426	0.994	2.104

续表

DMU		DMU₁₀	DMU₁₆	DMU₁₉	DMU₂₀
投入冗余量	A4	0.325	0.426	4.104	0.842
	A5	20.474	29.682	6.459	35.769
产出不足量	B1	1 585.511	112.31	0.000	0.000
	B2	0.000	0.000	0.000	145.875

下面根据聚类分析得到的三大类样本，进行相关分析。

第一类包括9、13、5、15、16、3、6、19、4、10、17、20这几个样本，其中相对无效的样本为3、4、5、6、10、16、19、20，无效率达到了66.7%这个高度，说明在这一类的样本中存在着共通性的问题，众创空间服务组织治理问题都较为显著，需要进一步分析。对于决策单位3，年度收入和利润已暂时达到饱和，但是其第一大股东控股比例存在冗余，冗余93.259，说明其治理环境不良，治理的内部环境不佳；在管理层人数和员工离职率上冗余2.078和7.666，说明其治理结构不佳，包括管理层人数偏多且存在职能不清等问题，还有员工离职率过高，变动明显，不利于后期的具体效益实现；在众创空间年度投入上冗余了12.467，分析表明该众创空间的服务组织治理投入过高，存在着资源利用不佳、治理成效不佳等问题。

根据决策单位3的分析，下面对其他样本作具体的数据罗列，下列众创空间样本也存在着与DMU₃相同的问题：对于决策单位4，国有控股比例、第一大股东控股比例、管理层人数、员工离职率、年度投入分别冗余了97.89、97.704、2.671、76.273、106.857；对于决策单位5，第一大股东控股比例、管理层人数、员工离职率、年度投入分别冗余了88.516、3.601、15.811、86.42；对于决策单位6，第一大股东控股比例、管理层人数、员工离职率、年度投入分别冗余了47.441、3.202、10.384、20.814；对于决策单位10，国有控股比例、第一大股东控股比例、管理层人数、员工离职率、年度投入分别冗余了45.84、44.716、2.88、0.325、20.474，而年度收入总额却比理想值少了1 585.511；对于决策单位16，第一大股东控股比例、管理层人数、员工离职率、年度投入分别冗余了21.035、0.426、0.426、29.682，而年度收入总额却比理想值少了112.31；对于决策单位19，第一大股东控股比例、管理层人数、员工离职率、年度投入分别冗余了82.144、0.994、4.104、6.459；对于决策单位20，国有控股比例、第一大股东控股比例、管理层人数、员工离职率、年度投入分别冗余了 70.696、59.342、2.104、0.842、35.769,而年度总利润比预期值理想值低了 145.875。

第二类包括 8、12、1、2、18、11、7 这几个样本,无效样本包括 2 这个样本,无效率仅仅只有 14.28%,这样的数据说明在这一类众创空间服务组织中,普遍治理绩效存优,服务治理能力和治理效果都身处行业前列,是治理的典范。但是其中决策单位 2 这个样本是相对无效的,其存在着治理环境、治理结构和治理投入上的多重问题。决策单位 2 这个样本年度收入和利润已暂时达到饱和,但是其国有控股和第一大股东控股比例都存在冗余,分别冗余 66.1 和 57.019,说明其治理环境不良,国有控股存在着限制众创空间发展这样的情况;在管理层人数和员工离职率上冗余 1.262 和 0.361,说明其治理结构不佳,包括管理层人数偏多且存在职能不清等问题,还有员工离职率过高,不利于后期的具体效益实现,但是该冗余值与原先变动不算太大,需要后续的微调;在众创空间年度投入上冗余了 238.033,分析表明众创空间的服务组织治理投入过高。

第三类包括 14 这个样本,该样本是有效样本,该众创空间在整体行业中处于一个独特的地位,有着不同于其他众创空间的服务组织治理模式和治理结构,并且运行较为稳定。

二、绩效改进

(一)改进参照单元和权重

无效样本要参照有效单元进行改进,如表 3-2-5 所示。对于无效单元 2,参照有效单元 14、17、7 进行改进,其参照的改进权重为 0.044、0.103、0.119;对于无效单元 3,参照有效单元 8、12、15、7 进行改进,其参照的改进权重为 0.054、0.003、0.024、0.001;对于无效单元 4,参照有效单元 7、14、12 进行改进,其参照的改进权重为 0.009、0.000、0.026;对于无效单元 5,参照有效单元 7、14、18、1 进行改进,其参照的改进权重为 0.006、0.000、0.096、0.023;对于无效单元 6,参照有效单元 8、13、15、12 进行改进,其参照的改进权重为 0.037、0.033、0.006、0.002;对于无效单元 10,参照有效单元 7、9 进行改进,其参照的改进权重为 0.035、0.535;对于无效单元 16,参照有效单元 7、17、15 进行改进,其参照的改进权重为 0.021、0.023、0.300;对于无效单元 19,参照有效单元 13、12、15、8 进行改进,其参照的改进权重为 0.017、0.006、0.039、0.034;对于无效单元 20,参照有效单元 7、12、8 进行改进,其参照的改进权重为 0.040、0.019、0.128。

表 3-2-5　无效 DMU 的改进参照单元及权重表

无效 DMU	改进参照 DMU	参 照 权 重
DMU_2	DMU_{14},DMU_{17},DMU_7	0.044,0.103,0.119
DMU_3	DMU_8,DMU_{12},DMU_{15},DMU_7	0.054,0.003,0.024,0.001
DMU_4	DMU_7,DMU_{14},DMU_{12}	0.009,0.000,0.026
DMU_5	DMU_7,DMU_{14},DMU_8,DMU_1	0.006,0.000,0.096,0.023
DMU_6	DMU_8,DMU_{13},DMU_{15},DMU_{12}	0.037,0.033,0.006,0.002
DMU_{10}	DMU_7,DMU_9	0.035,0.535
DMU_{16}	DMU_7,DMU_{17},DMU_{15}	0.021,0.023,0.300
DMU_{19}	DMU_{13},DMU_{12},DMU_{15},DMU_8	0.017,0.006,0.039,0.034
DMU_{20}	DMU_7,DMU_{12},DMU_8	0.040,0.019,0.128

(二) 改进后的投入产出分析

经过调整,最终达到的有效投入产出量如表 3-2-6 所示。

表 3-2-6　决策单元参照有效单元改进后的投入产出状况表

DMU	DMU_2	DMU_3	DMU_4	DMU_5	DMU_6
A1	6.900	0.307	2.020	0.280	0.199
A2	15.981	6.741	2.296	7.487	6.419
A3	5.738	0.922	0.329	1.399	0.798
A4	1.155	0.557	0.344	1.189	0.616
A5	1 081.967	5.533	13.143	33.580	5.186
B1	10 050.000	875.000	720.000	1 600.000	590.000
B2	945.000	51.000	35.000	89.000	52.000

DMU	DMU_{10}	DMU_{16}	DMU_{19}	DMU_{20}
A1	54.16	0.748	0.503	2.304
A2	55.284	28.965	7.856	13.658

续表

DMU	DMU₁₀	DMU₁₆	DMU₁₉	DMU₂₀
A3	4.120	2.574	1.006	2.896
A4	0.675	2.574	0.896	1.158
A5	42.526	179.318	6.541	49.231
B1	2 037.511	1 207.31	640.000	3 500.000
B2	236.000	415.000	70.000	217.875

（三）投入冗余率和产出不足率

对于无效 DMU，投入冗余百分率和产出不足率如表 3-2-7 所示。

表 3-2-7 各众创空间服务组织治理投入冗余率和产出不足率表

DMU		DMU₂	DMU₃	DMU₄	DMU₅	DMU₆
投入冗余率	A1	957.97%	0.00%	4 846.04%	0.00%	0.00%
	A2	356.79%	1 383.46%	4 255.40%	1 182.26%	739.07%
	A3	21.99%	225.38%	811.85%	257.40%	401.25%
	A4	31.26%	1 376.30%	22 172.38%	1 329.77%	1 685.71%
	A5	22.00%	225.32%	813.03%	257.36%	401.35%
产出不足率	B1	0.00%	0.00%	0.00%	0.00%	0.00%
	B2	0.00%	0.00%	0.00%	0.00%	0.00%

DMU		DMU₁₀	DMU₁₆	DMU₁₉	DMU₂₀
投入冗余率	A1	84.64%	0.00%	0.00%	3 068.40%
	A2	80.88%	72.62%	1 045.62%	434.49%
	A3	69.90%	16.55%	98.81%	72.65%
	A4	48.15%	16.55%	458.04%	72.71%
	A5	48.14%	16.55%	98.75%	72.66%

续表

DMU		DMU_{10}	DMU_{16}	DMU_{19}	DMU_{20}
产出不足率	B1	77.82%	9.30%	0.00%	0.00%
	B2	0.00%	0.00%	0.00%	66.95%

由表3-2-7可知,对于无效的九个决策单元,和相对有效的决策单元相比,有六个决策单元的第一大股东控股冗余百分比超过300%。

对于无效的九个决策单元,和相对有效的决策单元相比,有四个决策单元的管理层人数冗余百分比超过225%,普遍存在冗余过量的情况,其中DMU_4的管理层人数投入冗余百分比高达813.03%,还有DMU_6管理层人数投入冗余百分比达401.35%。同理,年度总投入的冗余率存在和管理层一样的情况。

还有一点值得注意的是,在这无效的九个决策单元里,年度职员离职率的投入冗余率很高,这说明在目前众创空间的服务组织治理过程中存在着离职率极高的情况,人员流动过于密集、过于频繁,造成服务组织治理的困难。其中有四个决策单元的员工离职率的投入冗余率达到1 000%,DMU_5则达到了1 329.77%。

第五节 众创空间服务组织治理绩效评价结果分析

本研究选取江苏省内20个众创空间样本,构建了众创空间服务组织治理绩效评价体系并进行实证分析,根据上述的数据分析,得出结论如下:目前江苏省众创空间服务组织治理投入存在冗余过多的情况,治理环境、治理结构、治理投入都存在问题;同时产出仍不足,年收入和年利润都未达到理想值;目前大部分的众创空间还处于规模报酬递增的阶段,规模效率对于无效单元的影响较大,说明大部分组织仍处于服务治理规模较小的阶段。

一、投 入 分 析

(一)大多数众创空间的治理环境不佳

分析表3-2-4的数据,无效的九个决策单元中,普遍存在着国有控股比例过高,第一大股东控股比例过高这样的现象。

（二）大多数众创空间的服务组织治理结构混乱

分析表3-2-7的数据，无效的九个决策单元中有四个决策单元的管理层人数冗余百分比超过225%，普遍存在冗余过量的情况，其中DMU_4的管理层人数投入冗余百分比高达813.03%，还有DMU_6管理层人数投入冗余百分比达401.35%。同理，年度总投入的投入冗余率存在和管理层一样的情况。在这无效的九个决策单元里，年度职员离职率的投入冗余率高得惊人，这说明在目前众创空间的服务组织治理过程中存在着离职率极高的情况，人员流动过于密集、过于频繁，造成资金和治理的困难。其中有四个决策单元的员工离职率的投入冗余率达到1 000%，DMU_5的员工离职率的投入冗余率达到了1 329.77%。

（三）大多数众创空间的服务组织治理投入过高

由表3-2-7可以得知，在九个无效的决策单元中，普遍都存在年度总支出的投入冗余率过高，其中有四个决策单元的投入冗余率超过了225.32%：DMU_3的众创空间年度总投入冗余百分比达225.32%，DMU_4的众创空间年度总投入冗余百分比高达813.03%，DMU_5的众创空间年度总投入冗余百分比达257.36%，DMU_6的众创空间年度总投入冗余百分比达401.35%。

二、产出分析

有小部分的众创空间年营业收入和年利润未达到理想值。分析表3-2-4的数据显示，在无效的九个决策单元中有两个年营业收入未达到理想值，有一个决策单元的年利润未达到理想值。这样的数据表明在如今的众创空间市场，大多数的众创空间年营业收入和年利润收入都暂时达到了饱和，需要后续继续开拓更大的市场，扩大更多的规模，才能更好地经营下去。

三、效率分析

（一）大多数众创空间的纯技术效率相差不大

分析表3-2-3的数据，在20个众创空间样本中，有11个决策单元相对有效，九个相对无效的决策单元中有八个决策单元的纯技术效率都为1，综合纯技术效率也接近1，达到了0.989。这说明，在目前的技术水平上，投入的资源得到了充分利用。

（二）无效单元主要受到规模效率的影响

分析表3-2-3数据，得出目前九个决策单元的规模效率都低于0.86。这表明，九个无效的决策单元和最优规模1相比还有很大空间，且技术效率是关键性的影响因素。

(三)大多数众创空间服务组织治理处在规模报酬递增的阶段

分析表3-2-3的数据,得出在九个无效的决策单元处在规模报酬递增的阶段。说明目前的服务组织治理规模较小,后续要进一步扩大治理规模。

众创空间是诞生新型企业的温床,如今更能带领创新创业从无序走向稳定,蓬勃发展。研究众创空间服务组织治理层面的绩效评价,能为众创空间治理开启一个新的思考角度,甚至提供一个新的治理格局。

本部分内容运用投入导向的BCC模型,建立了系统的众创空间服务组织治理绩效评价DEA模型,同时收集了江苏省20家众创空间的投入产出数据,运用DEA模型对这20家众创空间的绩效进行评价。最终结论为:目前超过一半的众创空间服务治理处于规模报酬递增阶段,管理层人手、国有控股及第一大股东控股存在冗余,无效单元主要受到规模效率的影响。

第三章　众创空间多主体间协同创新演化博弈研究

根据第二篇第一章和第三章的研究结果,众创空间将创客精英、创新创业资源、创业政策等交汇融合在一起,形成具有低成本、便利化、聚合效应等特点的新型创业综合服务平台。众创空间服务的对象主要是既小又新且缺乏资源的新创企业,在此情况下,价值链上的众创空间、新创企业、风投机构等主体如何进行协同合作、众创空间如何对新创企业等主体提供支持与服务值得探究。鉴于此,本章采用多主体演化博弈理论和数值仿真方法,基于价值链视角,从众创空间在多主体协同创新过程中的主导地位出发,构建众创空间、新创企业、风投机构三方协同创新演化博弈模型,探究众创空间协同创新成本增加、新创企业激励、服务费用收取的执行力度如何影响各协同创新主体的决策行为。

第一节　众创空间多主体间关系分析

针对入驻的新创企业,众创空间向投资者传递潜在投资信号,吸引风投机构对其进行投资,能够增加新创企业融资概率(Becker-Blease,2015)[256];再针对有需要的新创企业提供相应支持,比如运营战略、行业经验等(Han et al.,2017)[257],推动新创企业创新发展步伐,从而创造价值。众创空间线上线下相融合的创业平台以及全方位的服务接口,将创客、企业、风投机构、供应商等全部整合在一起,促进创客和创业资源之间的对接,实现各类资源的深度互动(杨楠,2018)[258],以此推动众创空间多主体间的价值传递。众创空间可以收取场地租金和获得政府补贴,也可以制定相应服务制度,对新创企业、风投机构和用户提供服务时收取一定费用,以此来获取价值(许慧珍,2017)[259]。综上来看,众创空间中有一条完整的外部价值链条,连接着众创空间、新创企业、风投机构、用户等主体,如图 3-3-1 所示。

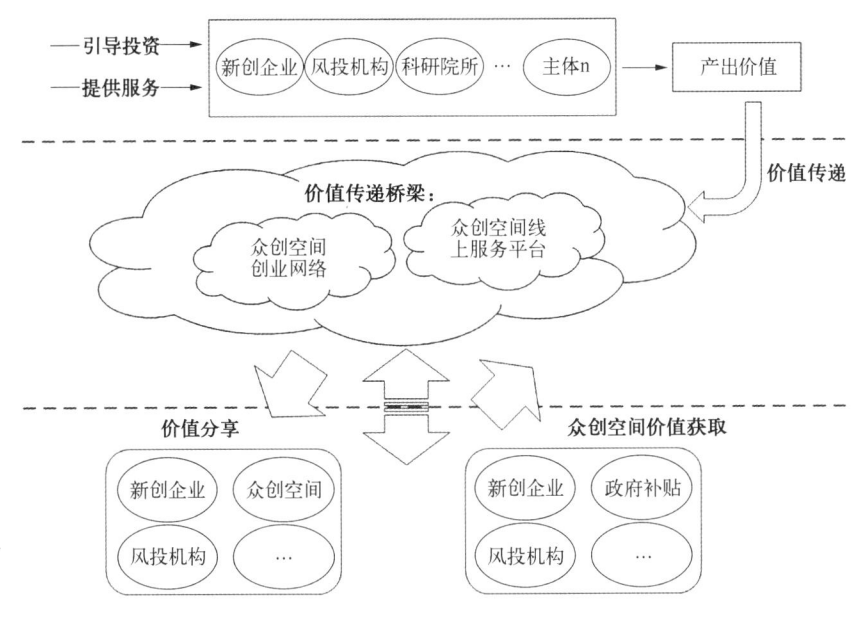

图 3-3-1 众创空间多主体价值链关系图

第二节 众创空间多主体间协同创新演化博弈模型构建

一、基本假设

根据前文分析及众创空间多主体协同创新情景,本研究中的演化博弈模型遵循如下假设:

假设1:将众创空间、新创企业、风投机构视为一个博弈系统,从价值链角度来看,三者的收益情况将影响其参与协同创新系统的意愿(朱晓霞等,2019)[260],假定其选择参与协同创新的概率分别为 x、y、z,选择不参与协同创新的概率分别为 $1-x$、$1-y$、$1-z$,且 x、y、$z \in [0,1]$。

假设2:当众创空间选择退出策略时,其基础收益为 Q_1,新创企业为 Q_2,风险投资机构为 Q_3。参考曹霞的研究(2017)[261],设众创空间协同创新成本增加、新创企业激励、服务费用收取的执行力度分别为 α、β、γ,所产生的成本分别为 αC_1、βC_2、γC_3。

假设3:众创空间的服务支持能够降低其他主体参与协同合作的成本。

假定新创企业参加协同创新的成本为 M，风投机构参加协同创新的成本分别为 N，两主体对众创空间创新成本增多或减少的敏感程度为 n、m。即众创空间协同创新成本每增加一个单位，新创企业和风投机构的协同创新成本相应减少 n、m 个单位，则新创企业和风投机构的协同创新成本减少量可表示为 αnM、αmN。

假设4：三方协同创新策略下，众创空间、风投机构获得的收益增量分别为 $\lambda_1 R$、$\lambda_2 R$，其中，λ_1、λ_2 分别为众创空间、风投机构与新创企业收益增量比例。新创企业收益增量 R 包括两部分，一部分是众创空间服务费用收取变化以及风投机构资金投资带来的直接增量，另一部分是众创空间措施激励以及风投机构帮扶措施带来的间接增量。当风投机构选择协同时，其带来的资金支持、营销策略、创新技术咨询服务引发的新创企业收益增量为 E_1；当众创空间采取新创企业激励、服务费用收取措施导致新创企业成本降低时，进而引发的新创企业收益增量分别为 βE_2、γE_3。

假设5：众创空间主导下，为避免新创企业、风投机构等主体出现中途退出等情况，假定当有博弈主体选择协同策略时，退出方需承担损失 P。

二、收益矩阵构建及复制动态方程求解

基于以上假设及各博弈主体的策略选择，可得到众创空间、新创企业、风投机构的收益矩阵，如下表 3-3-1 所示。

表 3-3-1　众创空间、新创企业、风投机构三方博弈收益矩阵

策略组合	众创空间	新创企业	风投机构
（协同,协同,协同）	$Q_1 - \alpha C_1 - \beta C_2 + \gamma C_3 + \lambda_1(E_1 + \beta E_2 + \gamma E_3 + \alpha nM - M - \gamma C_3)$	$Q_2 + E_1 + \beta E_2 + \gamma E_3 + \alpha nM - M - \gamma C_3$	$Q_3 + \alpha mN - N + \lambda_2(E_1 + \beta E_2 + \gamma E_3 + \alpha nM - M - \gamma C_3)$
（协同,协同,不协同）	$Q_1 - \alpha C_1 - \beta C_2 + \gamma C_3 + \lambda_1(\beta E_2 + \gamma E_3 + \alpha nM - M - \gamma C_3)$	$Q_2 + \beta E_2 + \gamma E_3 + \alpha nM - M - \gamma C_3$	$Q_3 - P$
（协同,不协同,协同）	$Q_1 - \alpha C_1 + \gamma C_3$	$Q_2 - \gamma C_3 - P$	$Q_3 + \alpha mN - N$
（协同,不协同,不协同）	$Q_1 - \alpha C_1 + \gamma C_3$	$Q_2 - \gamma C_3 - P$	$Q_3 - P$

续表

策略组合	众创空间	新创企业	风投机构
(不协同,协同,协同)	$Q_1 + C_3 - P$	$Q_2 + E_1 - M - C_3$	$Q_3 - N + \lambda_2(E_1 - M - C_3)$
(不协同,协同,不协同)	$Q_1 + C_3 - P$	$Q_2 - M - C_3$	$Q_3 - P$
(不协同,不协同,协同)	$Q_1 + C_3 - P$	$Q_2 - C_3 - P$	$Q_3 - N$
(不协同,不协同,不协同)	$Q_1 + C_3$	$Q_2 - C_3$	Q_3

三、模型构建

根据上表,可得众创空间选择参与协同创新的期望收益 U_1:

$$\begin{aligned} U_1 = & yz[Q_1 - \alpha C_1 - \beta C_2 + \gamma C_3 + \lambda_1(E_1 + \beta E_2 + \gamma E_3 + \alpha nM - M - \gamma C_3)] \\ & + y(1-z)[Q_1 - \alpha C_1 - \beta C_2 + \gamma C_3 + \lambda_1(\beta E_2 + \gamma E_3 + \alpha nM - M - \gamma C_3)] \\ & + (1-y)z(Q_1 - \alpha C_1 + \gamma C_3) + (1-y)(1-z)(Q_1 - \alpha C_1 + \gamma C_3) \end{aligned} \tag{3-3-1}$$

众创空间选择不参与协同创新的期望收益 U_2:

$$\begin{aligned} U_2 = & (1-y)z(Q_1 + C_3 - P) + yz(Q_1 + C_3 - P) \\ & + y(1-z)(Q_1 + C_3 - P) + (1-y)(1-z)(Q_1 + C_3) \end{aligned} \tag{3-3-2}$$

众创空间的平均期望收益 U:

$$\begin{aligned} U = & xU_1 + (1-x)U_2 = P(x-1)[y(1-z) + z] + C_3 + Q_1 \\ & + x[y\lambda_1(zE_1 + \beta E_2 + \gamma E_3 + \alpha nM - M - \gamma C_3) - \alpha C_1 \\ & - y\beta C_2 + (\gamma - 1)C_3] \end{aligned} \tag{3-3-3}$$

则,众创空间的复制动态方程为 $F(x)$:

$$\begin{aligned} F(x) = & x(1-x)[y\lambda_1(zE_1 + \beta E_2 + \gamma E_3 + \alpha nM - M - \gamma C_3) + yP \\ & + zP(1-y) - \alpha C_1 - y\beta C_2 - (1-\gamma)C_3] \end{aligned} \tag{3-3-4}$$

同理,新创企业参与协同创新的期望收益为 V_1:

$$\begin{aligned}V_1 =\ & xz(Q_2+E_1+\beta E_2+\gamma E_3+\alpha nM-M-\gamma C_3)+x(1-z)[Q_2\\&+\beta E_2+\gamma E_3+\alpha nM-M-\gamma C_3]+(1-x)z(Q_2+E_1-M-C_3)\\&+(1-x)(1-z)(Q_2-M-C_3)\end{aligned}\qquad(3-3-5)$$

新创企业不参与协同创新的期望收益为 V_2：

$$\begin{aligned}V_2 =\ & xz(Q_2-\gamma C_3-P)+x(1-z)(Q_2-\gamma C_3-P)\\&+(1-x)z(Q_2-C_3-P)+(1-x)(1-z)(Q_2-C_3)\end{aligned}\qquad(3-3-6)$$

新创企业的平均期望收益 V：

$$\begin{aligned}V =\ & P(y-1)(x+z-xz)+My(n x\alpha-1)+\{xz(y-1)\\&+x[z-y(z+\gamma-1)]-1\}C_3+y(zE_1+x\beta E_2+x\gamma E_3)+Q_2\end{aligned}\qquad(3-3-7)$$

新创企业的复制动态方程为：

$$\begin{aligned}G(y)=\ & y(1-y)[zE_1+x\beta E_2+x\gamma E_3+P(x+z-xz)\\&+M(\alpha n x-1)]\end{aligned}\qquad(3-3-8)$$

同理，风投机构选择参与协同创新的期望收益为 W_1：

$$\begin{aligned}W_1 =\ & xy[Q_3+\alpha mN-N+\lambda_2(E_1+\beta E_2+\gamma E_3+\alpha nM-M-\gamma C_3)]\\&+x(1-y)(Q_3+\alpha mN-N)+(1-x)y[Q_3-N+\lambda_2(E_1-M-C_3)]\\&+(1-x)(1-y)(Q_3-N)\end{aligned}\qquad(3-3-9)$$

风投机构选择不参与协同创新的期望收益为 W_2：

$$\begin{aligned}W_2 =\ & xy[Q_3-P]+x(1-y)(Q_3-P)+(1-x)y(Q_3-P)\\&+(1-x)(1-y)Q_3\end{aligned}\qquad(3-3-10)$$

风投机构的平均期望收益 W：

$$\begin{aligned}W =\ & -P[x(y-1)-y](z-1)+Nz(mx\alpha-1)+Q_3+yz\lambda_2[-M+Mnx\alpha\\&+(-1+x-x\gamma)C_3+E_1+x\beta E_2+x\gamma E_3]\end{aligned}\qquad(3-3-11)$$

风投机构的复制动态方程为：

$$\begin{aligned}H(z)=\ & z(1-z)[y\lambda_2(E_1+x\beta E_2+x\gamma E_3+\alpha nMx-M-(1-x+\gamma x)C_3)\\&+P(x+y-xy)+N(\alpha mx-1)]\end{aligned}\qquad(3-3-12)$$

根据式(3-3-4)、(3-3-8)、(3-3-12)可以得到众创空间、新创企业、风投机构的复制动力系统如下：

$$\begin{cases} F(x) = x(1-x)[y\lambda_1(zE_1+\beta E_2+\gamma E_3+\alpha nM-M-\gamma C_3)+yP \\ \qquad\qquad +zP(1-y)-\alpha C_1-y\beta C_2-(1-\gamma)C_3] \\ G(y) = y(1-y)[zE_1+x\beta E_2+x\gamma E_3+P(x+z-xz)+M(\alpha nx-1)] \\ H(z) = z(1-z)[y\lambda_2(E_1+x\beta E_2+x\gamma E_3+\alpha nMx-M \\ \qquad\qquad -(1-x+\gamma x)C_3)+P(x+y-xy)+N(\alpha mx-1)] \end{cases}$$

(3-3-13)

式(3-3-13)中的三个复制动态方程分别反映了众创空间、新创企业、风投机构策略调整的方向和速度。

第三节 渐进稳定性分析

一、众创空间的渐进稳定性分析

对众创空间的复制动态方程求关于概率 x 的一阶导数，得：

$$\frac{\partial F(x)}{\partial x} = (1-2x)[y\lambda_1(zE_1+\beta E_2+\gamma E_3+\alpha nM-M-\gamma C_3)+yP$$
$$+zP(1-y)-\alpha C_1-y\beta C_2-(1-\gamma)C_3] \quad (3\text{-}3\text{-}14)$$

根据稳定性理论可知，当且仅当众创空间的动态复制方程 $F(x)=0$ 和其一阶偏导 $\dfrac{\partial F(x)}{\partial x}<0$ 同时成立时，众创空间的策略调整过程才能趋于稳态，分三种情景讨论：

1. 当 $z = \dfrac{y\lambda_1(\beta E_2+\gamma E_3+\alpha nM-M-\gamma C_3)+yP-\alpha C_1-y\beta C_2-(1-\gamma)C_3}{Py-P-y\lambda_1 E_1}$ 时，$\dfrac{\partial F(x)}{\partial x}\equiv 0$，此时 x 取区间内任意值时都将处于稳定状态。

2. $0<z<\dfrac{y\lambda_1(\beta E_2+\gamma E_3+\alpha nM-M-\gamma C_3)+yP-\alpha C_1-y\beta C_2-(1-\gamma)C_3}{Py-P-y\lambda_1 E_1}$ 时，$\dfrac{\partial F(x)}{\partial x}\Big|_{x=0}<0$，$\dfrac{\partial F(x)}{\partial x}\Big|_{x=1}>0$，此时 $x=0$ 时是演化稳定状态，即当风投机构参与协同创新的概率低于 $\dfrac{y\lambda_1(\beta E_2+\gamma E_3+\alpha nM-M-\gamma C_3)+yP-\alpha C_1-y\beta C_2-(1-\gamma)C_3}{Py-P-y\lambda_1 E_1}$ 时，众创空间不参与协同创新为稳定策略。

3. 当 $\dfrac{y\lambda_1(\beta E_2 + \gamma E_3 + \alpha nM - M - \gamma C_3) + yP - \alpha C_1 - y\beta C_2 - (1-\gamma)C_3}{Py - P - y\lambda_1 E_1} < z < 1$，$\dfrac{\partial F(x)}{\partial x}\Big|_{x=0} > 0$，$\dfrac{\partial F(x)}{\partial x}\Big|_{x=1} < 0$，此时 $x = 1$ 是演化稳定状态，即风投机构参与协同创新的概率高于 $\dfrac{y\lambda_1(\beta E_2 + \gamma E_3 + \alpha nM - M - \gamma C_3) + yP - \alpha C_1 - y\beta C_2 - (1-\gamma)C_3}{Py - P - y\lambda_1 E_1}$ 时，众创空间参与协同创新为稳定策略。

众创空间策略演化的复制动态相位图如图 3-3-2 所示。

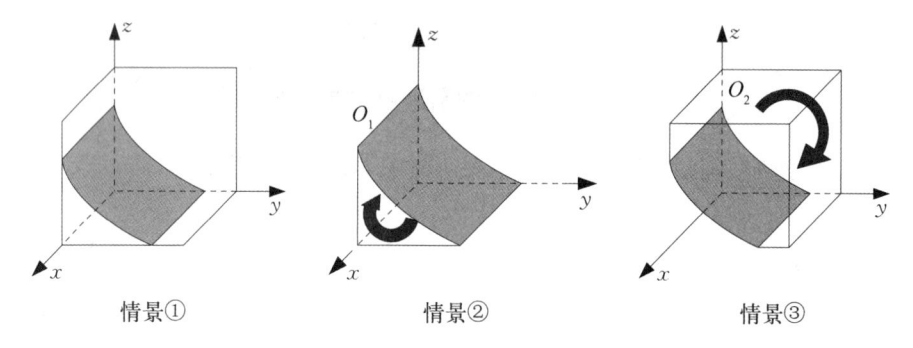

图 3-3-2 众创空间的复制动态相位图

由图 3-3-2 可知，众创空间考虑是否参与协同创新，受新创企业和风投机构策略选择概率，三主体参与协同创新的收益 E_1、E_2、E_3，众创空间协同创新成本增加执行力度 α、新创企业激励执行力度 β、服务费用收取执行力度 γ，惩罚 P，新创企业协同创新成本 M 等因素的影响。图 3-3-2 体积 O_1 和 O_2 分别表示众创空间选择不参与协同创新策略和选择参与协同创新策略的概率，受 $\dfrac{y\lambda_1(\beta E_2 + \gamma E_3 + \alpha nM - M - \gamma C_3) + yP - \alpha C_1 - y\beta C_2 - (1-\gamma)C_3}{Py - P - y\lambda_1 E_1}$ 的决定，在能获得相同效益情形下 α、β、γ、λ_1、E_2、E_3、P、C_3、M、n 的降低，以及 E_1、C_1、C_2 的增大有利于体积 O_2 的增大，即有利于众创空间向参与协同创新策略演化。

二、新创企业的渐进稳定性分析

同样，对新创企业的复制动态方程求关于概率 y 的一阶导数，得：

$$\frac{\partial G(y)}{\partial y} = (1-2y)[zE_1 + x\beta E_2 + x\gamma E_3 + P(x+z-xz)$$
$$+ M(\alpha nx - 1)] \quad (3-3-15)$$

1. 当 $x = \dfrac{zE_1 + Pz - M}{Pz - \beta E_2 - \gamma E_3 - P - M\alpha n}$，$\dfrac{\partial F(y)}{\partial y} \equiv 0$，此时 y 取区间内任意值时都是稳态。

2. 当 $0 < x < \dfrac{zE_1 + Pz - M}{Pz - \beta E_2 - \gamma E_3 - P - M\alpha n}$ 时，$\left.\dfrac{\partial F(y)}{\partial y}\right|_{y=0} < 0$，$\left.\dfrac{\partial F(y)}{\partial y}\right|_{y=1} > 0$，此时 $y=0$ 是演化稳定状态，即当众创空间参与协同创新的概率低于 $\dfrac{zE_1 + Pz - M}{Pz - \beta E_2 - \gamma E_3 - P - M\alpha n}$ 时，新创企业最终会选择不协同策略。

3. 当 $\dfrac{zE_1 + Pz - M}{Pz - \beta E_2 - \gamma E_3 - P - M\alpha n} < x < 1$ 时，$\left.\dfrac{\partial F(y)}{\partial y}\right|_{y=0} > 0$，$\left.\dfrac{\partial F(y)}{\partial y}\right|_{y=1} < 0$，此时，$y=1$ 是演化稳定状态，即当众创空间参与协同创新概率高于 $\dfrac{zE_1 + Pz - M}{Pz - \beta E_2 - \gamma E_3 - P - M\alpha n}$ 时，新创企业最终会选择协同策略。

新创企业行为演化的复制动态相位图如图 3-3-3 所示：

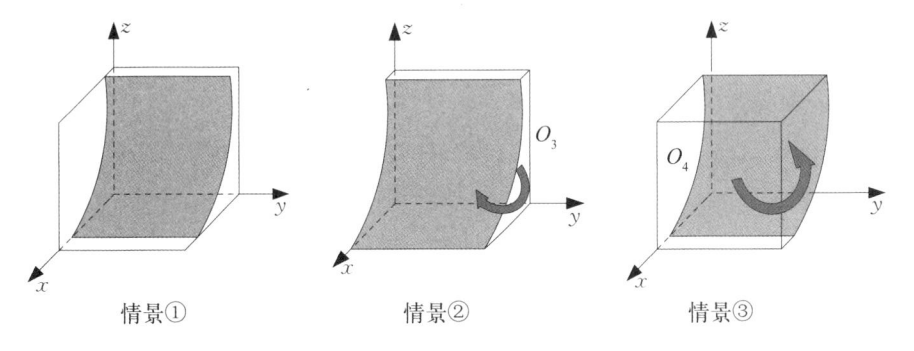

情景①   情景②   情景③

图 3-3-3 新创企业的复制动态相位图

由图 3-3-3 可知，新创企业是否选择参与协同创新，受众创空间和风投机构策略选择概率，三主体参与协同创新的收益 E_1、E_2、E_3，众创空间协同创新成本增加执行力度 α、新创企业激励执行力度 β、服务费用收

取执行力度 γ，惩罚 P，新创企业协同创新成本 M，新创企业对众创空间协同创新成本变化系数 n 等参数变化的影响。图 3-3-3 中体积 O_3 和 O_4 分别表示新创企业选择不参与协同创新策略和选择参与同创新策略的概率，受 $\dfrac{zE_1 + Pz - M}{Pz - \beta E_2 - \gamma E_3 - P - M\alpha n}$ 决定，其中，E_1、P 的降低，以及 M、E_2、E_3、n、β、α 的增加均有利于 O_4 体积的增大，即激励新创企业向参与协同创新方向演化。

三、风投机构的渐进稳定性分析

同样，对风险投资机构的复制动态方程求关于概率 z 的一阶导数：

$$\dfrac{\partial H(z)}{\partial z} = (1-2z)[y\lambda_2(E_1 + x\beta E_2 + x\gamma E_3 + \alpha nMx - M - (1-x+\gamma x)C_3) + P(x+y-xy) + N(\alpha mx - 1)]$$

$$(3-3-16)$$

1. 当 $y = \dfrac{N - N\alpha mx - xP}{P - Px + \lambda_2(E_1 + x\beta E_2 + x\gamma E_3 + \alpha nMx - M - (1-x+\gamma x)C_3)}$ 时，$\dfrac{\partial F(z)}{\partial z} \equiv 0$，此时 z 取区间内任何值时，都处于稳定状态。

2. 当 $0 < y < \dfrac{N - N\alpha mx - xP}{P - Px + \lambda_2(E_1 + x\beta E_2 + x\gamma E_3 + \alpha nMx - M - (1-x+\gamma x)C_3)}$ 时，$\dfrac{\partial F(z)}{\partial z}\bigg|_{z=0} < 0$，$\dfrac{\partial F(z)}{\partial z}\bigg|_{z=1} > 0$，此时 $z=0$ 是稳定状态，风投机构选择不参与协同创新是稳定状态。

3. 当 $\dfrac{N - N\alpha mx - xP}{P - Px + \lambda_2(E_1 + x\beta E_2 + x\gamma E_3 + \alpha nMx - M - (1-x+\gamma x)C_3)} < y < 1$ 时，$\dfrac{\partial F(z)}{\partial z}\bigg|_{z=0} > 0$，$\dfrac{\partial F(z)}{\partial z}\bigg|_{z=1} < 0$，此时 $z=1$ 是稳定状态，风投机构参与协同创新为稳定状态。

风投机构策略演化的复制动态相位图如图 3-3-4 所示。

由图 3-3-4 可知，风投机构在是否选择参与协同创新时，受众创空间和新创企业策略选择概率、三主体协同创新收益 E_1、E_2、E_3，众创空间协同创新成本增加执行力度 α、新创企业激励执行力度 β、服务费用收取

情景①　　　　　　　情景②　　　　　　　情景③

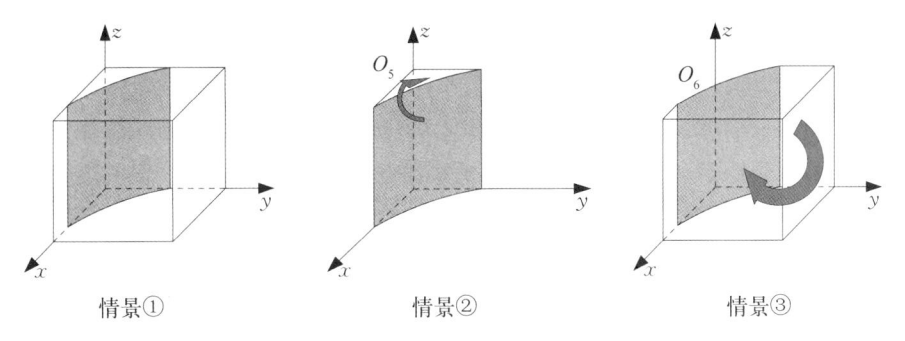

图 3-3-4　风投机构的复制动态相位图

执行力度 γ，惩罚 P，新创企业协同创新成本 M，风投机构协同创新成本 N，新创企业对众创空间协同创新成本变化系数 n，风投机构对众创空间协同创新成本变化系数 m 等参数变化的影响，图 3-3-4 中体积 O_5 和 O_6 分别表示风投机构参与协同创新策略和不参与协同创新策略的概率，受

$$\frac{N - N\alpha mx - xP}{P - Px + \lambda_2(E_1 + x\beta E_2 + x\gamma E_3 + \alpha n Mx - M - (1-x+\gamma x)C_3)}$$

决定，N、P、M、γ、C_3 的降低，以及 E_1、E_2、E_3、α、β、λ_2 的增大均有利于 O_6 体积的增大，即刺激风投机构向参与协同创新方向演化。

第四节　演化稳定策略求解

根据演化博弈系统雅可比矩阵的研究结论（Friedman，1991）[265]，结合式（3-3-13）可得该系统的雅可比矩阵为 J：

$$J = \begin{bmatrix} F_{11} & F_{12} & F_{13} \\ F_{21} & F_{22} & F_{23} \\ F_{31} & F_{32} & F_{33} \end{bmatrix} \quad (3-3-17)$$

其中，

$$F_{11} = (1-2x)[y(zE_1 + \beta E_2 + \gamma E_3 - M + Mn\alpha - \gamma C_3)\lambda_1 + Py \\ + P(1-y)z - \alpha C_1 - y\beta C_2 - (1-\gamma)C_3] \quad (3-3-18)$$

$$F_{12} = x(1-x)[(zE_1 + \beta E_2 + \gamma E_3 - M \\ + Mn\alpha - \gamma C_3)\lambda_1 + P - Pz - \beta C_2] \quad (3-3-19)$$

$$F_{13} = x(1-x)[yE_1\lambda_1 + P(1-y)] \quad (3-3-20)$$

$$F_{21} = y(1-y)(\beta E_2 + \gamma E_3 + P(1-z) + Mn\alpha) \quad (3-3-21)$$

$$\begin{aligned}F_{22} = (1-2y)[zE_1 + x\beta E_2 + x\gamma E_3 \\ + P(x+z-xz) + M(nx\alpha - 1)]\end{aligned} \quad (3-3-22)$$

$$F_{23} = y(1-y)[E_1 + P(1-x)] \quad (3-3-23)$$

$$\begin{aligned}F_{31} = z(1-z)[y(\beta E_2 + \gamma E_3 + Mn\alpha - (\gamma-1)C_3)\lambda_2 \\ + P(1-y) + Nm\alpha]\end{aligned} \quad (3-3-24)$$

$$\begin{aligned}F_{32} = z(1-z)[\lambda_2(E_1 + x\beta E_2 + x\gamma E_3 - M + Mnx\alpha \\ - (1-x+x\gamma)C_3) + P(1-x)]\end{aligned} \quad (3-3-25)$$

$$\begin{aligned}F_{33} = (1-2z)[y(E_1 + x\beta E_2 + x\gamma E_3 - M + Mnx\alpha - (1-x \\ + x\gamma)C_3)\lambda_2 + P(x+y-xy) + N(mx\alpha - 1)]\end{aligned}$$
$$(3-3-26)$$

令 $F(x) = G(y) = H(z) = 0$，由此可得 8 个特殊的均衡点 $V_1(0,0,0)$，$V_2(0,1,0)$，$V_3(0,0,1)$，$V_4(0,1,1)$，$V_5(1,0,0)$，$V_6(1,1,0)$，$V_7(1,0,1)$，$V_8(1,1,1)$。

当均衡点为 $V_1(0,0,0)$ 时，雅可比矩阵为 $K_1 =$

$$\begin{bmatrix} -\alpha C_1 - (1-\gamma)C_3 & 0 & 0 \\ 0 & -M & 0 \\ 0 & 0 & -N \end{bmatrix} \quad (3-3-27)$$

由此可知，均衡点 $V_1(0,0,0)$ 处雅可比矩阵的特征值分别为 $L_1 = -\alpha C_1 - (1-\gamma)C_3$，$L_2 = -M$，$L_3 = -N$。将 $V_2 \sim V_8$ 这 8 个点分别代入式 (3-3-17)，得到不同点对应的特征值如表 3-3-2 所示：

表 3-3-2 雅可比矩阵的特征值

均衡点	特征值 l_1	特征值 l_2	特征值 l_3
$V_1(0,0,0)$	$-\alpha C_1 - (1-\gamma)C_3$	$-M$	$-N$
$V_2(0,1,0)$	$\lambda_1(\beta E_2 + \gamma E_3 - M + Mn\alpha - \gamma C_3) + P - \alpha C_1 - \beta C_2 - (1-\gamma)C_3$	M	$\lambda_2(E_1 - M - C_3) + Py - N$
$V_3(0,0,1)$	$P - \alpha C_1 - (1-\gamma)C_3$	$E_1 + P - M$	N

续表

均衡点	特征值 l_1	特征值 l_2	特征值 l_3
$V_4(0,1,1)$	$\lambda_1(E_1+\beta E_2+\gamma E_3-M+Mn\alpha-\gamma C_3)+P-\alpha C_1-\beta C_2-(1-\gamma)C_3$	$-(E_1+P-M)$	$-(\lambda_2(E_1-M-C_3)+Py-N)$
$V_5(1,0,0)$	$-(-\alpha C_1-(1-\gamma)C_3)$	$\beta E_2+\gamma E_3+P+M(n\alpha-1)$	$P+N(m\alpha-1)$
$V_6(1,1,0)$	$-(\beta E_2+\gamma E_3-M+Mn\alpha-\gamma C_3+P-\alpha C_1-\beta C_2-(1-\gamma)C_3)$	$-(\beta E_2+\gamma E_3+P+M(n\alpha-1))$	$\lambda_2(E_1+\beta E_2+\gamma E_3-M+Mn\alpha-\gamma C_3)+P+N(m\alpha-1)$
$V_7(1,0,1)$	$-(P-\alpha C_1-(1-\gamma)C_3)$	$E_1+\beta E_2+\gamma E_3+P+M(n\alpha-1)$、	$-(P+N(m\alpha-1))$
$V_8(1,1,1)$	$-(\lambda_1(E_1+\beta E_2+\gamma E_3-M+Mn\alpha-\gamma C_3)+P-\alpha C_1-\beta C_2-(1-\gamma)C_3)$	$-(E_1+\beta E_2+\gamma E_3+P+M(n\alpha-1))$	$-(\lambda_2(E_1+\beta E_2+\gamma E_3-M+Mn\alpha-\gamma C_3)+P+N(m\alpha-1))$

由李雅普洛夫定理可知,当$-\alpha C_1-(1-\gamma)C_3$、$-M$、$-N$为负数时,均衡点$V_1(0,0,0)$即为该演化博弈系统的演化稳定点。$-[\lambda_1(E_1+\beta E_2+\gamma E_3-M+Mn\alpha-\gamma C_3)+P-\alpha C_1-\beta C_2-(1-\gamma)C_3]<0$、$-[E_1+\beta E_2+\gamma E_3+P+M(\alpha n-1)]<0$,$-[\lambda_2(E_1+\beta E_2+\gamma E_3-M+Mn\alpha-\gamma C_3)+P+N(\alpha M-1)]<0$时,均衡点$V_8(1,1,1)$也是该演化博弈系统的演化稳定点。

第五节 众创空间多主体协同创新仿真分析

为进一步反映众创空间在不同干预措施和干预强度下各创新主体的动态演化轨迹,本研究运用 Matlabr2018b 软件对三方策略选择的动态过程进行仿真分析。模型中涉及的众创空间协同创新成本、新创企业激励、服务费用收取执行力度等参数借鉴相关研究(何海龙和李明琨,2021[262];曹霞等,2018[263])的赋值方法,划分为高、中、低三个等级,并分别设定为0.9、0.5、0.2。根据模型参数取值约束以及实际意义,本研究基本参数取值情况如下:$E_1=29$、$E_2=30$、$E_3=32$、$\lambda_1=0.4$、$\lambda_2=0.5$、$M=18$、$N=17$、$P=2$、$m=$

0.3、$n=0.5$、$\alpha=0.5$、$\beta=0.5$、$\gamma=0.5$、$C_1=5$、$C_2=6$、$C_3=7$。

一、众创空间协同创新成本增加对各博弈主体行为的影响

在基本参数取值基础上，众创空间协同创新成本增加的执行力度 α 取 0.2、0.5、0.9 时，各博弈主体的演化趋势如下图3-3-5～图3-3-7所示。

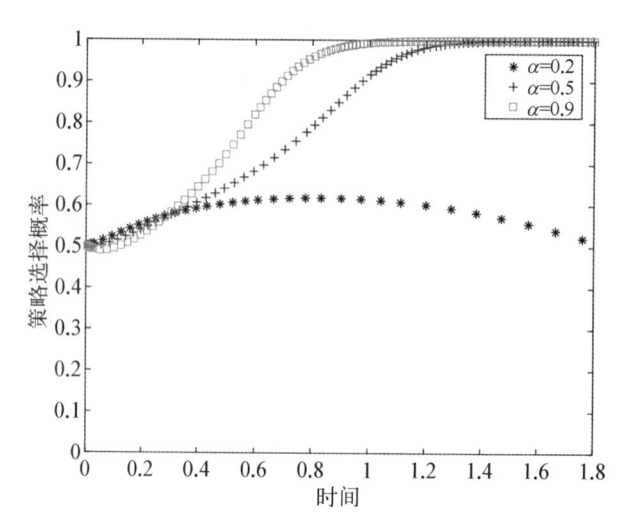

图3-3-5　协同创新成本变化下众创空间参与策略演化趋势图

众创空间行为策略随时间变化趋势如图3-3-5所示。众创空间协同创新成本较低时，众创空间对于多主体协同创新的参与意愿不强，众创空间向中途退出方向演化；随着协同创新成本增加，众创空间向多主体协同创新方向演化，且协同创新成本越高，众创空间向多主体协同创新方向演化的速率明显加快。

新创企业行为策略随时间的变化趋势如图3-3-6所示。众创空间协同创新成本为低、中、高三种执行力度下，新创企业均会选择参与多主体协同合作，且众创空间参与协同合作的成本越多，新创企业向参与多主体协同合作方向演化的速度会变化得更加明显。

风投机构行为策略随时间的变化趋势如图3-3-7所示。众创空间创新成本执行力度的变化对风投机构参与协同合作演化的速率没有明显影响，说明风投机构与新创企业之间具有较好的协同性，众创空间创新成本的大小对风投机构投资意愿无明显影响。风投机构在投资过程中更加看重新创企业的发展前景和投资的价值回报，因此众创空间协同创新成本高低对其投资意愿的影响较小。

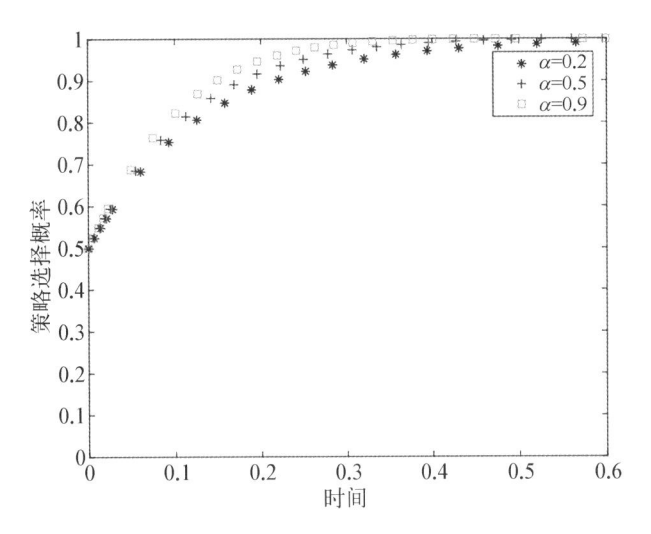

图 3-3-6 协同创新成本变化下新创
企业参与策略演化趋势图

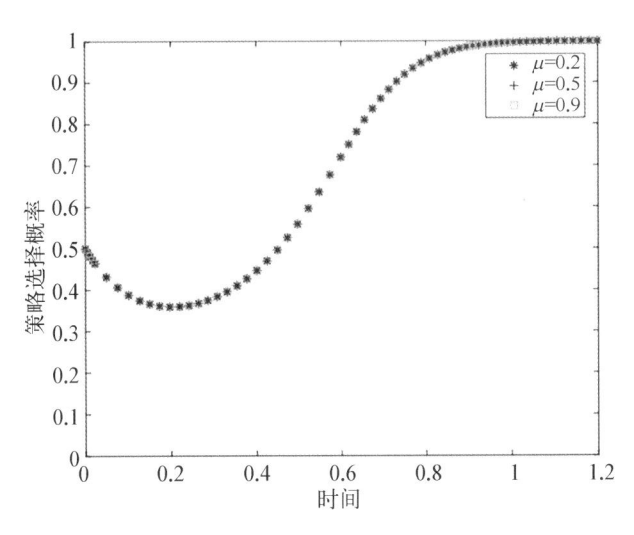

图 3-3-7 协同创新成本变化下风投
机构参与策略演化趋势图

二、众创空间对新创企业的激励对各博弈主体行为的影响

在基本参数取值基础上,众创空间对新创企业激励的执行力度 β 取 0.2、0.5、0.9 时,各博弈主体的演化趋势如下图 3-3-8～图 3-3-10 所示。

众创空间行为策略随时间的变化趋势如图 3-3-8 所示。众创空间对新创企业施行低强度的激励时,众创空间向不参与协同合作的方向演化;当众创空间对新创企业的激励强度为中高强度时,众创空间向多主体合作方向演化,且激励强度越大,众创空间向多主体合作方向演化的速率越明显。

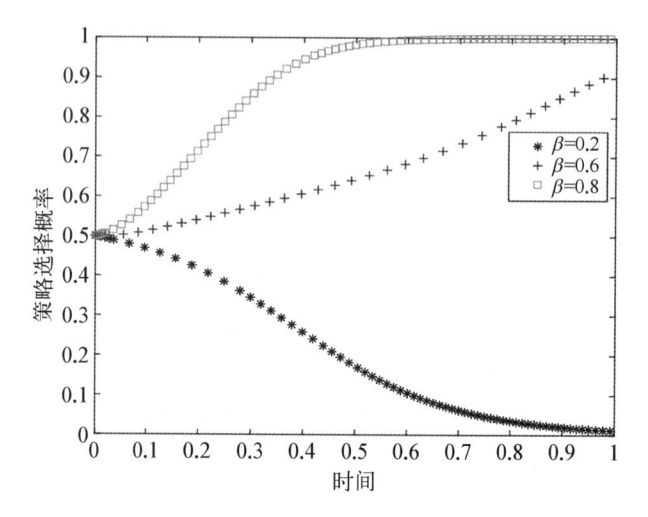

图3-3-8 协同创新激励强度变化下
众创空间参与策略演化趋势图

新创企业行为策略随时间的变化趋势如图3-3-9所示。众创空间对新创企业的激励强度较低时,新创企业向中途退出方向演化;当众创空间对新创企业的激励强度为中高强度时,新创企业向参与协同创新方向演化,且激励强度越大新创企业参与协同的意愿就会越强。

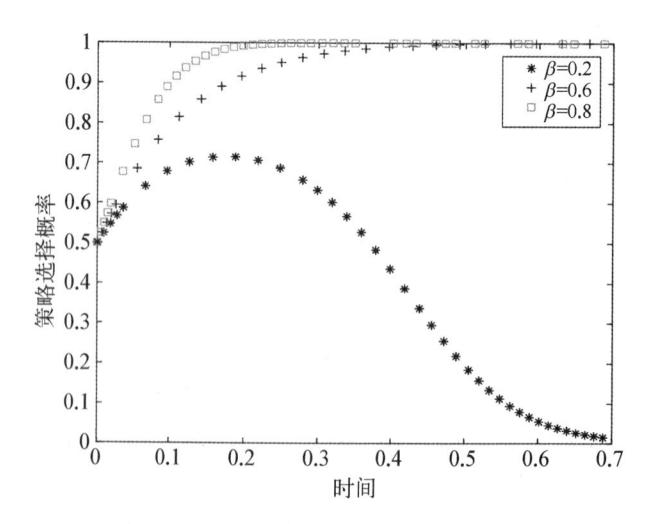

图3-3-9 协同创新激励强度变化下新创
企业参与策略演化趋势图

风投机构行为策略随时间的变化趋势如图3-3-10所示。众创空间较低的激励强度下,风投机构会向不参与合作的方向演化。当激励强度为中高强度时,部分风投机构会暂时选观望,拒绝参与合作;但随着众创空间中高强度激励下,众创空间会更多地参与到新创企业的创新活动中,新创企业的创新潜力和创新质量得到大幅度提升;于是,风投机构会逐渐向多主体合作方向演化,且众创空间激励强度越大,风投机构参与合作的确定性越高,向多主体合作方向演化的速率越明显。众创空间对新创企业的激励强度也就是众创空间对新创企业创新活动的参与度,即众创空间对新创企业创新活动的参与度越高,风投机构投资意愿就会更强。

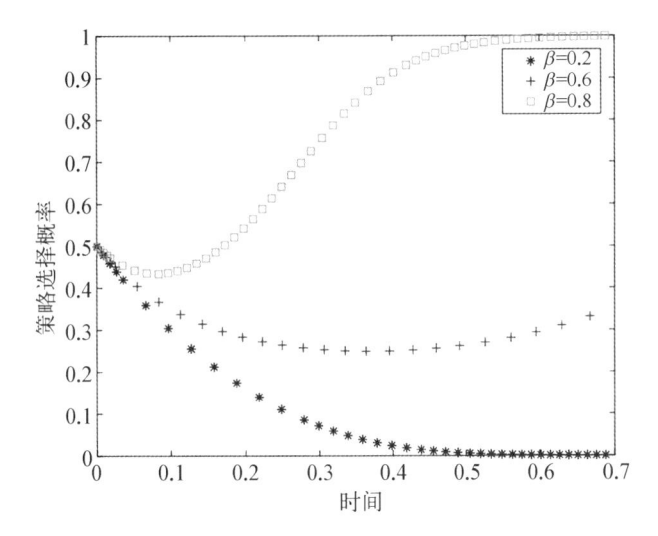

图3-3-10 协同创新激励强度变化下风投机构参与策略演化趋势图

三、众创空间服务费用收取对各博弈主体行为的影响

在基本参数取值基础上,众创空间服务费用收取执行力度γ取0.2、0.5、0.9时,各博弈主体对演化趋势如下图3-3-11~图3-3-13所示。

众创空间行为策略随时间的变化趋势如图3-3-11所示。众创空间施行低强度的服务费用收取执行力度,即收取较少的服务费用时,众创空间向不参与多主体合作的方向演化。当服务费用收取执行力度为中高强度时,即增加服务费用收取时,众创空间向参与多主体合作方向演化;且服务费用收取执行力度越大,众创空间向参与多主体合作方向演化的速率越明显。

新创企业行为策略随时间的变化趋势如图3-3-12所示。众创空间服务费用收取执行力度较低时(低收费,则企业创业自身成本高),新创企

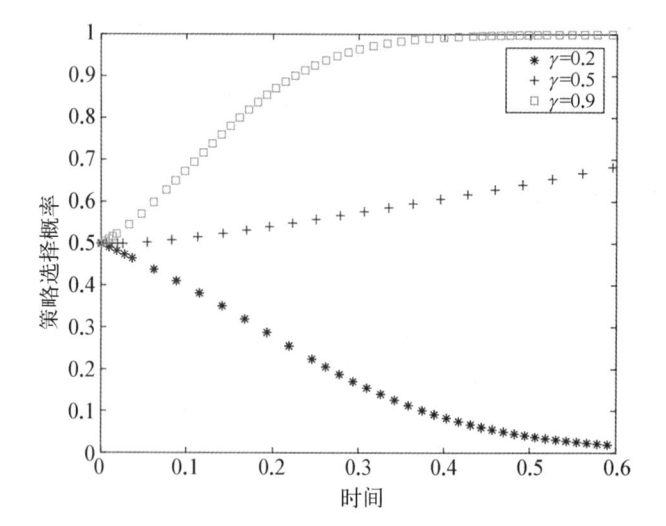

图 3-3-11 服务费用变化下众创空间
参与策略演化趋势图

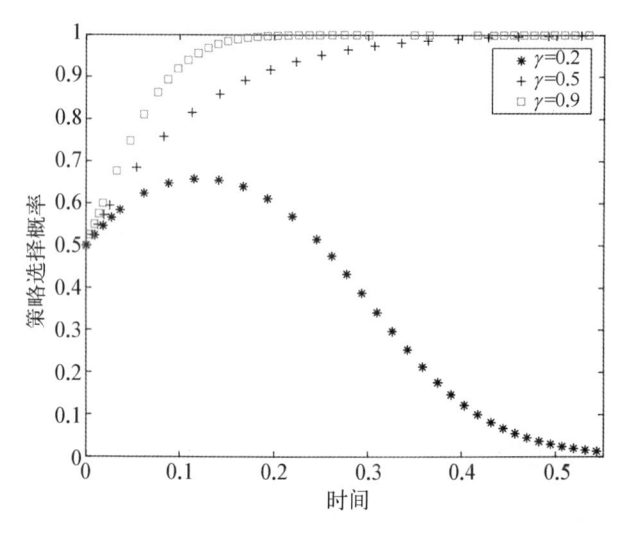

图 3-3-12 服务费用变化下新创企业
参与策略演化趋势图

业向中途退出方向演化。当服务费用收取执行力度为中高强度时(高收费,则众创空间孵化服务强,企业创业成本低),新创企业向参与协同创新方向演化,且新创企业参与协同创新的意愿随着众创空间服务费用收取执行力度的增大而增强。

风投机构行为策略随时间的变化趋势如图 3-3-13 所示。众创空间较低的服务费用收取执行力度下,风投机构向不参与多主体合作方向演化。当

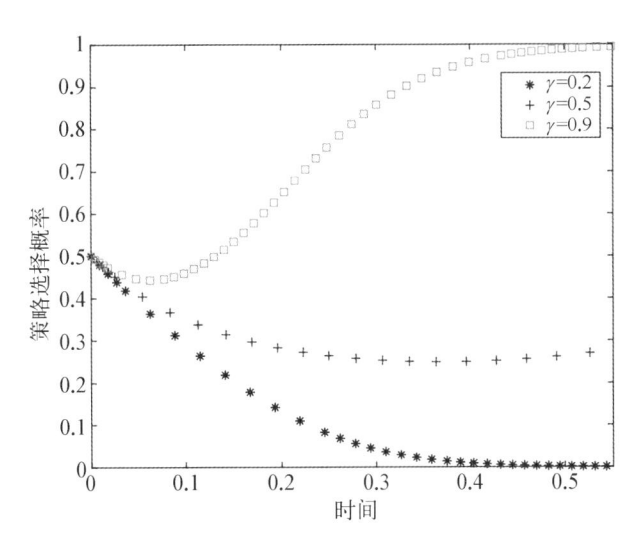

图 3-3-13 服务费变化下风投机构
参与策略演化趋势图

服务费用收取执行力度为中高强度时，部分风投机构会暂时观望，拒绝参与多主体合作；但中高强度服务费用收取下，众创空间向新创企业提供更加全方位的创业支持和服务，新创企业创业环境更加完善；于是，风投机构逐渐选择参与多主体合作，且众创空间服务费用收取执行力度越大，风投机构参与合作的确定性越强，向参与协同创新方向演化速率越明显。

本章在价值链视角下构建了众创空间三方协同创新演化博弈模型，并结合数值模拟对新创企业激励等参数变化对各博弈主体行为选择的影响进行了分析。研究发现众创空间对新创企业的激励以及服务费用的收取方式对三方协同创新行为具有正向激励作用，但众创空间协同创新成本的变化对风投机构选择投资与否的行为无明显影响。

第四篇

众创空间孵化服务绩效提升和促进机制研究

第一章　众创空间孵化服务绩效内部提升机制设计

众创空间是党的十九大、十九届一中二中全会实施创新驱动发展战略、扶持双创的重要举措,是小微企业双创服务体系建设的未来骨干架构和重要载体。本研究基于前文实证研究结果,面对国内外双创生态环境恶化"倒逼"孵化方式转变的外部力量,以"政府→外部双创生态环境→众创空间"为基本范式,构建众创空间内部提升机制。

第一节　优化众创空间内部治理结构

根据第一篇第三章的治理结构对众创空间孵化服务能力影响效应研究所形成的结论,众创空间内部治理结构对孵化服务能力具有正向影响,对基础孵化能力的系数路径为 0.368,对综合服务能力的系数路径为 0.371,对增值服务能力的系数路径为 0.437,这说明众创空间对外部治理体系的构建,与各资源方形成良好的连接,加大对政策的利用,是从外部推动孵化服务能力的关键所在。根据第三篇第二章的表 3-2-12 的数据,无效的九个决策单元中有四个决策单元的管理层人数冗余百分比超过 225%,普遍存在冗余过量的情况,治理环境、治理结构、治理投入都或多或少存在问题,大部分的众创空间还处于规模报酬递增的阶段,规模效率对于无效单元的影响较大,说明大部分组织仍处于治理规模较小的阶段。据此,本研究提出如下的内部提升机制建议。

一、优化众创空间内部组织构架

第一篇第二章研究结果表明,内部治理制度创新对众创空间的空间及设施服务能力、基础服务能力、增值服务能力的路径系数较大,分别为 0.46、

0.53和0.26，表明内部治理制度创新对众创空间创业服务能力的影响较为明显，要着力加强众创空间的内部治理。

组织结构是指对于工作任务如何进行分工、分组和协调合作，而众创空间作为孵化小微企业的载体，在其内部结构上进行持续优化对于入孵企业的健康、可持续发展显得极为重要。因此，本研究提出相关对策以期推动众创空间内部组织结构深度优化。众创空间内部组织结构必须契合其未来发展方向及战略，众创空间在其内部大多采用直线型组织结构，这种组织结构的优点在于，由一把手把握着众创空间的整体运作，众创空间内部决策链条短、办事效率高，对于员工的激励、奖励和控制都比较方便、灵活，但其缺点也十分明显，过分集权可能不利于众创空间后备人才的选拔及培养，并且若众创空间处于扩张时期，仅靠一把手也难以维系众创空间的高效运转。对于众创空间内部所发现的上述问题，应对众创空间的组织架构进行调整优化。

（一）功能部门构架设计

在进行功能架构调整后，众创空间的直线型组织结构将转变为职能型组织结构，具体划分为决策层和执行层。决策层包括董事会、监事会。董事会主要负责制定众创空间长远的战略目标，把握众创空间整体发展方向，负责定期召开股东大会；监事会定期核查众创空间的财务状况，对董事会成员及管理人员的行为进行适当监督。执行层由经理层统管相关部门，具体职责如下：其一，行政部主要负责众创空间内部党务、政务工作等；其二，财务部负责处理众创空间的会计财务相关事宜；其三，人事部负责处理众创空间的人力资源工作；其四，后勤部负责众创空间的内务工作；其五，宣传部负责众创空间的公关工作，维护与当地政府部门、各高校及科研院所、各合作企业之间的关系，做好众创空间的品牌建设工作，对众创空间各类线下活动进行组织实施。

（二）孵化服务部门构架设计

众创空间提供的孵化服务应联合专业服务机构来实现，将自己不具优势的服务业务外包，或与相关中介服务机构合作完成，避免各类服务低水平的"小而全"。其一，建立人力资源服务系统。众创空间应依靠外部服务机构的力量为入驻企业提供人才猎头服务、人力资源培训等。其二，建立融资服务系统。众创空间在入驻企业向金融机构贷款时提供协助。其三，建立信息服务系统。众创空间应建立各领域专家资料库，组织参加国内外的各种研讨会及展销会，提供相关产品的发展趋势、市场调查及分析报告，提供政府采购信息等。其四，建立咨询服务系统。众创空间应针对不同类型的入驻企业以及处于不同发展阶段的企业提供对应服务。

(三)自身拓展部构架设计

1. 管理团队建设

众创空间的管理团队应该由少量的管理人员和大量多层次、全领域的专业服务人员(财务、外贸、创业辅导专家团队等)组成,各个服务层次的专业服务人员应在整体上呈金字塔结构,越趋底部,专业服务人员的数量应该越多。

2. 产业化建设

众创空间要把工作重心由单体孵化转移到产业孵化,使入驻企业在整个产业中成长、与产业共同成长,实现入驻企业经营优势的持续增强。

3. 发展资金管理

众创空间所融到的资金,除日常开支以外,其余资金累积进专项孵化基金(开放资金池),要兼顾众创空间的社会效益和税收、就业等间接经济利益,对投资回报的要求应该比正规的风险投资要低。其一,入驻小微企业的整体扶持,有选择性地以风险资本投入小微企业;其二,专项技术扶持,有选择性地扶持创业者的专项技术项目,约定以一定比例的知识产权或项目新增收入分成作为回报;其三,众创空间自身的固定资产或公共服务设施投资扩张[279]。

综上所述,将众创空间的组织架构进行重构,能够促进众创空间有序管理,集中力量攻坚重大项目,并且众创空间各职能部门也能够各司其事,为入孵企业及创客提供更加完善、人性化的孵化服务,助力自身全方面蓬勃发展。

二、构建完备的众创空间管理体系

由第一篇第三章的结构方程模型分析结果可得,众创空间内部治理结构与管理体系的相关系数为 0.827,即管理体系对众创空间的孵化能力具有推动作用,管理体系的发展和完善是众创空间内部良好运行的关键。

(一)建设风险防控体系

对于众创空间来说,由于其承受突发风险的能力较弱,所以须建立有效的风险防控体系。在众创空间业务扩张时期,应及时预警财务问题,谨防因为扩张业务造成资金链断裂。在众创空间内部建设有效的风险防控体系要秉承全员参与的理念,在入孵企业设置专门监管生产安全的岗位是有必要的,从而帮助入孵企业监督供应链的整体情况。

(二)优化众创空间内部管理职责

为提升众创空间内部运营效率,应在其内部采用流程分级管理模式,对于众创空间各部门的管理流程进行细分,具体为战略流程、经营流程和保障流程。采用这样的管理模式有利于及时预见、发现众创空间运作环节中存在的问题,从而对症下药。具体实施内容如下:众创空间战略流程由董事会把握,负责定期评估众创空间的运作状况,制订、调整公司战略;众创空间经营流程由高层管理把关,负责将众创空间战略进行精准传达、执行,严格落实财务管理的相关工作;众创空间保障流程由人事部、行政部、后勤部等管控,负责协调众创空间与各部门的日常运作。在流程优化环节上,众创空间职能部门之间要同心协力,各员工间要互通有无,按照"全员反馈、责任明确、流程透明"的原则,稳步推进流程优化工作,逐步提升运营效率。

(三)引入数字化办公平台

先进、高效的数字化办公平台对于众创空间管理体系的完备性大有裨益。当某项目需要众创空间内入孵企业协同完成时,在众创空间内部迅速传递信息、文件,对于项目中存在的问题进行及时讨论是项目成功的关键。在众创空间内搭建完成高效的数字化办公平台后,各入驻企业内部信息有效传达,以及跨企业、部门的信息传达都将异常方便,存放在公共盘内项目信息可供员工查看,各部门间视频会议、电话会议、远程协同办公将成为可能。数字化办公平台有助于员工专注工作,让入孵企业的创新、创意实现变为可能。

三、构建完善的众创空间内部孵化服务系统

第一篇第二章研究结果显示,增值服务能力潜变量中各测项的因子负载量可知,对提升众创空间基础服务能力贡献较大的因素有企业技术支持服务(因子负载量为0.79)、企业信息技术服务(因子负载量为0.72)和法律咨询服务(因子负载量为0.66)。所以众创空间应强化自身孵化服务能力,为入孵企业提供高质量和高效的各项孵化服务等。

(一)明确众创空间孵化服务定位

首先,提高众创空间的入孵标准,设立严格的入孵审查机制,杜绝以靠"改名字"套取投资的企业进驻众创空间。其次,明确众创空间的定位,众创空间不是仅仅靠租赁场地来赚取收益,而是以收取租金、获得政府投资以及在入孵初期对有前景的入孵企业进行股权投资来获得后期收益的平台,并且不单单只为入孵企业提供办公场地,还需对其员工培训、技术整合提供必要的支持。最后,众创空间应当细分领域,不能对各类型的企业全盘照收,应当明确自身的发展方向,主要以孵化朝阳产业的入孵企业为主,争取用优质的双创资源和最优秀的中间组织帮助企业创业。

(二)制定管理服务手册

为了避免重点领域的无序引入和同质化建设问题,众创空间在发展过程中应逐步形成完善的入驻程序、规章制度、评估考核、工作服务流程等相关的

服务管理制度，制定齐备的管理服务手册，包括详尽的入驻条件、毕业条件等相关规定。同时，众创空间不能一味地引进各种驳杂的初创企业，在思维上要从传统的以"量"取胜转变为以"质"取胜，提高入孵企业的项目质量。

（三）优化企业入驻流程

一方面要鼓励具有高科技高创新性或市场认可度高的项目和企业入驻众创空间，另一方面管理人员也要设计简单高效的入驻流程，包括"提交项目—初步盲审—专家评审—签订协议—正式入驻"一系列步骤。首先，具有入驻意向的企业通过线上提交或向众创空间项目招商部递交项目资料；通过初评后，管理人员会对企业名称、营运范围与资质、产业属性、项目价值等注册事项进行分析评估；接着，众创空间组织专家对企业或项目进行把关和约谈并给出专业评审意见；专家评审通过后进行正式的协议签订，确定双方合作孵化关系；最后，初创企业正式入驻众创空间。该流程不仅可以降低运营成本，同时还能够提高工作效率，减少时间成本。

除此之外，对于已经孵化成熟、可以直接将产品推向市场的企业或无孵化价值、孵化失败的项目和企业应该及时办理退孵手续，减少社会资源和平台资源的无效浪费，同时由众创空间运营主体建立"入驻企业项目跟踪档案"，方便对退孵企业的项目进行后续追踪与适当的支持。众创空间只有在正确评估自身发展的同时提高专业化的管理水平，建立完备的平台管理制度生态体系，才能更好地为创新创业企业提供全链条的产业服务，才能增强对孵化项目的服务效能。

四、完善众创空间人才开发与提升机制

根据第三篇第二章的数据论证，由表3-2-8和表3-2-12可知，在无效的九个决策单元里，年度职员离职率的投入冗余率高，这说明在目前众创空间的治理过程中人员流动过于密集、过于频繁，造成治理困难，分析员工离职率高的主要原因，包括众创空间的员工薪资待遇较差、选人精准性不高等。因此，针对上述现象，本研究提出以下策略。

（一）健全人才选拔机制

首先，众创空间的特殊性要求考察应聘者的工作能力是否能胜任众创空间的发展需求，减少招聘时带来的试错成本。其次，在进行招聘时应尽量选择具有工作经验的员工，这样能够为众创空间在节约培训费的同时，带来更短期获得正收益的可能。

（二）完善薪酬支付和绩效考核体系

对众创空间而言，其入孵企业规模较小，营收有限保持其员工的忠诚度

对于众创空间的发展十分重要。而使员工保持对众创空间忠诚的最好办法就是完善薪酬支付、绩效考核体系。首先在薪酬支付方面，众创空间需要践行"为岗付薪、为能力付薪、为业绩付薪"的理念，根据员工的贡献，充分肯定个人的价值和对于众创空间的贡献，将"岗位工资、绩效工资、提成工资"按照不同比例进行组合，形成令人信服的薪酬支付体系。其次对于绩效考核体系的完善，众创空间要将单一的年底综合绩效考核体系抛弃，推出"日常考核＋年中考核＋年底考核"绩效考核模式，促进众创空间与其员工同步发展。[280]

第二节　推进众创空间内部运营制度创新

一、构建多元化盈利模式

第三篇第一章研究结论显示，在所有23个众创空间案例中，无效的11个决策单元（案例）和相对有效的决策单元相比，有10个决策单元的年营业收入未达到理想值。在第一篇第二章的模型拟合结果中，盈利机制在内部制度创新上的因子负载值达0.56，误差变异量均达到显著水平，说明构建由产权置换新创企业的股权收益、场地租金收入、对种子公司直接融资获利等组成的多元化盈利机制是有必要的。

众创空间作为一个全要素、开放式的双创平台，不仅具有公益性，也包含着商业属性。为了增强众创空间持续的"造血能力"并推动平台的良性发展，应构建基于"政府扶持＋增值服务＋投资收益"三方面的多元化盈利模式。

（一）政府作为双创生态系统运转的制度保障，能为众创空间提供包括资金支持、场地支持、产业协同等一系列的扶持政策。国务院2015年出台的《关于发展众创空间推进大众创新创业的指导意见》就明确指出，要加快众创空间等新型创业服务平台发展。近年来，从中央到地方也出台了许多关于大力发展众创空间的补贴和减免政策。从众创空间自身发展角度来考虑，这些政策在一定程度上能够帮助众创空间抵消自身运转过程中产生的运营成本。因此，作为众创空间的运营者或服务商，应该积极寻求政府财政扶持，以降低自身的运营成本来提高盈利。

（二）众创空间除了通过提供线下的物理办公环境来增加场地租金收入，还可以通过给入驻企业提供高附加值的服务来提高自身的盈利能力，其中包括基础服务和增值服务。基础服务指配套设施的使用、餐饮服务、信息咨询、活动场地的提供等，而增值服务包括为新创企业提供政务、财税、法律、人力资源、知识产权、注册代理、创业培训等促进新创企业成长的非核心业务,这些服务不仅可以解决初创企业的创业服务需求和成长需求,同时也能够拓展众创空间自身的获利空间。

(三)从众创空间运营主体来看,众创空间不仅要为入驻企业提供服务,对于成长价值高的项目,运营者们应当通过投资入股等形式参与到企业实质化的运营中。其形式主要包括股权投资、风险投资、天使投资、产权置换创业公司的股权以及对种子公司直接融资获利等投资回报模式。同时,为了所投的创业项目能够迅速成长并实现商业价值,众创空间与新创企业之间开展的合作也会更加紧密,只有让平台与新创企业共同成长,共享其发展的收益,众创空间的未来才能"行稳致远、进而有为"。

二、打造高效化运作机制

第一篇第二章研究结果显示,众创空间运行机制在内部制度创新上的因子负载值达 0.81,误差变异量均达到显著水平,说明通过引导专业发展、强化多元合作、打通出路体系等举措,可以形成以高效率为目标的运作机制。

良好的运行机制能够让众创空间系统内的各个要素间以及各个要素与外界环境间的联系更加有效率,从而促进众创空间内部的创新创业过程更可持续。由于众创空间具有全面开放性、资源集聚性、平台生态化等特征,因此为了提高众创空间的孵化服务质量,需要打造以高效率为目标的众创空间运行机制。

(一)因地制宜,探索专业发展模式

众创空间在越来越重视发展方向与所在地的优势产业契合,探索因地制宜的发展模式,实现由注重基础服务向注重资源整合、提供专业可靠的一体化服务转变,进而构建有特色的区域双创孵化平台。应围绕产业经济发展和优势细分市场,结合本地区的城市产业发展规划和市场需求,整合内外资源,因地制宜地创建产业辐射作用强、资源配置优、垂直细分领域的众创空间,研发具有当地特色的双创项目,培育新兴产业和高新技术产业集群。如在农业发达的地区,众创空间应努力建立与当地农业公司及农户的稳固合作关系,不断吸收以销售和创新农产品为主营业务的企业入驻,将各资源整合以扶持其成为优质的农产品销售或高新技术企业,这不仅促进了当地农业的不断发展,也使得众创空间的专业化发展成为可能。从全球产业发展趋势来看,众创空间应主要聚焦新能源、新材料、人工智能、虚拟现实、智能制造、石墨烯、芯片等领域,并引导这些领域尽快落地孵化,加快科技成果的转化。

(二)加强与外部支持性机构的合作交流,打通出路体系

以社会中介机构为媒介,借助外部的知识产权公司、律师事务所、会计师

事务所等,把更加专业的财务法律等服务提供给众创空间内入驻的小微企业。与此同时,集结众多的科研院所、高校、风投机构、金融证券公司、上市企业、地方政府等社会力量加入众创空间价值共创的过程中,形成众创空间外部的创新创业生态链。众创空间应在与外部企业合作交流的过程中,加强自身以及入驻企业的研发设计、技术与产业升级、金融创新等能力的提升。

(三)强化需求导向,注重个性化需求

众创空间应不断强化需求导向,为创客和创业者提供孵化服务时应遵循因企业而异的原则,在运营过程中努力健全、完善服务供给、需求动态评估机制,注重创客或创业者的个性化需要,努力平衡众创空间公共服务体系建设与创客的个性需求。具体实现措施为:众创空间在建设过程中,对创客或创业者保持开放包容的态度,对创客或创业者的入驻提供服务便利,为不同行业的创客或创业者提供有助于提高其业务发展的生态化服务。

(四)深化众创空间联盟合作,重视创新生态的搭建

从众创空间的功能和构建主体来看,综合生态型或社会化的众创空间是未来的发展方向。所以,其运营主体和政府应积极探索并牵头建设众创空间综合服务创新平台或联盟,一方面,联盟性质的组织能够更好地整合和配置资源,实现优势互补,如人才、资金、设备等,其次能够为入驻企业提供更多的交流和合作的机会,彼此发展的空间深度会更大。另一方面,联盟可以很好地防范外部的风险,及时地获取第一手的资料和信息。同时众创空间想要长远地发展离不开创新生态的支持,而平台的发展、企业的成长与创新生态建设是相辅相成的,当有一方发展良好时,就会不断地催生出具有新模式、新技术的后来者,最终才能实现创新与创业、孵化与投资、线上线下相结合,从而建立内生动力和外部刺激相互促进的综合服务创新平台。

三、完善标准化监管体系

第一篇第二章研究结果显示,对制度创新贡献较大的因素是众创空间监管体制(因子负载量为 0.77),需要量化考核评价指标体系,建立包括社会贡献能力、服务能力、成长能力三部分的评价指标体系,注重服务机构和入驻企业标牌等具体指标上强化标准化建设。

众创空间的绩效评价与监管体系是确保空间运营效率和优化资源配置的重要方法,众创空间应根据自身发展现状制定科学合理的考核评价指标体系,可以考虑引入第三方监管机构来对众创空间绩效进行考核评估并制定相应的评价标准。结合第一篇第二章的实证分析结果,可构建包含一级指标、二级指标以及细分的三级指标,一级指标包含社会贡献能力、孵化能力、成长

能力三个方面,社会贡献能力下辖科技成果产出、人才培养、经济效益、示范引领、就业带动能力等二级指标,孵化能力的二级指标包括空间设施服务、资金投入、人力资源投入、创业教育培训和交流活动、技术创新服务、融资服务、项目培育与企业孵化成果绩效,成长能力的二级指标包括盈利能力、管理制度、运行机制、组织结构、监管体制等。此外,也应该根据众创空间发展所处的阶段不断地进行动态化的调整,且在参考指标的过程中应该针对发展过程中出现的不符合标准现象的问题及时地优化和解决,最终才能形成标准化的监管体系。

第三节 设计众创空间与新创企业价值共创构型与策略

第二篇第一章的研究结果显示,共有四种实现众创空间与新创企业价值共创的条件组态,分别是路径1(~政策*~互动*补贴*创新*人才*~技术)、路径2(政策*互动*补贴*创新*人才*~技术)、路径3(~政策*互动*补贴*创新*人才*~技术)、路径4(政策*互动*补贴*创新*人才*技术),各条件在组态中的出现状态虽然不同,但是它们通过一定的组合都能使价值共创的结果发生,可归纳为三种构型,分别是共同主导型、政府扶持型和新创企业主导型。

一、众创空间与新创企业价值共创构型设计

(一) 共同主导型价值共创构型设计

共同主导型价值共创构型对应第二篇第一章中的路径4(政策*互动*补贴*创新*人才*技术),该构型可以理解为,在外部环境和自身内部条件都良好的情况下,即政府方面提供充分的政策和资金支持,众创空间的硬件设施良好且能提供较多的培训,加之新创企业创新能力较强同时有足够的人才参与时,众创空间与新创企业能够实现价值共创。其中由于互动、创新和人才是核心变量,说明在这一构型下,新创企业与众创空间价值的共创更多地依赖于众创空间提供培训的数量和质量、新创企业是否有足够的创新思维和积极性以及新创企业是否有足够多的人才储备来发展壮大。

这一构型的典型是浙江和山东,这两个省份首先在地理位置上得天独厚,沿海地区经济较为发达,政府高度重视众创空间的发展,出台的相关扶持政策多且提供的资金补贴充足,如山东政府为推进山东众创空间的建设和发

展,颁布了《关于加快推进大众创新创业的实施意见》《关于深化科技体制改革加快创新发展的实施意见》等220份政策性文件,位列全国第三;浙江政府提出对起带头作用的由高层次人才组成的创新创业团队,政府在三年的资助期限给予不低于2 000万的资金投入,以保证高质量众创空间创业企业的发展。同时众创空间与新创企业内部交流频繁,众创空间向企业提供频繁的各类培训与技术服务,山东省和浙江省仅2019年举办培训总次数就分别达8 286场和8 562场,加之人才储备充足且企业创新性强,使得新创企业的发展得到有力的保障,而众创空间的收入也能随之增加,企业与众创空间各取所需,互帮互助,实现价值共创。

(二)政府扶持型价值共创构型设计

政府扶持型价值共创构型对应第二篇第一章中的路径2(政策*互动*补贴*创新*人才*~技术),该构型可以解释为,在政府支持力度大且企业具有足够的创造力和吸引人才的能力,而众创空间不能为企业提供完善的技术支持服务时,也能实现价值共创。其中政策、互动、补贴和创新为核心变量,意为在这一构型下,众创空间与新创企业的价值共创更多地受政府对众创空间的重视程度,即是否有充足完善的政策、众创空间为新创企业提供的培训数量、政府充足的资金补给以及在孵企业自身的创新性的影响。这一构型多出现于沿海地区,典型代表有江苏和广东,仅广东众创空间的新创企业拥有知识产权数量就高达19 350个,占全国总数的12%,因此,即使技术支持不足,众创空间仍能实现获取价值,新创企业依旧受到各路投资人的青睐,众创空间与新创企业仍能实现价值共创。

(三)新创企业主导型价值共创构型设计

新创企业主导型价值共创构型对应第二篇第二章中的路径3(~政策*互动*补贴*创新*人才*~技术)和路径1(~政策*~互动*补贴*创新*人才*~技术),这一构型可以解释为,在新创企业自身的发展较好并拥有适当的财政补贴的情况下,即使无法获得政府和众创空间的充分支持,也能实现价值共创。此时新创企业自身能力的提升是驱动价值共创的关键因素。按缺少的条件不同具体可分为以下两种:

1. 有互动的新创企业主导型

有互动的新创企业主导型即该地区政府对众创空间的重视程度相对较弱,有关政策数量较少,而众创空间能提供的技术支持也较少,在这一构型下,互动、创新和人才为核心变量,说明此时的价值共创更多地受培训次数、创新能力和人才储备的影响。该构型典型的代表是湖北,虽然受技术支持的初创企业比例和当地政府出台的相关政策都没有达到对企业和众创空间的价值共创产生明显促进作用的标准,但是在当地众创空间的在孵企业有很强的创新能力、众创空间提供较多的培训次数、人才储备也足够的情况下,再加上政府给予一定的财政补贴,价值共创仍能实现。

2. 无互动的新创企业主导型

无互动的新创企业主导型即内外部环境都不太理想,特别是作为创新创业孵化重要载体的众创空间提供的帮助有限时,新创企业不仅要维持自身的发展,还要带动所处众创空间创收,以保证二者的良性互动,促进共同发展,因此自身条件的良好与否直接影响到当地众创空间与新创企业的价值共创。这一构型基本出现在中部及西部地区,典型代表有陕西。由于地理位置不如沿海城市那么优越,经济相对于东部沿海地区也相对较弱,且政府出台相关政策相对较少,该地区众创空间能提供的技术服务也仅处于中游水平,但是其新创企业拥有知识产权数却高居全国第四,政府对其财政补贴的金额也居于前列,因此该地区众创空间的新创企业仍能吸引充足的资金实现自身发展,相应地众创空间的收入也会增加,进一步实现价值共创。

二、众创空间与新创企业价值共创策略设计

(一)共同主导型价值共创策略设计

根据第二篇第一章的研究结论,共同主导型价值共创策略重点关注互动、创新和人才三方面。首先众创空间可以通过聘请有经验的创业导师,面向新创企业的所有员工定时开展创业培训,以提高整个创业团队的水平,同时不定时邀请成功孵化且发展较好的企业的管理者分享其成功经验并解答现有在孵企业管理者在创业初期遇到的瓶颈问题;其次众创空间内新创企业本身要提高创新能力,可以通过分组定期开展头脑风暴等活动激励所有员工进行创新思考并形成奖励制度,对于有价值的创新项目要从人力物力财力等多方面大力支持,鼓励项目的实施落地,保证企业随时处于一种高积极性的创新状态;再次重点招揽人才,特别是高层次高技术高学历人才,以优厚的待遇、独具魅力的企业文化和热切的人文关怀吸引和留住人才,在这些条件的基础上,再以政府政策和财政的支持以及提高众创空间对企业的技术支持服务能力为辅助。

(二)政府扶持型价值共创策略设计

第三篇第一章研究结果显示,在无效的11个决策单元,有九个决策单元的纯技术效率低于0.9,这表明无效单元主要受企业管理和技术等因素影响而导致绩效低下。因此,众创空间如果获得技术支持的新创企业占比较少,政府扶持型价值共创策略则重点关注政策、互动、补贴和创新四个方面。其

中最关键的是当地政府要给予充分的支持,通过因地制宜地实行奖励和补助政策、落实促进创新的税收政策、引导金融资本进入政策、鼓励科学技术人员到众创空间创新创业政策等加强对众创空间的扶持,其次强化众创空间与在孵企业的交流,通过提供大量包括创新创业管理、知识产权、人力资源、市场营销等课程的培训讲座以提高创业人员的创新创业素质,最后设置奖励制度,如申请一项知识产权专利给予适当的物质奖励以此提高入孵企业创新能力,在此基础上再适当招揽人才,可以使得众创空间与新创企业的价值共创过程更高效。

(三)新创企业主导型价值共创策略设计

对于有互动的类型,即在政府关注度不高且众创空间的支持力度较小的情况下,将关注的重点放在互动、创新和人才三个方面。其中,新创企业自身的能力提升尤为重要,企业内部可以举办创新大赛鼓励员工间的思想碰撞进而产生更优秀的创新想法,除此之外,企业可以通过向众创空间申请帮助、与其他企业合作、吸引天使投资等方式满足团队项目的硬件需求,促使项目顺利地完成,通过提供高薪资高待遇吸引更多人才加入,丰富团队人员组成,并充分利用众创空间提供的政务、研发、金融和企业培训机会,丰富创业知识储备、吸收经验教训、提高人员素质,并在政策补贴有限的情况下,尽可能争取较多的政府资助。

对于无互动的类型,即在政府政策出台较少、众创空间孵化环境不理想时,新创企业必须重点加强对创新研发、掌握核心技术知识、支持创新活动等的重视,与此同时加大对人才的招揽,通过提供住房补贴、加大奖励力度、提供良好的办公环境等方式,提供比其他地区更优厚的条件以此吸收具备优秀能力素养和秉持创新创业激情的人才以提升新创企业的核心竞争力,并积极参加政府举办的创新创业等比赛,进而在政府补贴不十分充裕的情况下,为企业多争取奖金同时提高企业知名度,吸引更多的天使投资和企业融资。

三、众创空间与新创企业价值共创路径设计

第二篇第一章的研究结果显示,众创空间与新创企业价值共创的实现受到政策、互动、补贴、创新、人才、技术等因素的影响,但是单独某一个条件并不能导致价值共创结果的发生,它们之间必须通过有条件的组合共同构成众创空间与新创企业价值共创的充分条件,共同作用影响结果的发生。众创空间与新创企业价值共创的实现可以从以下三个方面作出提升。

(一)从政府的角度而言,应尽可能为众创空间的成长提供良好的环境,制定相关政策性措施,如税收优惠政策、人才落户优惠政策、创业团队资助政

策等，以推动众创空间的发展，激发社会创新创业的动力。其次，政府部门可通过对房租、公共设施等方面的资金补贴降低众创空间的运营成本，以此引导和鼓励众创空间发展成为能为新创企业提供全面服务、功能完善、绩效突出的高质量新型创新创业孵化载体。

（二）从众创空间的角度来说，作为新创企业的孵化平台，应积极与企业互动，根据企业的需求为其提供相应的服务。如充分利用人脉资源，定期邀请投资专家、著名企业家等担任讲师，为创业者开展针对性的培训，解决创业者在创业初期可能遇到的问题帮助其度过瓶颈期，促进企业创新，紧跟市场发展趋势；在技术方面，为新创企业提供开放性实验室、互联网平台、车间等技术空间和技术指导、产品指导等辅导，满足科技创新型企业的实验需求，帮助新创企业落实其创新想法。

（三）于新创企业而言，应当充分利用内外部资源，吸引和留住更多的人才，特别是高技术人员和管理人才，具体来说可通过为人才提供良好的发展平台、充足的科研经费、制定合理的考核和奖励制度以及充分的人文关怀，使人才能在自己的岗位上发挥最大的作用，为企业的创新发展增添活力。拥有创业项目的企业除了能为自己吸引更多的创业投资机构、天使投资人等投资外，也能为孵化其成长的众创空间带来知名度和影响力。

四、众创空间与新创企业价值共创保障措施设计

第二篇第一章的研究结果表明，人才、政策、补贴、互动、技术、创新六个驱动因素是影响众创空间与新创企业价值共创的关键因素，但它们需要通过一定的组合才能发挥复合作用，这就需要相关外部保障因素来发挥护航作用，驱使它们之间产生化学反应。

（一）加强政府引导的顶层规划设计

在众创空间生态系统内，众创空间、新创企业、政府或其他支持性成员等多方利益相关主体构成了复杂的互惠共生关系。而政府作为众创空间生态系统运转的制度保障，应充分发挥政策主导和政府职能的重要作用，做好政府的顶层设计规划工作，促进众创空间和新创企业的成长，加强众创空间与新创企业之间的联系。因此，众创空间与新创企业之间要实现价值共创应从政府引导的顶层设计出发。

1. 政府的顶层设计要立足全局

众创空间的建设和发展涉及社会的方方面面，因此，政府在众创空间建设过程中要注重其系统性、整体性、协同性，做好与创新创业相关的企业项目扶持、地区发展规划和产业转型升级等各个环节的良好衔接。

2. 政府应制定相关政策性措施

政府要为众创空间和新创企业营造良好的成长发展环境，如预留专门的土地方便众创空间进行开发建设，以及将众创空间投资的项目与政府支持的产业进行交互融合。更进一步，政府要根据众创空间的长期发展规划，适时制定宏观指导政策和微观实施政策。宏观政策主要是从国家层面支持和扶持众创空间发展，包括财政政策、金融政策等。而微观政策主要是地方政府依据各地发展的实际情况而出台的一系列措施，包括财政补助、推进创投基金的设立、开展评价激励、完善创客企业培育机制等，其目的是帮助众创空间能够更好适应本地经济的发展，提升初创企业项目成功的概率，从而实现众创空间与新创企业的价值共创。

3. 政府应当丰富监管措施

政府应建立健全奖惩机制，引导、约束和规范众创空间和新创企业的活动。政府对众创空间与新创企业之间能否实现价值共创肩负着监督管理的责任，同时对于众创空间在运营过程中出现的投机行为和新创企业在孵化过程中出现的违规行为给予一定的惩罚，从而促进众创空间与新创企业的价值共创向着更加积极的方向发展。

（二）构建完善的合作共享机制

众创空间与新创企业之间要实现价值共创，其自身应构建互动合作机制和资源共享机制。主要包括以下几个方面：

1. 开展创业培训和指导

众创空间通过与科研院所、地方高校或上市企业进行合作，邀请知名专家、富有经验的创业导师、天使投资人、本土创业成功的企业家为入驻企业进行一对一的项目指导或对相关创业问题提供咨询服务和展开座谈会，同时引进高水平的培训课程，适时地组织众创空间的管理人员或入驻企业的员工到国内外优秀的众创空间和企业进行交流学习。

2. 开拓市场和资源渠道，构建资源共享平台

众创空间以及入驻企业应该协同政府、科研机构、高校、社会专业机构、企业以及风险投资机构等多方主体，集聚并共享更多的资源到平台上来，以达到资源的优势互补，从而使得众创空间内创新创业的氛围更加浓厚，并同时能够更好地赋能新创企业进行创业机会的开发。

3. 加强区域间合作与交流，并与大企业深度合作

首先众创空间需要积极挖掘大企业的需求，并以自身的优势去促成双方的合作，接着众创空间的管理人员需要组织相关专业人员或入驻企业，梳理和分析需求中所包含的细分业务和技术要求，最后由入驻的初创企业根据主

营业务提供相关服务或技术支持。这不仅能够减少和降低初创公司运营的风险和成本,提高自身的服务能力,同时也能通过利用大企业资源集聚的优势,提高初创企业项目孵化的成功率,最终投资成功率的提升以及收益的增加会反过来进一步"反哺"众创空间,从而使众创空间的"自我造血"能力和生存能力显著提升。

(三)借助平台赋能自身能力建设

随着众创空间生态系统的不断整合发展,新创企业已然成为众创空间生态系统中不可缺少的角色。虽然新创企业在众创空间中的主动性和互动意愿越来越强,但由于新创企业自身的弱小性,其资源和能力天生不足,很难凭借一己之力提高自身能力,因此,新创企业必须加强与众创空间平台之间的互动交流,借助众创空间平台赋能自身成长,与众创空间和平台内的其他支持性主体建立良好的合作关系,以提高自身创新能力、营销能力、生产能力、管理能力等,在此基础上提升自身的价值共创能力并发挥自身在价值共创中的作用。

新创企业应该通过整合内外部创新创业资源,如投融资资源、产业链资源、技术资源等,并借助和利用众创空间平台赋能的作用,来解决新创企业在创业创新过程中遇到的如资源匮乏的问题,其最终目的是为新创企业的在孵项目添砖加瓦,使其有机会长成"参天大树"。初创企业自身应积极接受和适应众创空间提供的各类资源和机会,充分利用好众创空间生态系统,并根据自身的需求,主动寻求众创空间运营主体或其他入驻企业的合作与交流,最终才能保障新创企业的长远发展以及提高企业的知识产权数量。

第四节 构建众创空间新型孵化服务模式

根据第二篇第二章的研究结论,众创空间基础服务能力对新创企业财务绩效产生显著正向影响,众创空间增值服务能力对新创企业创业绩效各个维度都产生显著的正向影响,而众创空间专业服务能力则对新创企业财务绩效和成长绩效产生显著的正向影响,因此针对众创空间的基础服务、增值服务和专业服务等多个服务层次,构建众创空间新型孵化服务模式,对入驻小微企业创业成长会发挥重要推动作用。

一、基础服务普惠模式

第二篇第二章的研究结果显示,众创空间基础服务对新创企业财务绩效指标产生的正向影响路径系数为 0.405。探究其原因,众创空间进行基础服务资源整合优化,降低了入驻小微企业的创业风险,提高了其竞争优势。

众创空间基础服务普惠模式是为入驻创业个体及企业提供创新创业服务的重要载体,其核心价值在于为创新创业主体提供完善的基础服务,包括创业配套的硬件设施、物流仓库等。众创空间作为孵化服务型载体,为入驻企业提供多形式、有价值的创新创业服务,除了创新创业活动必不可少的物理空间、强有力的硬件支持外,还应举办各类创新创业活动,例如创业大赛、创业沙龙、创新峰会等,促进初创企业能够健康快速成长。

结合新创企业成长阶段模型界定的概念化阶段、商业化阶段、成长阶段和稳定阶段四阶段,在新创企业入驻众创空间后,它们每一成长阶段都有着特定的目标,概念化阶段的目标是将服务与技术开发成实际产品,商业化阶段的目标是寻求客户、开拓市场,成长阶段的目标是抓住核心产品从而占领市场,稳定阶段的目标是不断提高市场地位跳出初创企业概念。面对不同阶段,众创空间需要有针对性的战略战术去帮助新创企业破除困境。

对众创空间为初创企业提供基础服务来说,大多集中在初创企业概念化阶段,将技术与服务转化为实际产品。这时初创企业需要大量的研发资金和克服技术障碍,众创空间作为初创企业孵化的重要载体承担这一义务,众创空间为新创企业提供舒适、高效、便利的物理条件,包括餐饮、清洁、网络、办公区域等服务。物理环境配备完善后,众创空间还应配备知识社区,例如可以举办圆桌会议、跨界学术交流讲座等活动,也可以培养企业家的创新创业精神等。为营造轻松、容错的社区文化氛围,众创空间还定期举办高质量的创业沙龙,邀请大咖分享创业经验;配备共享书吧,提供最新的创新创业书籍、报刊等学习材料;通过微信、微博、QQ 等社交工具共享互动平台,促进入驻企业、平台管理团队及合作机构的业务交流和探讨。这些基础设施为入驻初创企业提供一定的资金,保障其顺利运营,同时提供必要的设备支持,使得新创企业尽可能快速适应环境,促进资源的快速集聚,不断促进众创空间内新创企业之间的良性竞争,从而使基础条件好的新创企业不断聚集优质资源,提高自身的竞争力,进而提高行业集中度,发挥集聚优势,提高众创空间的孵化速度和服务质量。

二、增值服务孵化模式

第二篇第二章的研究结果显示,众创空间增值服务能力对新创企业财务绩效、成长绩效和创新绩效正向影响的路径系数分别为 0.438、0.732 和 0.431,其中增值服务对成长绩效的影响大于对财务绩效和创新绩效的影响,因此众创空间投融资服务等增值服务对入驻创新创业项目的商业化会有显著驱动作用。

伴随众创空间进入商业化阶段,风险投资、种子基金、天使基金、基金(VC)等创投机构是众创空间内新创企业发展不可或缺的服务内容。众创空间与新创企业之间加入中介机构这一桥梁,形成一种利益共享、风险共担的相对合理且科学的孵化服务机制,帮助入驻企业的创新创业团队在创新创业过程中尽快提高企业的商业化能力。通过众创空间内企业间的交流互动,以及建立平台使得众创空间内企业体验合作学习,从而产生一个具有创造性的学习生态,进而使众创空间可以立足科技成果服务,发挥融合创新长处以及中介机构的培训咨询优势,实现新技术到新项目的应用化落地。

除去风投机构大量资金的投入和培训咨询服务外,我国高校也是众创空间内新创企业发展的不竭动力。高校不断培养创新创业人才,将理论知识与管理实践相结合,众创空间内新创企业接受高校专业技术型人才,从"科技到商业"培养创业者的创新思维和企业战略构建能力,提升其创业领导力。通过加入众创空间一系列创新整合实践训练,不断研究、分析、解决创新创业过程的实际问题,使创业者掌握技术创新与管理实践的融合技能,从而不断发挥高校人才优势,促进众创空间积极成长。

在孵企业进入众创空间后,众创空间通过提供创新创业平台,打造校企合作机制帮助企业解决专业技术问题,加入风投机构、产业基金等中介机构,保障新创企业的资金问题,同时为方便初创企业与成熟企业进行业务对接,众创空间内还配备专业的办公场地及咨询服务。众创空间不仅对在孵企业个体提供全方位的服务,为加强众创空间的建设,众创空间内所有企业应定期开展创新创业信息、经验、资源等主题的创新创业交流活动,不断加强众创空间内企业间的联系,从而逐步加强众创空间的持续建设与成长。

三、专业服务定制模式

第二篇第二章的研究结果显示,众创空间专业服务对新创企业财务绩效指标产生显著正向影响的路径系数为 0.227,对新企业成长绩效指标产生显著正向影响的路径系数为 0.368,因此,众创空间的技术服务等专业定制服务对入驻新创企业成长期会有显著扶持作用。

众创空间内新创企业获得信息与资源来自方方面面,但在成长阶段的新创企业,众创空间对他们进行专业服务,其服务对象是个性的,与入驻企业产品和服务类型挂钩。众创空间侧重点是行业具体的创新创业活动,所能提供的服务包括行业内的社交网络、专业内的技术服务与辅导、行业内产业链的构建等,这类众创空间服务具有针对性强、运作的效率高和服务水平高等特点,这种众创空间能够接纳创新企业和技术应用范围窄的企业及项目。

在新创企业进入众创空间时,众创空间会对新创企业进行特定的培训,对入驻企业进行创新创业技能、知识、政策等方面的培训,帮助新创企业进行清晰的市场定位,快速适应市场。例如对于一般技术研究院,众创空间主要提供商业支持和网络支持,如协助开拓市场、谋求外部投融资机构合作等。而对于服务型新创企业来说,在成长阶段,众创空间主要提供商业支持和网络支持,如创业咨询传递、信息交流、融资对接等。在这整个过程中,众创空间作为一个平台组织,扮演着各种角色,如多方信息、资源与主体的连接者,为新创企业提供网络支持服务。[5]此外,众创空间因其政策定位不同,还可以便利地为创新创业者对接工商政务部门,完成企业注册等相关流程;众创空间拥有丰富的信息资源,可以帮助新创企业提供多层次、多维度的信息资讯。

四、综合服务衍生模式

第二篇第三章的相关研究显示,众创空间孵化服务能力与要素拼凑交互项系数为正且显著($\beta=0.206$, $p<0.001$),说明与孵化服务能力水平较低的众创空间相比,孵化服务能力水平较高的众创空间内的新创企业要素拼凑与合法之间的正相关关系越强,而由于新创企业的"新生弱势",众创空间参与的资源拼凑能够帮助新创企业在进入稳定发展期后快速获取发展资源,缓解资源匮乏的局面。

众创空间能够提供从创意产生到项目孵化成功过程中的各种要素,众创空间综合服务存在于新创企业的各个阶段,不仅包括项目技术服务、培训辅导、投融资等方面服务,还包括政策申请、市场调研以及法务等服务内容。

众创空间综合服务模式对众创空间的项目孵化类型要求程度不高,它能提供内容丰富且较为完善的服务体系,适合各方面基础都比较薄弱的创客及小型创客团队。近年来,众创空间快速发展,因为众创空间的服务内容在之前的基础服务上不断衍生出更加具体且丰富的服务类型,为众创空间的整体发展提供了动力支撑。综合服务模式主要针对行业主导型众创空间,因为他们在资源、资金、市场等方面具有明显的优势,为创业者提供更优质的服务支持,从而进行更高效的孵化。众创空间综合服务能够为创新创业者提供与项目相关的技术交流与合作,还有技术外包、专业设备及专业技术工具等,除了提供的这些技术服务,众创空间还为创新创业者提供创业项目的个性化咨询服务,包括市场调研经验并且协助进行调研服务,这些是基于技术服务之上,众创空间所提供的专业服务,除此之外,众创空间还提供虚拟孵化、展会服务、网络推广、媒体合作、商旅配套等其他综合服务。

第五节 完善众创空间多主体协同创新机制

第三篇第三章的研究表明,新创企业在协同创新中的不同收益分配系数下,众创空间及相关各利益主体选择参与协同创新的决策具有差异性;中、低强度支持力度可以促进众创空间、新创企业和风险投资三方协同创新有序发展,且支持力度越低,新创企业和风投机构向协同创新方向演化速率越快,反之,高强度支持力度则会抑制各主体协同创新发展;供应链协同强度为中、高强度时可以促进三方协同创新有序发展,且协同强度越大,越有利于各主体向协同创新方向演化。就此,本研究提出众创空间多主体协同创新机制的相关建议。

一、推动协同创新收益公平分配

第三篇第三章的研究结果显示,新创企业收益分配系数适中时能促进三方协同创新有序发展;新创企业收益分配系数较高时,众创空间和新创企业向参与协同创新方向演化,风投机构向不参与协同创新方向演化;当新创企业收益分配系数较低时,各主体均向不参与协同创新方向演化。

在众创空间各主体协同创新过程中,合理公平的利益分配模式是整个系统协同运行顺畅的基本保证。新创企业收益分配系数的变化影响着各博弈主体的协同决策行为。因此,为保证协同创新过程中各主体合作关系的稳定,可考虑从以下三点着手。首先,确定新创企业作为主要协同创新主体的地位,达成新创企业协同收益占比相对较大的共识,以此激发新创企业协同创新积极性。其次,签订协同收益分配协议。再次,弹性分配协同收益,即在分配协同收益时,要在合作之初确定的利益分配方案基础上,结合各主体的参与程度,进行协同收益分配方案修正。最后,鼓励众创空间建立一种新的盈利模式;在新创企业创业初期,不断增加新创企业在经营必备要素上面的设施设备投入,比如仓库、厂房、设备等,降低企业运营成本,后期企业项目盈利后众创空间收回投入,参与利益分享。

参与协同的各主体应当基于相互尊重、平等互助的基本原则,在制定相关条款时要考虑到协同活动中双方投入的资金、资源,提供的技术服务以及为获取相关利益应承受的风险和责任等因素。

二、强化众创空间多元合作融合

第三篇第三章的研究结果表明,众创空间中、低强度支持力度可以促进三方协同创新有序发展,且支持力度越低时,新创企业和风投机构向协同创新方向演化的速率越快;反之,高强度支持力度则会抑制各主体向协同创新方向发展。

众创空间是一项系统工程,涉及政策、法律、经济、制度、管理等多个领域,其最终目的是要消除政府、企业、研究机构间的交流壁垒,形成"共享与众创"的长效动力机制。因此,要完善众创空间创新发展环境,建立协同发展机制,深化政产学研等主体的日常交流与合作。此外,要不断完善众创空间多元合作融合机制,对多主体协同创新发展提供适度支持。首先,强化众创空间服务能力;利用政府拨款建立众创空间专项基金,鼓励风投机构进行投资,联合科研院所、高等院校、新创企业等建立科研基地。其次,重视众创空间服务满意度调查并进行评估,不断提高众创空间服务水平。再次,充分挖掘社会主体的作用:一方面,众创空间可以与高校以及科研院所进行人才培养合作,另一方面,重视高新技术领域的发展并提供相应支持,促进高校和科研院所向众创空间转移研究成果。最后,打造一个面向入驻企业等主体提供个性化、精准化服务的综合平台,该平台针对各主体的需求,以各种创新活动为基础,以信息交互为重点,通过整合优化各类孵化服务资源,提高资源配置效率。

三、增强各协同创新主体的连接

第三篇第三章的研究结果表明,供应链协同强度为中、高强度时可以有效促进众创空间、新创企业、风险投资三方协同创新有序发展,且协同强度越大,越有利于各主体向协同创新方向演化;反之,供应链协同强度较低时则会抑制三方协同创新发展。

就众创空间而言,要从创客和新创企业的角度出发,以减轻创业压力、降低创业成本为导向,深入参与到新创企业的创新创业活动中,给新创企业提供更多的资源帮助。比如建设资源丰富、设施齐全、资源共享的众创空间平台,融入具体创新项目中,协助新创企业完成创新成果转化、知识产权保护等工作。加强各参与主体的协同强度有助于推动多主体协同创新的发展。首先,可以健全资本协同发展机制,众创空间通过引进投资资金,促成新创企业与风投机构联合或与银行对接,以及利用政府专项基金支持新创企业发展。

其次，健全区域协同发展机制，推进地区相同类别公共服务资源的合作，实现资源的共享与整合。最后，健全激励与惩罚协同发展机制，通过采取信息共享激励、参与激励等一系列手段，提升众创空间中各主体参与协同创新的积极性，加强众创空间供应链管理，同时建立严格的惩罚机制。

四、驱动多主体要素价值实现

第二篇第一章的研究结果表明，众创空间的硬服务是众创空间内多主体价值共创的关键投入要素；政府部门、创投机构、科研机构等第三方服务支持主体的投入要素是价值共创的重要保障；众创空间内多主体价值共创与非价值共创之间存在因果非对称性关系。据此，本研究认为全要素集聚型是众创空间内多主体价值共创的最优实现路径，并得出以下众创空间相关对策启示：

（一）众创空间的孵化服务既是促使价值共创实现的基本保障条件，也是关键驱动因素。作为价值共创的发起者，众创空间平台应努力提升自身硬服务和软服务水平，强化对新创企业需求的感知力，为新创企业塑造良好的价值共创前提条件。同时，众创空间应站在主导地位，利用自身开放性平台特征，发挥平台网络效应，积极与新创企业、政府部门、科研机构等相关利益主体建立联结机制，深度挖掘并整合利用优势资源，从而推动价值共创向善发展。

（二）新创企业资源要素投入能够在价值共创形成过程中起到"锦上添花"的作用。为避免因缺乏新创企业创新、人才和研发等方面投入而导致的价值共创无序状态，新创企业应增强自身共创意识与活力，在共创过程中作出更为合理的行为决策。众创空间也可通过与新创企业定期会谈、设置激励措施、适当提升入驻企业门槛等手段，强化新创企业的价值共创意愿，吸引更多优秀企业主动将资源要素投入众创空间。

（三）第三方服务支持主体的投入要素是营造价值共创良好环境的强有力支撑。营造良好的多主体价值共创氛围，需要政府部门、创投机构、科研机构等第三方服务支持主体在价值共创形成过程中积极发挥作用，从政策环境、金融环境和知识环境等多方面努力，弥补众创空间自身资源环境的不足。众创空间可通过与第三方服务支持主体共同制定利润分配机制、共创行为规范机制、共创风险评估机制等，以确保各主体之间形成较好的合作战略，在防范共创风险的基础上保障价值共创的实现。

本部分内容主要是基于第一篇到第三篇的实证分析结果，设计了众创空间孵化服务绩效内部提升机制设计,重点包括:优化众创空间内部治理结构(涉及优化众创空间内部组织构架、构建完备的众创空间管理体系、构建完善的众创空间内部孵化服务系统、完善众创空间人才开发与提升机制四个要点),推进众创空间内部运营制度创新(涉及构建多元化盈利机制、提高专业化管理水平、打造以高效率为目标的运作机制、完善标准化监管体系四个要点),设计众创空间与新创企业价值共创构型与策略(涉及众创空间与新创企业价值共创构型设计、众创空间与新创企业价值共创策略设计、众创空间与新创企业价值共创机制设计、众创空间与新创企业价值共创保障措施设计四个要点),构建众创空间新型孵化服务模式(涉及基础服务普惠模式、增值服务孵化模式、专业服务定制模式、综合服务衍生模式四个要点),构建众创空间多主体协同创新机制(涉及推动协同创新收益公平分配、强化众创空间多元合作融合、增强各协同创新主体的连接、驱动多主体要素价值实现四个要点)共五个方面,并详细阐述了相应的子内容。

第二章　众创空间孵化服务绩效外部促进机制设计

前面的第二篇第二章实证分析的研究结果表明,众创空间的信息、融资等孵化服务能力会对新创企业的创业成长绩效产生正向作用。小微企业由于在初创期缺乏创业资源,很多新颖的创意或者有价值的商业机会由于缺乏启动资本而无法实现。在"双创"背景和"互联网＋"的浪潮当口,众创空间的诞生满足了人们对降低创业门槛和对良好的创业环境与服务的需求,促进众创空间发展对小微企业创业成长有良好的推动作用,那么,构建众创空间孵化服务绩效外部提升机制在当下就有极强的现实意义。

第一节　推进众创空间外部制度环境创新

在第一篇第三章的结构方程模型假设检验结果中,外部治理结构与政策法规的相关系数为0.792,由此可见政策法规对众创空间的孵化能力同样具有推动作用。政府作为众创空间发展的主要推动力量之一,承担着众创空间外部制度环境创新的主要责任。在万众创新的大环境下,众创空间发展一定程度上存在着机会主义、权力寻租和道德风险等行为。为了营造一个公平合理的市场竞争环境,政府应该加强市场监督,为众创空间提供完善的公共服务和正确的宏观引导。

一、强化财政税收政策调控

由第一篇第一章研究结论可知,"政府行为"作为众创空间角度的"服务的初创企业的数量""培训与活动数",以及作为初创企业角度和"就业人数",这三个结果变量的充分条件构型中的核心条件出现了三次,且在最优条件构型和次优条件构型中都有出现,说明"政府行为"对应的强有力的财政资金支持对于强化众创空间孵化服务能力起到有效的支撑作用。

众创空间外部环境的优化离不开政策体系的宏观调控,包括财政补助政策、税收优惠政策、人才引进政策、技术转化政策等。具体表现为对众创空间场地、水电、网络等软硬件设施给予补助;针对众创空间相关进口设备的进口税收优惠政策、研发费用税前加计扣除政策;专项资金资助创新创业项目和团队,面向众创空间,设计由政府牵头、市场化运作的创业项目投资引导基金与风险投资补偿基金等,发挥杠杆效应引导社会资本投资众创空间;政府购买和社会购买相结合,对众创空间中具有重要前瞻性的新兴技术与服务创新成果,进行市场支持;将众创空间作为新型的创新载体,纳入省市创新载体管理体系中,与科技城、高新区、科技园区以及企业重点研究院的相关政策对接;对众创空间建设成效进行动态考核与滚动的政策扶持,逐步建设和优化众创空间的地理布局与多元功能,发挥创业生态系统在大众创新、万众创业中的主体作用;整合科技计划体系中的相关科技政策,设计专门面向众创空间的科技扶持集成政策,譬如针对性地提供重大研发项目、科技成果转化项目、技术创新引导项目等计划支持。[6]

二、促进智力资源引进

根据第一篇第一章的研究结论,"创业导师"作为众创空间重要智力资源,在"服务的初创企业数""培训和活动开展的次数"两个结果变量的必要条件中出现了两次,且在最优条件构型和次优条件构型中都出现了,证明"创业导师"作为条件变量,对应的是较多的服务人员与创业导师,对众创空间孵化服务能力的强化是必要的。

随着越来越多的初创企业和团队对众创空间提出专业化的服务需求,众创空间服务人员与创业导师的素质水平和能力愈发重要。这要求众创空间壮大自身的创业导师和服务人员队伍,优化服务人员结构,加强众创空间的人才队伍建设。众创空间可以直接对已有的服务人员进行业务技能培训、企业文化培训、团队意识培训,以及针对不同类别不同层次的孵化服务分支的专业技能培训,提升他们的业务水平和综合素质;也可以借助其他科研机构、创新创业网络平台以及猎头公司,挖掘吸引综合能力较强的服务人员和创业导师,加入众创空间的孵化服务队伍,使得其孵化服务的能力得到强化。

首先是要积极引入高素质人才,要鼓励科研院所和高等学校联合培养服务人才,支持科研人员、院校与众创空间构建高效"产学研"的研发机制,全面提高人才培养质量。其次是建立海外人才引入培养体系,加紧实施一系列以引进海外高层次人才及团队为目标的政策和措施。再次是完善激励机制,鼓励人才向众创空间流动,并且鼓励科研院所和高等学校的科技人员参与众创空间管理与服务,促进众创空间技术成果转化。破除人才流动中户籍、人事档案、社会保障等限制,政府通过对户籍(居住证积分、居住证转办户籍、直接落户的人才引进政策体系)、生活(优化人才生活保障政策,诸如住房、子女入学、车贴等政策)、奖励(创新创业资源、科技成果转化、股权、绩效等激励措施)、特殊服务(简化出入境手续政策、科研人才双向流动政策)等方面支持来吸引人才集聚。最后是要注重人才相关要素的投入,"软硬兼强"吸引和留住创新人才。因此,地方政府政策要关注区域建设类要素的投入,比如政府应注重城市基础设施的规划以及与人才息息相关的医疗、教育、文娱等配套设施的建设。

三、完善技术转化机制

第一篇第二章研究结果显示,技术转化政策在外部制度创新上的因子负载值达 0.51,误差变异量均达到显著水平,说明通过大力推进军民标准通用化、引导民用领域知识产权在国防和军队建设领域运用等举措,可以优化众创空间外部制度环境。

这就需要加快完善促进知识产权双向转化的激励机制,一是制定科学合理的知识产权归属政策,坚持保护所有者权益与鼓励技术扩散相结合,保护投资者与鼓励发明人相结合,适当放权与加强监管相结合的原则,健全国家国防和军队建设直接投资项目知识产权权属政策;二是结合国防和军队建设促进国防知识产权在民用领域应用的激励政策;三是制定并完善军民标准通用化过程中知识产权相关政策措施,妥善处理知识产权归属、保护等方面的问题。[281]

四、拓宽融资渠道

第二篇第二章研究结果显示,资金融通服务在众创空间增值服务这一潜变量上的因子负载值达 0.821,误差变异量均达到显著水平,说明通过引进天使投资、银行贷款并提供担保服务等举措,可以改善众创空间外部制度环境。

创业者面临创业知识、能力和资源上的不足,小微企业从银行获取的贷款有限,甚至面临无直接融资等发展难题,因此,需要金融中介机构在中间发挥重要作用。根据众创空间模式的特点及其对金融支持的需求,应建立以市场化为导向,基于政府创业投资引导基金和风险补偿基金,金融中介机构为中间参与主体的金融机制,设立一种小额贷款批发基金或者一种金融债券,该资金专门用于新创小微企业的借贷,为对接双方提供第三方担保、投融资引导等服务;通过招标的方式,由金融中间机构给运营状况良好的小额贷款公司提供借贷资金,必要时可以进行信誉担保,以政府信用撬动社会资本,大力发展天使投资、风险投资等权益融资模式和企业债以及集合票据等债务融资模式;扶持小额借贷机构,成立小额借贷基金,与天使投资、创投基金以及银行等为创业项目提供融资入股与资金借贷。

第二节 优化众创空间外部治理结构

在第一篇第二章的研究结果中,"技术环境"作为众创空间角度的"服务的初创企业的数量""培训与活动数",以及初创企业角度的"就业人数",这三个结果变量的充分条件构型中的核心条件出现了三次,并且"技术环境"和"经济环境"都出现在了最优条件构型中,可见优良的创新创业生态环境也能够强化众创空间的孵化服务能力。为此,众创空间需要构建服务绩效提升的外部辅导扶持机制。

一、强化资本治理

在第一篇第三章的实证分析结论中,外部治理结构与资本治理的相关系数为 0.876,可见资本的加持对众创空间孵化服务能力的提升具有推动作用,所以要推动众创空间的发展,首先要保证众创空间能够得到稳定充足的资金供给。

(一)遵循多元共治的理念

国有企业或社会资本加大对众创空间的持股,政府对众创空间发展的资金支持,从而构建政府监管、行业自律、市场主体自治及社会监督等有机结合的治理体系来优化众创空间外部环境,为众创空间开拓更多融资渠道。

(二)实现"众筹"与"众创"的有效对接

当前,一批新型孵化器、众创空间正在快速兴起,为实现"众筹"与"众创"有效对接创造了有利条件。众创空间是传统创业服务机构的"升级版",服务范围更广、服务类型更多样、资源利用效率更高。

(三)积极引入众创空间平台下民间资本投资

自从改革开放以来,中国凝聚起十分庞大的民间资本,这就使得中国众创空间平台上中小企业迎来了非常好的股权融资机会。想要使得中小企业的股权融资途径更加多元,那就不得不拓宽民间资本的引入力度。对部分需要较多发展资金的项目提供了额外帮扶政策,允许这部分众创空间以技术为前提,邀请当地政府或国企参与到企业发展当中,使企业能够获得足够资本开展生产研发工作。[282]

二、加强法律规制约束

在第一篇第三章的实证分析结论中,外部治理结构与政策法规的相关系数为 0.792,由此可见政策法规对众创空间的孵化能力同样具有约束作用。众创空间的产业政策需要弥补和完善现有政策体系中激发企业创新动力的规制,尤其是对重视金融和风险投资的规制。

首先,完善众创空间政策体系,提升政策实施效果。众创空间具有公益性、开放性、共享性和探索性等特征,对于这类创新模式单纯依靠市场机制很难保持其健康发展,必须给予相应的政策扶持和规制指引。[79]其次,要发挥律师、咨询公司、评级机构等社会第三方力量的监督作用,运用专业分析手段评估项目信用风险,并出具独立第三方评估意见,建立股权众筹第三方信用风险评估体系。发展众创空间融资方式要坚守"底线",扎紧制度笼子,遵循宽进严管、循序渐进的监管思路,做好平台监管,对股权众筹平台进行适度监管既能控制风险,又能引导行业健康发展。[283]众创空间融资不能搞虚假项目,也不得承诺或保证项目固定收益,要运用大数据、云计算等技术进行智能化监管,利用随机抽查和信用评级等手段,加强事中事后监督检查。

三、吸纳引进优质人才

在第一篇第三章的结构方程模型分析结果中,众创空间内部治理结构与人才建设的相关系数为 0.745,人才建设对众创空间的孵化服务能力具有促进作用。众创空间覆盖从创新意识和思维的启发到创新创业实践的全程化及专业化的教育,面向全体、分类施教、结合专业、强化实践,促进创新型人才的培养。因此,需要探索基于众创平台的校企协同机制,通过知识分享和资源配置优化,将知识、行动、资源、绩效等方面整合,实行系统性的互动和优化合作。

四、引入风险投资

在第三篇第二章中选取的 20 个众创空间样本中,有 8 个都是包含国有资本进驻的众创空间,国有资本控股比例都存在着一定量的冗余,而风险投资的介入则显得不足。众创空间拥有最为全面的企业发展信息,可以帮助风投机构降低自身经营风险,并可以帮助风投机构对众创空间内部企业实际情况进行调查,从而降低这些机构的风险压力,使双方能够获得共赢。众创空间在不改变自身股权的情况下,更加愿意使用风投来获得相应发展资金,风投公司在资金流入众创空间后,安排部分会计工作人员参与到众创空间业务工作当中。

第三节 构建众创空间公共服务平台系统

在第一篇第三章的结构方程模型分析结果中,众创空间内部治理结构与支撑服务平台的相关系数为 0.725,即服务平台对众创空间的孵化服务能力也具有较强的推动作用,这就需要以众创空间为中心构架网络平台体系,对接入孵企业,将第三方平台作为支撑点,提供便捷、高效的公共服务。

在第一篇第一章的研究结果中,"创新载体"作为众创空间角度的"服务的初创企业数"和初创企业角度的"知识产权数"这两个结果变量的必要条件出现了两次,作为众创空间角度的"服务的初创企业的数量""培训与活动数"和初创企业角度的"就业人数"这三个结果变量的充分条件构型中的核心条件重复出现了三次,在最优条件构型和次优条件构型中都有出现,且在其他四个充要条件构型中出现了两次,说明"创新载体"这一条件变量对应的众创空间规模较大,能够提供较多的工位数时,其孵化服务能力较强。

一、打造政策协同公共服务平台

根据第一篇第一章第四节中的路径解析结论,"政府行为"作为"服务的初创企业的数量""培训与活动数""就业人数"三个结果变量的充分条件构型中的核心条件出现了三次,且在最优条件构型和次优条件构型中都有出现,说明"政府行为"对于强化众创空间孵化服务能力起到有效的作用。

随着创新创业发展进入新阶段,众创空间协同政府为创新创业企业提供了更优质的服务与软硬件配置。政府作为推动建设主体,以信息技术为基础,借助大数据服务与云服务打造综合信息服务平台,通过举办创业沙龙、创新创业比赛等主体活动宣传讲解,让更多的小微企业和创业青年了解众创空间公共服务平台,以提高区域整体科技创新能力。政府公共服务平台的主要职能延伸包括:工商注册、证照办理、政策信息发布、政策咨询,各类项目申报、评优奖励、补贴发放等政策落实,其他涉及市场监管、财税、金融、土地、环保、人力社保、知识产权等职能部门的创业服务事项。[286]

众创空间内公共服务平台的建设和运行资金通常来源于政府财政部门,面对广泛群体,政府采取政策进行鼓励,支持和引导众创空间公共服务平台的打造，具体形式表现为：依托高新发展园区的资源优势引导新创企业入驻平台；对协会、企业集团等为主体兴办的公共平台给予税费减免等政策，多元股权结构，采取公司化管理、市场化运营、盈亏自负的管理方式。其目的是加强引导与监管，提高资源利用率，一是不能闲置与浪费设备从而导致资金空耗，二是不让国有资产被不合理占用，确保由政府牵头的公共服务平台能够高效运行且合理使用资金。为建设政府牵头的公共服务平台，在众创空间内设立流动服务站，站内的服务专员要求集中办理业务，服务专员进行小组流动式办公，而在非小组值班时间段，小组设立专线电话服务，同时支持微信、互联网等线上服务，政府协助众创空间为新创企业提供更多渠道拓展市场。

二、打造科技引领公共服务平台

在第二篇第三章的研究结果中，题项"众创空间能够为企业提供技术支持服务"在众创空间孵化服务能力这一潜变量上的因子载荷值为 0.76，并具有良好的信度，说明众创空间科技服务是其孵化服务能力主要表现形式之一。

科技公共服务是众创空间向入驻企业提供科技资源共享服务、公共技术服务、创新创业服务的科技基础设施，其目标是根据行业的发展需求，整合目前现有的科技服务公共平台，巩固现有的平台优势，培育出高效、精益的新型产业和技术平台，实现入驻企业有序成长。众创空间应打造重点科技公共服务平台，发挥重点科技公共服务平台的引导、示范作用，增强国家各科技公共服务平台"虹吸作用"，强化平台间的协同创新能力。

科技公共服务平台的核心点是服务，通过对众创空间内新创企业所需的服务进行深入了解，根据企业所需的实际发展需求，从科技公共服务平台的总体定位和服务模式等方面进行管理与指导，以保证科技公共服务平台能够做到高效运行，合理共享资源，同时做到不断加强服务的深度与广度，进而促进公共服务平台的跨区域合作，打造出多元化、专业化、网络化的创新创业服务体系，有效地提升入驻企业竞争力和孵化水平。

三、打造投融资公共服务平台

第二篇第三章研究结果显示，题项"众创空间能够为企业提供资金融通服务"在众创空间孵化服务能力这一潜变量上的因子载荷值为 0.82，数值显著，具有良好信度，说明众创空间资金融通服务是其孵化服务能力主要表现形式之一。

目前，众创空间内新创企业普遍存在融资困难瓶颈，相关政府部门为解决新创企业缺少启动资金等问题,加快了有关融资服务体系的建设,为解决融资难的问题提供有效路径。其路径包括:集成风投、银行、保险、担保等各类金融服务资源,融资服务公共服务平台以政府主导、企业需求导向、金融服务机构参与合作运营,建立起为解决新创企业创业难、难驱动的问题,打造综合服务平台为不同阶段的科技创新创业投融资,为发展新创企业且为创业者提供有效的资金支持。其主要服务围绕科技创业企业、金融机构和政府三方的需求,设立综合信息交流平台,结合线上查询办理业务,接受融资需求受理、征信体系咨询,从而提供有效的融资解决方案和专业机构,打造信息共享、业务协同和效果优异的新型众创空间公共服务平台。

四、打造人才驱动公共服务平台

第二篇第二章因子分析结果显示,以提供企业管理与技术开发、人才招聘、法律与金融知识等服务为主的题项"人才培育服务"在众创空间"增值服务能力"这一潜变量上的因子载荷值为0.867,表明该测量题项具有较好的可靠性,开展人才培育服务是众创空间孵化服务的必要一环。

众创空间具有一定的公益性,需要高新区与高校、企业、科研院所联合推动建设,建立协同创新模式,以人才资源为核心,课题项目为纽带,不断促进产学研的人才流动模式,打造人才驱动公共服务平台。众创空间可以依托各平台,采用经验交流会、现场观摩会、创新创业培训等形式,更好地发挥科技力量集成方面的重要作用,提高创新创业者的创新技能,不断加速企业孵化能力。

五、打造知识产权公共服务平台

第一篇第一章的多变量组态分析结果显示,组态a(~政策*~互动*补贴*创新*人才*~技术)中,众创空间提供培训次数条件的不出现与拥有知识产权数量和新创企业吸纳总人数条件的出现起核心作用,拥有知识产权数量条件的出现与地方有关众创空间的政策数量和获得技术支持的新创企业占比条件的不出现起辅助作用,共覆盖了10个案例,一致性为0.920,说明知识产权服务也是众创空间孵化服务能力的主要形式之一。

知识产权服务是驱动众创空间创新的重要制度安排,其助力众创空间发展的逻辑起点在于有机嵌入驱动入驻企业有序成长的对接机制,这就需要建立知识产权助力众创空间高质量发展的实施体系,功能定位要紧密对接众创空间的入驻企业供需链,市场定位要紧密对接众创空间的产业链,更重要的目标定位要与众创空间的价值链紧密对接,把众创空间的产业链、价值链做大做强。

高价值专利培育是一个长期系统化的过程，需要众创空间的管理层、技术层、服务层、市场层和应用层多方共同参与，高价值专利培育路径应该包括众创空间针对入驻企业战略目标定义高价值专利、针对具体产品明确高价值专利培育方向、专利工程师主导高价值专利开发、大力推进专利实施和运用等。

本部分内容主要是基于第一篇至第三篇实证研究结果，构建了众创空间孵化服务绩效外部提升机制，主要包括三个方面：一是推进众创空间外部制度环境创新，包括强化财政税收政策调控、促进智力资源引进、完善技术转化机制和拓宽融资渠道；二是优化众创空间外部治理结构，包括强化资本治理、加强法律规制约束、吸纳引进优质人才和引入风险投资；三是构建众创空间公共服务平台系统，包括打造政府协同、科技引领、投融资咨询、人才驱动和知识产权五个公共服务平台。

第三章 结论与展望

第一节 研究结论

本研究以创业理论、社会网络理论、中小企业服务理论、制度创新理论、利益相关者理论等为理论依据,以调查法、结构方程模型、扎根理论、模糊集定性比较分析法(fsQCA)、演化博弈模型等为实证方法,依托问卷调查所搜集的一手数据,以及《中国火炬统计年鉴(2020)》《北大法宝》和《中国统计年鉴(2020)》等搜集的二手数据,实证研究众创空间孵化服务能力对新创企业创业绩效的影响效应,探究制度创新和治理结构对众创空间孵化服务能力的影响机理,实施众创空间多主体间协同创新演化博弈分析,并设计众创空间孵化运营和服务组织治理绩效评价体系,进行实证评价,进而针对性给出众创空间内部提升和外部促进机制,形成如下研究结论。

(一)在众创空间孵化服务能力影响因素识别实证分析方面,通过比对每个结果变量的条件组态,得出最优条件构型、次优条件构型,和另外四个同样对结果具有充分性的条件构型。通过比对初创企业的两个结果变量,即就业人数和知识产权数,以及众创空间的两个结果变量,即服务的初创企业数和培训与活动数,共四个结果变量的充分条件构型中的核心条件,从中可以发现,"政府行为""创新载体""技术环境"这三个条件变量,作为核心条件重复出现次数最多,进而得出"政府行为 * 创业导师 * 创新载体 * 技术环境 * 经济环境"是实现众创空间孵化服务能力强化的最优条件构型。

(二)在制度创新和治理结构对众创空间孵化服务能力影响效应的实证研究方面,得到众创空间内外部治理结构,以及外部制度环境和内部治理制度创新正向影响众创空间孵化服务能力的相关结论。制度创新对众创空间孵化服务能力影响的研究结果表明:外部制度环境创新对众创空间的空间及设施服务能力和增值服务能力产生正向影响;内部运营制度创新对众创空间孵化服务能力的各个维度(空间及设施服务能力、基础服务能力、增值服务能力)均存在显著的正向影响;外部制度环境创新对众创空间孵化服务能力的基础服务能力方面不存在正向影响。治理结构对众创空间孵化服务能力影响的研究结果表明:众创空间外部治理结构对综合服务能力和增值服务能力有正向影响,但对基础孵化能力影响甚微,这说明众创空间对外部治理体系的构建,与各资源方形成良好的连接,加大对政策的利用,是从外部推动孵化服务能力的关键所在;众创空间内部治理结构对众创空间综合服务能力、增值服务能力、基础孵化能力均具有正向影响,这说明提供完备的基础环境和周到的综合服务,是众创空间孵化效率得以提升的关键。

(三)在众创空间与新创企业价值共创机理分析方面,揭示众创空间与新创企业价值共创的实现受到政策、互动、补贴、创新、人才、技术等因素的影响,但是单独某一个条件并不能导致价值共创结果的发生,它们之间必须通过有条件的组合共同构成众创空间与新创企业价值共创的充分条件,共同作用影响结果的发生,从而得出四种实现众创空间与新创企业价值共创的条件组态,分别是路径1(~政策*~互动*补贴*创新*人才*~技术)、路径2(政策*互动*补贴*创新*人才*~技术)、路径3(~政策*互动*补贴*创新*人才*~技术)、路径4(政策*互动*补贴*创新*人才*技术),最终根据众创空间、新创企业、政府三个层面在影响不同地区众创空间与新创企业价值共创的条件组态中的重要程度将四条路径归纳为三种构型,分别是共同主导型、政府扶持型和新创企业主导型。

(四)在众创空间孵化服务能力对新创企业创业绩效影响机理研究方面,聚焦于众创空间孵化服务能力对新创企业创业绩效的影响方式以及影响程度,得到如下主要结论:众创空间基础服务能力对新创企业财务绩效产生显著正向影响,但对新创企业成长绩效和创新绩效不存在显著的直接影响;众创空间增值服务能力对新创企业创业绩效各个维度都产生显著的正向影响;众创空间专业服务能力对新创企业财务绩效和成长绩效产生显著的正向影响,但对创新绩效不存在显著影响。

(五)在众创空间孵化服务能力调节下新创企业资源拼凑对其合法性的影响研究方面,研究结果显示,新创企业要素拼凑、顾客拼凑和制度拼凑都对其合法性获取具有正向影响,众创空间孵化服务能力对要素拼凑、制度拼凑与新创企业合法性之间的关系分别起到正向调节作用,对顾客拼凑与新创企业合法性之间的关系没有显著影响。

(六)在众创空间孵化服务绩效评价方面,从众创空间孵化运营和服务组织治理两个视角,系统评价众创空间孵化服务绩效,揭示众创空间孵化服务效能。众创空间孵化运营绩效评价结果表明：大多数无效单元的众创空间处于规模报酬递减阶段，规模效率相差不大，孵化营业收入未达到理想值，机器设备、人员投入过多，个别众创空间服务场地投入明显过多，无效单元主要受技术效率的影响。众创空间服务组织治理绩效评价研究结果表明：众创空间服务组织治理投入存在冗余过多的情况，治理环境、治理结构等方面问题也比较突出，同时产出仍不足，年收入和年利润都未达到理想值，大部分仍处于治理规模较小的阶段，管理层人手、第一大股东控股存在冗余。

（七）在众创空间多主体间协同创新演化博弈研究方面，系统分析了众创空间、新创企业、风投机构协同创新的演化过程，仿真展示了新创企业收益分配系数、众创空间支持力度、供应链协同强度等参数变化对众创空间、新创企业、风投机构演化行为的影响。研究表明，新创企业高收益分配系数下，众创空间选择参与协同创新，风投机构选择拒绝参与协同创新，新创企业低收益分配系数下，各主体均选择拒绝参与协同创新；中、低强度支持力度可以促进三方协同创新有序发展，且支持力度越低，新创企业和风投机构向协同创新方向演化速率越快，反之，高强度支持力度则会抑制各主体协同创新发展；供应链协同强度为中、高强度时可以促进三方协同创新有序发展，且协同强度越大，越有利于各主体向协同创新方向演化。众创空间内多主体价值共创存在四条路径，根据核心条件不同归纳为三种类型，分别是第三方服务支持主体主导型、以众创空间服务为主的技术支持型、全要素集聚型，第三方服务支持主体的投入要素是价值共创的重要保障，全要素集聚型价值共创使众创空间具有可持续发展能力，众创空间内多主体价值共创存在因果非对称性。

（八）在众创空间孵化服务绩效提升方面，结合上述的实证分析结论，形成众创空间孵化服务绩效内部提升和外部促进机制。在众创空间孵化服务绩效内部提升机制上，要着力优化众创空间内部治理结构，推进众创空间内部运营制度创新，设计众创空间与新创企业价值共创构型与策略，构建众创空间新型孵化服务模式，强化众创空间多主体协同创新机制；在众创空间孵化服务绩效外部促进机制上，要着力推进众创空间外部制度环境创新，优化众创空间外部治理结构，以及构建众创空间公共服务平台系统。

第二节　研　究　展　望

（一）众创空间孵化服务能力强化研究

本研究在设计强化众创空间孵化服务能力的策略时，局限于所选择的六个条件变量和其条件构型,而所选择的六个条件变量也局限于可以进行衡量或者具象化的变量中,因此得出的策略比较简单。根据其他相关的文献看来,除了本研究提出的策略,还能通过构筑立体化的众创空间孵化服务体系,进行孵化服务模式的创新等方式强化孵化服务能力。但是由于这些方法难以用具体的数据反馈,无法使用 fsQCA 等方法进行运算,因此使得策略的研究具有局限性。此外,本研究还存在选取的变量不够全面,时间跨度也不够长等问题。能够用以研究强化众创空间孵化服务能力的方法还有很多,且随着众创空间的不断发展,会有更多强化孵化服务能力的因素出现,希望在今后的研究中,可以运用其他方法,从更长的时间跨度中,挖掘出更多影响因素,进行更为充分透彻的探索,进一步完善众创空间孵化服务能力强化策略。

(二)外部制度环境创新对众创空间孵化服务能力的影响研究

本研究针对制度创新对众创空间孵化服务能力的影响进行调查研究,发现制度创新中的外部制度环境创新维度对众创空间的基础性服务能力不存在显著性的正向影响,但没有深入研究两者之间存在何种关系以及各潜变量之间作用的机制。另一方面,从制度创新影响众创空间孵化服务能力模型的路径系数可知,外部制度环境创新对众创空间孵化服务能力的三个维度的路径系数分别为 0.14、-0.3、0.11,影响效果不大,与所设想假设之间存在差异。本研究仅针对这种现象进行了理论分析,未来可针对外部制度环境对众创空间孵化服务能力的影响进行进一步深入研究。

(三)众创空间与新创企业价值共创的孵化服务驱动因素研究

首先,由于数据的可获取性有限和模糊集定性比较分析方法对变量的数量限制,使得本研究在孵化服务驱动因素的选择上受到一定的限制,研究涵盖面还不够广泛,未来可以考虑选取或增加其他孵化服务驱动因素再进行讨论。其次,目前本研究是以各省、直辖市和自治区为样本案例,针对性相对较弱,未来可以将范围缩小,研究各省内部众创空间与新创企业价值共创在孵化服务上的差异。再次,本研究仅是一年的截面数据情况,未来可以尝试对众创空间与新创企业价值共创进行时间序列分析。最后,需考虑更多众创空间的第三方服务支持主体。本研究主要选取众创空间最为常见的第三方服务支持主体——政府部门、创投机构、科研机构进行研究,但从众创空间平台生态系统角度来看,众创空间还与高校、中介机构、管理咨询机构等更多主体之间存在价值共创,未来可从创业生态系统理论视角,探讨更多第三方服务支持主体对价值共创的影响。

(四)众创空间孵化服务绩效多元化评价研究

DEA 模型只能进行各个样本之间比较分析,而并不能判断自身的优劣,使得对于样本的选取没有办法反思和进一步优化,无法判断样本选取是否合理,是否具有代表性,也无法衡量相对有效的样本自身是否存在问题,以及该做何种改进,因此后续研究中可尝试其他更为理想的评价方法对众创空间孵化服务绩效进行评价。由于DEA模型本身的局限性,各指标的重要程度无法得知,导致在后续结论的分析上无法进行延展分析。因此,后续的研究可以在众创空间孵化服务绩效评价过程中体现各指标的重要程度,对指标的重要程度做更加详细和深入的研究。

参 考 文 献

［1］王佑镁,叶爱敏:《从创客空间到众创空间:基于创新2.0的功能模型与服务路径》,《电化教育研究》2015年第11期。

［2］Travis Good, 2015: "Manufacturing Makerspaces", http://www.amcrican libraries magaxine.org/article/manufacturing-makerspacs, July.

［3］Kroski E, 2013: "A Librarian's Guide to Makerspaces", *Open Education Database*. http://oedb.org/ilibrarian/a-librarians-guide-to-makerspaces, May.

［4］卫武,杨天飞,温兴琦:《基于初创企业发展周期的众创空间服务与角色》,《科学学研究》2021年第9期。

［5］Khan M R, 2013: "Mapping Entrepreneurship Ecosystem of Saudi Arabia", *World Journal of Entrepreneurship Management & Sustainable Development*, January.

［6］陈凤,项丽瑶,俞荣建:《众创空间创业生态系统:特征、结构、机制与策略——以杭州梦想小镇为例》,《商业经济与管理》2015年第11期。

［7］胡海波,卢海涛,王节祥,黄涛:《众创空间价值共创的实现机制:平台视角的案例研究》,《管理评论》2020年第9期。

［8］Fandi Halim, Gunawan, Agustina, 2020: "Digital-Based Incubator Framework Modelling for University", *International Journal of E-Entrepreneurship and Innovation（IJEEI）*, January.

［9］马莉丽:《高校图书馆创客空间建设探讨》,《图书馆研究》2014年第3期。

［10］Schlesinger J, Islam M, MacNeill K, 2011: "*Founding a Hackerspace: An Interactive Qualifying Project Report*", Worcester, Worcester Polytechnic Institute.

［11］Kera D. NanoSmano lab in Ljubljana, 2012: "Disruptive Prototypes and Experimental Governance of Nanotechnologies in the Hackerspaces", *Journal of Science Communication*, April.

［12］吕力,李倩,方竹青,乔辉:《众创、众创空间与创业过程》,《科技创业月刊》2015年第10期。

［13］John T, 2014: "*Sherrill. Makers: Technical Communication in Post-industrial Participatory Communities, West Lafayette*", Indiana, Purdue University.

[14] 刘志迎,陈青祥,徐毅:《众创的概念模型及其理论解析》,《科学学与科学技术管理》2015年第2期.

[15] 吕秋慧,杜运周,胡登峰,等:《众创空间类型如何塑造创业服务行为？基于制度逻辑视角的分析》,《南方经济》2021年第5期.

[16] 卫武,赵璇:《众创空间平台开放度对在孵企业商业模式创新的影响研究》,《软科学》2021年第8期.

[17] 段文奇,李辰,惠淑敏:《基于Lotka-Volterra模型的众创空间生态系统共生模式研究》,《审计与经济研究》2021年第3期.

[18] Valdez J, 1988: "The Entrepreneurial Ecosystem: Toward a Theory of New Business Formation", http://sbida.org/Resources/Documents/Proceedings/1988%20Proceedings.pdf#page=102, December.

[19] Vogel P, 2013: "The Employment Outlook for Youth: Building Entrepreneurial Ecosystems as a Way Forward", Conference Paper for the G20 Youth Forum. St. Petersburg, *Social Science Electronic Publishing*.

[20] Van Lancker J, Mondelaers K, Wauters E, et al., 2016: "The Organizational Innovation System: A Systemic Framework for Radical Innovation at the Organizational Level", *Technovation*, April.

[21] Adner R, Kapoor R, 2010: "Value Creation in Innovation Ecosystems: How the Structure of Technological Interdependence Affects Firm Performance in New Technology Generations", *Strategic Management Journal*, March.

[22] 孟国力,吕拉昌,黄茹:《北京"众创空间"区位选择特征及影响因子分析》,《首都经济贸易大学学报》2016年第5期.

[23] 黄世芳:《众创空间与区域创新系统的构建——基于欠发达地区的视角》,《广西民族大学学报(哲学社会科学版)》2016年第1期.

[24] 向永胜,古家军:《基于创业生态系统的新型众创空间构筑研究》,《科技进步与对策》2017年第22期.

[25] 刘芹良,解学芳:《创新生态系统理论下众创空间生成机理研究》,《科技管理研究》2018年第12期.

[26] 尹国俊,蒋璐闻:《基于产权共享的众创空间资源聚合模式研究》,《科学学研究》2021年第2期.

[27] 李燕萍,陈武,李正海:《驱动中国创新发展的创客与众创空间培育：理论与实践——2016年首届"创新发展·创客·众创空间"论坛评述》,《科技进步与对策》2016年第20期.

[28] Lindtner S, 2015: "Hackerspaces and the Internet of Things in China: How Makers are Reinventing Industrial Production, Innovation, and the Self", *China Information*, February.

[29] Harnett CK, Tretter TR, Philipp SB, 2015: "Hackerspaces and Engineering

Education", *Frontiers in Education Conference*, IEEE.

[30] 王节祥,田丰,盛亚:《众创空间平台定位及其发展策略演进逻辑研究——以阿里百川为例》,《科技进步与对策》2016 年第 11 期。

[31] 乔辉,吴绍棠:《众创空间对创业孵化器功能影响研究》,《商业经济研究》2016 年第 5 期。

[32] 陈显中,陈岩:《共享经济视角下众创空间云孵化平台的构建》,《财会月刊》2020 年第 22 期。

[33] Abduh M, Souza CD, Quazi A. et al., 2007: "Investigating and Classifying Clients' Satisfaction with Business Incubator Services", *Managing Service Quality*, January.

[34] 顾琰:《众创空间发展与国家高新区创新生态体系建构》,《改革与战略》2015 年第 4 期。

[35] Bauwens M, Mendoza NF, 2012: "Synthetic Overview of the Collaborative Economy", *Chiang Mai: P2P Foundation*. August.

[36] Muhammad Arslan, Ahmad Alqatan, 2020: "Role of Institutions in Shaping Corporate Governance System: Evidence from Emerging Economy", *Heliyon*, March.

[37] Antonio Apodaca, 2016: "Makerspace Next", *Student Makers: Motivated*, 5 – 8.

[38] 武丽娜:《众创空间的基本模式研究》,《现代商业》2016 年第 17 期。

[39] 刘春晓:《创新 2.0 时代:众创空间的现状、类型和模式》,《互联网经济》2015 年第 8 期。

[40] 林祥,高山,刘晓玲:《创客空间的基本类型、商业模式与理论价值》,《科学学研究》2016 年第 6 期。

[41] 권영훈, 2011: "The Innovative Approach for New Start-up Business Located in Business Incubators: Focused on Incubation Service in Gyungsangnam-Do Region", *Journal of Korea Service Management Society*, April.

[42] 吴杰,战炤磊,周海生:《"众创空间"的理论解读与对策思考》,《科技管理研究》2016 年第 13 期。

[43] 王友双,高晓文:《众创空间孵化服务能力提升探讨——以紫东创意空间为例》,《江苏科技信息》2017 年第 11 期。

[44] 孙学智,陈光,罗江涛:《双创新政下众创空间孵化服务标准体系构建初探》,《科技成果管理与研究》2017 年第 10 期。

[45] 伍蓓,金侠影,张文艺:《众创空间:研究综述与展望》,《技术经济》2018 年第 12 期。

[46] Luísa Margarida Cagica Carvalho, Adriana Noronha, Simone Vasconcelos Galina, 2019: "Entrepreneurs' perceptions of business incubator services in Brazil and Portugal", *Int. J. of Business Innovation and Research*, January.

[47] 曹俊娜,赵鹏:《河北省孵化机构和众创空间服务水平提升路径与对策研究》,《营销界》2020 年第 24 期。

[48] 黄彦菁,孙丽江:《众创空间创新创业服务平台建设的金融支持体系研究》,《改革

与战略》2015年第11期。

[49] 姚晓芳：《众创空间嵌入式服务模式的构建——基于粒子空间的案例研究》，《第十一届中国管理学年会论文集》，2016年。

[50] 李斌：《提升河南省孵化机构和众创空间服务水平的路径与对策》，《创新科技》2019年第4期。

[51] 潘冬，肖婧，崔伟：《政府对众创空间孵化服务的影响机理研究》，《产业与科技论坛》2019年第13期。

[52] Stephanus J H van der Spuy, 2019: "The State of Business Incubation in the Northern Cape: A Service Spectrum Perspective", *The Southern African Journal of Entrepreneurship and Small Business Management*, January.

[53] Gustavo Manso, 2011: "Motivating Innovation", *The Journal of Finance*, May.

[54] 乔应平：《发展众创空间的制度环境及制度创新》，《经贸实践》2015年第13期。

[55] Johanna Vanderstraeten, Arjen van Witteloostuijn, Paul Matthyssens, 2020: "Organizational Sponsorship and Service Co-development: A Contingency View on Service Co-development Directiveness of Business Incubators", *Technovation*, October.

[56] 代碧波，孙东生：《基于DEA方法的科技企业孵化器运行效率评价——以东北地区14家国家级企业孵化器为例》，《科技进步与对策》2012年第1期。

[57] 苏翔：《区域经济及科技对区域科技企业孵化器发展的影响研究》，吉林大学，2015年。

[58] Hackett SM, Dilts DM, 2004: "A Real Options Driven Theory of Business Incubation", *Journal of Technology Transfer*, January.

[59] 单鹏，裴佳音：《众创空间绩效评价指标体系构建与实证》，《统计与决策》2018年第20期。

[60] Almubaraki HM, Busler M, 2011: "The Development of Entrepreneurial Companies through Business Incubator Programs", *International Journal of Emerging Sciences*, February.

[61] 薛婷：《高校众创空间绩效评价体系设计研究》，《现代经济信息》2016年第17期。

[62] 许亚楠，黄钟仪，王艺，向玥颖：《中国众创空间运营效率评价及影响因素研究》，《科技管理研究》2020年第4期。

[63] 周明昕，周琼，梁贝贝，等：《一种科技企业孵化器运营绩效评价方法》，发明专利：CN11094-2242A，2020.03.31。

[64] 陈章旺，黄惠燕：《区域众创空间绩效评价——基于因子分析角度》，《科技管理研究》2020年第2期。

[65] 祝健：《科技企业孵化器管理绩效评价指标体系设计》，《民营科技》2013年第6期。

[66] 任兴旺，王猛，刘凯：《众创空间绩效评价指标体系研究》，《创新与创业教育》2019年第1期。

[67] McAdam M, McAdam R, 2008: "High Tech Start-ups in University Science Park

Incubators: the Relationship between the Start-up's Lifecycle Progression and Use of Incubator's Resourses", *Technovation*, May.

[68] Z. Pa'lmai, 2004: "An innovation park in Hungary: INNPTECH of the Budapest University of the Technology and Economics", *Technovation*, December.

[69] 侯艳兵:《浅谈众创空间孵化网络的形成机理与治理机制》,《市场周刊(理论版)》2019 年第 30 期。

[70] 耿合江:《高校众创空间知识价值共创治理机制研究》,《安阳工学院学报》2019 年第 3 期。

[71] Ostrom E, 2009. "*Beyond Markets and States: Polycentric Governance of Complex Economic Systems*", Author.

[72] McGinnis MD, 2005: "Costs and Challenges of Polycentric Governance", *Workshop on Analyzing Problems of Polycentric Governance in the Growing EU*.

[73] Dousay TA, 2017: "Defining and Differentiating the Crowd Innovation Space", *Educational Technology*, Fifty-seven.

[74] 束云霞:《民营科技企业孵化器治理模式研究——以杭州颐高创业园为例》,《江苏科技信息》2013 年第 21 期。

[75] 徐原媛:《国有孵化器引入 PPP 模式研究》,四川省社会科学院,2019 年。

[76] Benjamin Gidron, Ralph Kramer & Lester M, 1992: *Salamon, Government and the Third Sector: Emerging Relationship in Welfare States*, San Francisco. CA, Jossey Bass Publishers.

[77] L. David Brown & Archana Kalegaonkar, 2002: "Suppport Organizations and the Evolution of the NGO Sector, Nonprofit and the Evolution of the NGO Sector", *Nonprofit and Voluntary Sector Quarterly*, 31(2).

[78] 王舵:《众创空间的发展现状、制约因素及对策研究》,《中外企业家》2018 年第 16 期。

[79] 刘建国:《众创空间治理问题与政策创新研究》,《创新科技》2017 年第 1 期。

[80] Danny P. Soetanto, Sarah L. Jack, 2013: "Business Incubators and the Networks of Technology-based Firms", *The Journal of Technology Transfer*, April.

[81] Rosa Grimaldi, Alessandro Grandi, 2005: "Business Incubators and New Venture Creation: An Assessment of Incubating Models", *Technovation*, February.

[82] Anna Bergek, Charlotte Norrman, 2007: "Incubator Best Practice: A Framework", *Technovation*, January.

[83] Chinsonmboon, 2000: *Incubators in the new economy*, Massachusetts Institute of Technology.

[84] 郝君超,张瑜:《国内外众创空间现状及模式分析》,《科技管理研究》2016 年第 18 期。

[85] Sarfraz Mian, Wadid Lamine, Alain Fayolle, 2016: "Technology Business Incubation:

An overview of the state of knowledge", *Technovation*, Thirteen.

[86] 崔祥民,田剑:《众创空间利益相关者协同度研究》,《科技进步与对策》2018年第5期。

[87] Massimo G. Colombo, Marco Delmastro, 2002: "How Effective are Technology Incubators?", *Research Policy*, July.

[88] Lukeš Martin, Zouhar Jan, 2016: "The Causes of Early-stage Entrepreneurial Discontinuance", *Prague Economic Papers*, February.

[89] K. F. Chan, Theresa Lau, 2004: "Assessing Technology Incubator Programs in the Science Park: the Good, the Bad and the Ugly", *Technovation*, October.

[90] Leora Rothschild, Asaf Darr, 2005: "Technological Incubators and the Social Construction of Innovation Networks: An Israeli Case Study", *Technovation*, January.

[91] 王丽平,房敬慧:《价值共创视角下多团队系统的高效组态研究》,《经营与管理》2021年第4期。

[92] Moilanen J, 2012: "Emerging Hackerspaces-Peer-Production Generation", *Open Source Systems: Long-Term Sustainability*, August.

[93] Dominik Mahr, Annouk Lievens, 2012: "Virtual Lead User Communities: Drivers of Knowledge Creation for Innovation", *Research Policy*, January.

[94] Eric Joseph van Holm, 2017: "Makerspaces and Local Economic Development", *Economic Development Quarterly*, February.

[95] Stephen L. Vargo, Robert F. Lusch, 2016: "Institutions and Axioms: An Extension and Update of Service-dominant Logic", *Journal of the Academy of Marketing Science*, January.

[96] 杜宝贵,王欣:《众创空间创新发展多重并发因果关系与多元路径》,《科技进步与对策》2020年第19期。

[97] 熊丽君:《创业生态系统视角下众创空间创业环境对新创企业绩效的影响研究》,上海大学,2020年。

[98] 戴亦舒,叶丽莎,董小英:《创新生态系统的价值共创机制——基于腾讯众创空间的案例研究》,《研究与发展管理》2018年第4期。

[99] 田宇:《创业拼凑对企业双元创新的影响——组织学习氛围的调节作用》,吉林大学,2018年。

[100] Browder RE, Aldrich HE, Bradley SW, 2019: "The Emergence of the Maker Movement: Mplications for Entrepreneurship Research", *Journal of Business Venturing*, March.

[101] 张鸣哲,张京祥,何鹤鸣:《基于协同理论的城市众创空间集群形成机制研究——以杭州市为例》,《城市发展研究》2019年第7期。

[102] 崔海雷,吕爽:《"多维协同、一体两翼"众创空间模式创新研究》,《宏观经济研究》2020年第7期。

[103] 张静进,陈光华:《基于 DEA 模型的众创空间创新创业效率及投入冗余比较研究》,《工业技术经济》2019 年第 9 期。

[104] 韩莹:《众创空间中企业创业拼凑对创新绩效的影响研究》,《科学学研究》2020 年第 8 期。

[105] 田颖,田增瑞,赵袁军:《H-S-R 三维结构视角下众创空间智力资本协同创新对创客创新绩效的影响》,《科技进步与对策》2018 年第 8 期。

[106] 高涓,乔桂明:《创新创业财政引导政策绩效评价——基于地方众创空间的实证检验》,《财经问题研究》2019 年第 3 期。

[107] 王兴元,朱强:《众创空间支持对大学生创客团队创新绩效影响机制研究》,《科技进步与对策》2018 年第 14 期。

[108] 王是业,武常岐:《孵化支持会促进创业企业增加研发投入吗？——在孵企业研发人力资源的调节作用》,《研究与发展管理》2017 年第 2 期。

[109] Liu Weiwei, Yang Jianing, 2018: "The Evolutionary Game Theoretic Analysis for Sustainable Cooperation Relationship of Collaborative Innovation Network in Strategic Emerging Industries", *Sustainability*, December.

[110] 刘新民,孙向彦,吴士健:《政府规制下众创空间创业生态系统发展的演化博弈分析》,《商业经济与管理》2019 年第 4 期。

[111] 科技部:《科技部关于印发〈发展众创空间工作指引〉的通知》,2015 年 12 月 14 日。

[112] [美] Jeffry A. Timmons:《创业学》(第 6 版),周伟民、吕长春译,人民邮电出版社 2015 年版。

[113] 唐德淼:《"众创空间"发展现状、演进与趋势研究——以江苏发展为例》,《产业与科技论坛》2017 年第 12 期。

[114] 陈敏灵,王孝孝:《我国众创空间的现状与发展模式研究》,《中国市场》2017 年第 17 期。

[115] 贾天明,雷良海:《众创空间的内涵、类型及盈利模式研究》,《当代经济管理》2017 年第 6 期。

[116] 张娜:《众创空间——互联网＋时代本土化的创客空间》,《科协论坛》2015 年第 10 期。

[117] 方琳瑜,宋伟:《创新驱动战略下众创空间知识产权公共服务能力提升研究——以福建省为例》,《科技管理研究》2018 年第 15 期。

[118] 李同月:《众创空间运营模式分析》,《探索带》2016 年第 8 期。

[119] Kroski E, Antonio Apodaca, 2016: "Makerspace Next", *Student Makers: Motivated*, May.

[120] 孙学智,潘自欣:《基于项目管理视角的众创空间孵化服务标准化研究》,《中国科技成果》2016 年第 21 期。

[121] 张宝建,段思垚,贾梦宁,李鹏利:《中国创业孵化失败的构型分析——基于 fsQCA 的实证检验》,《中国科技论坛》2020 年第 2 期。

[122] 李梦雅，杨德林，胡晓，张金生：《内层网络情境下孵化平台如何实现资源联动？》，《管理世界》2022年第2期。

[123] Lusch RF, Vargo SL, Gustafsson A, 2016: "Fostering a Trans-disciplinary Perspectives of Service Ecosystems", *Journal of Business Research*, August.

[124] Eric Joseph Van Holma, 2015: "Makerspaces and Contributions to Entrepreneurship", *Procedia-Social and Behavioral Sciences*, March.

[125] Gummesson E, Mele C, 2010: "Marketing as Value Co-creation through Network Interaction and Resource Integration", *Journal of Business Market Management*, April.

[126] 项国鹏，高挺，曾传圣：《孵化器如何提升在孵企业绩效——组态视角分析》，《华东经济管理》2021年第12期。

[127] 李向辉：《基于价值链的中小企业创新服务平台赢利模式研究》，《科技进步与对策》2009年第22期。

[128] St-Jean, E, M. Tremblay, et al., 2017: "May Business Mentors Act as Opportunity Brokers and Enablers among University Students?", *International Entrepreneurship and Management Journal*, January.

[129] 吴小春，谢宝国，马娜娜，宣燚斐：《创业导师指导效果影响因素与对策研究》，《科技进步与对策》2019年第21期。

[130] Wales WJ, Parida V, Patel PC, 2014: "Too Much of a Good Thing? Absorptive Capacity, Firm Performance, and the Moderating Role of Entrepreneurial Orientation", *Strategic Management Journal*, May.

[131] 苏晓华，肖洁，陈嘉茵：《创业者社会身份认知与新创企业创新》，《南方经济》2020年第10期。

[132] 孙启新，吴欣彦，颜振军，李建清：《创业孵化知识溢出的效果与差异》，《科学学与科学技术管理》2021年第12期。

[133] 赵艺璇，成琼文：《知识网络嵌入、知识重组与企业中心型创新生态系统价值共创》，《经济与管理研究》2021年第10期。

[134] 袁祥飞，郭虹程，刘彦平：《谁对孵化绩效影响更大？城市、孵化器与企业比较》，《科研管理》2022年第1期。

[135] 黄攀，王小燕，许治：《投入产出视角下不同投资主体孵化器差异比较》，《科技进步与对策》2018年第20期。

[136] 黄钟仪，刘瀚宇，苏伟琳，熊艾伦：《众创空间创新氛围一定能促进创客创新？个体—情境交互理论视角的实证研究》，《科学学与科学技术管理》2021年第8期。

[137] Guerzoni M, Raiteri E, 2015: "Demand-side vs. Supply-side Technology Policies: Hidden Treatment and New Empirical Evidence on the Policy Mix", *Research policy*, March.

[138] 王海花，李玉：《政府补贴越多越有助于提升众创空间绩效吗——1902家国家备

案众创空间的证据》,《上海管理科学》2021年第2期。

[139] 吴兴海,马俊,罗国锋,龙丹:《创业投资的资金规模及其影响因素研究》,《软科学》2015年第10期。

[140] Perez-Lopez S, Alegre J, 2012: "Information Technology Competency, Knowledge Processes and Firmperformance", *Industrial Management & Data Systems*, April.

[141] 刘莉:《国有企业社会责任缺失问题及其对策研究》,《区域经济评论》2011年第7期。

[142] 李凯:《基于企业学习网的知识转移研究》,华东师范大学,2017年。

[143] Ibarra, H, 1993: "Personal Networks of Women and Minorities in Management: AConceptual Framework", *The Academy of Management Review*, January.

[144] Uzzi B, 1999: "Embeddedness in the making of financial capital: How social relations and networks benefit firms seeking financing", *American Sociological Review*, August.

[145] 林迎星:《民营企业自主创新当前区域软环境评价:框架与实例》,《科学学与科学技术管理》2006年第9期。

[146] 李保明:《小企业战略影响因素研究》,《重庆大学学报(社会科学版)》2007年第3期。

[147] 张应良,汤莉:《农民创业绩效影响因素的研究——基于对东部地区284个创业农民的调查》,《华中农业大学学报(社会科学版)》2013年第4期。

[148] Mitchell RK, Agle BR, Wod DJ, 1997: "Toward a Theory of Stakeholder Identification and Salience: Defining the Principle of Who and What Really Counts", *Academy of Management Review*, April.

[149] Ansoff, HL, 1965: *Corporate strategy*, New York, McGraw-Hill.

[150] Freeman RE, 1984: *Strategic management: A stakeholder perspective*, Pitman, Boston, NJ: Prentice-Hall.

[151] Clarkson. MBE, 1995: "A Stakeholder Frame work for Analyzing and Evaluating Corporate Social Performance", *Academy of Management Review*, January.

[152] Frooman J, 1999: "Stakeholder Influence Strategies", *Academy of Management Review*, February.

[153] Donaldson T, Preston LE, 1995: "The Stakeholder Theory of the Corporation: Concepts, Evidence, and Implications", *Academy of Management Review*, January.

[154] Qin Y, Harrison J, Chen L, 2019: "A Framework for the Practice of Corporate Environmental Responsibility in China", *Journal of Cleaner Production*, October.

[155] 温素彬,方苑:《企业社会责任与财务绩效关系的实证研究——利益相关者视角的面板数据分析》,《中国工业经济》2008年第10期。

[156] Henriques I, Sadorsky P, 1999: "The Relationship between Environmental Commitment and Managerial Perceptions of Stakeholder Importance", *The Academy*

of Management Journal, January.

[157] 陈宏辉,贾生华:《企业利益相关者的利益协调与公司治理的平衡原理》,《中国工业经济》2005年第8期。

[158] 柯武刚,史漫飞:《制度经济学》,商务印书馆2002年版。

[159] Suchman MC, 1995:"Managing Legitimacy: Strategic and Institutional Approaches", Academy of Management Review, March.

[160] Xiong Jing, Liu Guoying, Liu Yongge, Liu Mengting, 2021: "Oracle Bone Inscriptions Information Processing Based on Multi-modal Knowledge Graph", Computers and Electrical Engineering, August.

[161] Wang Peng, Zhou Jing, 2021: "JECI++: A Modified Joint Knowledge Graph Embedding Model for Concepts and Instances", Big Data Research, December.

[162] An Bo, Han Xianpei, Fu Cheng, Sun Le, 2021: "Retrofitting Soft Rules for Knowledge Representation Learning", Big Data Research, November.

[163] Abu-Salih Bilal, 2021:"Domain-specific Knowledge Graphs: A Survey", Journal of Network and Computer Applications, February.

[164] Ji Shaoxiong, Pan Shirui, Cambria Erik, Marttinen Pekka, Yu Philip S, 2021:"A Survey on Knowledge Graphs: Representation, Acquisition, and Applications.", IEEE transactions on neural networks and learning systems, September.

[165] Wang Zikang, Li Linjing, Zeng Daniel, Wu Xiaofei, 2021: "Incorporating Prior Knowledge from Counterfactuals into Knowledge Graph Reasoning", Knowledge-Based Systems, March.

[166] 徐增林,盛泳潘,贺丽荣,王雅芳:《知识图谱技术综述》,《电子科技大学学报》2016年第4期。

[167] 刘越,张露梅:《国有企业改革研究的知识图谱:基于CiteSpace文献计量法》,《长春理工大学学报(社会科学版)》2021年第3期。

[168] 刘峤,李杨,段宏,刘瑶,秦志光:《知识图谱构建技术综述》,《计算机研究与发展》2016年第3期。

[169] 许巧仙,古安琪:《我国残疾人需求研究的知识图谱——基于Citespace的可视化分析》,《人口与社会》2021年第2期。

[170] 李洪波,史欢:《基于DEA方法的国内众创空间运行效率评价》,《华东经济管理》2019年第12期。

[171] 孙梦瑶,李雪灵:《外部孵化网络、资源搜寻与企业孵化器孵化能力》,《当代经济研究》2019年第12期。

[172] 黄嘉伟:《基于创业生态系统的众创空间孵化能力评价体系研究》,兰州理工大学,2018年。

[173] 迟永:《美国介入领土争端的行为——基于模糊集定性比较分析的解释》,《世界经济与政治》2014年第10期。

[174] Ito M, Gutiérrez K, Livingstone S, et al., 2013: "Connected Learning: An Agenda for Research and Design", *Digital Media & Learning Research Hub*, August.

[175] 王迷迷：《高校众创空间的组织构建与服务机制研究》，《信息技术与信息化》2016年第18期。

[176] Thomas Cleff, Klaus Rennings, 2012: "Are There Any First-mover Advantages for Pioneering Firms?: Lead Market Orientated Business Strategies for Environmental Innovation", *European Journal of Innovation Management*, April.

[177] Yli-Renko, H, Autio E, Sapienza H, 2001: "Social Capital, Knowledge Acquisition, and Knowledge Based Competitive Advantage in Technology-based Young Firms", *Strategic Management Journal*, November.

[178] 芦亚柯：《我国众创空间的运行模式、制度环境及制度创新策略》，《商业经济研究》2017年第4期。

[179] 王丽平，刘小龙：《价值共创视角下众创空间"四众"融合的特征与运行机制研究》，《中国科技论坛》2017年第3期。

[180] 周建，刘小元，方刚：《基于中国上市公司的CEO更替与公司治理有效性研究》，《管理学报》2009年第7期。

[181] Peng MW, Luo YD, 2000: "Managerial Ties and Firm Performance in Atransition Economy: the Nature of a Micro-macro Link", *Academy of Management Journal*, March.

[182] 高照军，武常歧：《制度理论视角下的企业创新行为研究》，《科学学研究》2014年第10期。

[183] 马小涵：《从众创空间看传统出版转型新机遇——以机械工业出版社为例》，《出版发行研究》2015年第5期。

[184] 孔栋，余艳，左美云：《孵化器对在孵企业提供的创业能力支持服务——单案例研究》，《技术经济》2019年第8期。

[185] 陈健峰：《高校创新创业孵化载体服务体系研究》，《营销界》2019年第52期。

[186] 张钦：《成都天府软件园创业场孵化能力提升研究》，电子科技大学，2018年。

[187] 高明：《英美创业型大学管理模式比较及启示》，东北大学，2012年。

[188] 张楠烨：《双创型电子商务实训基地管理模式及其评价研究》，桂林电子科技大学，2018年。

[189] 冯冰洁：《A科技企业孵化器服务能力评价研究》，陕西师范大学，2018年。

[190] 张粮瑞：《"双创"背景下国家大学科技园管理机制优化研究》，郑州大学，2019年。

[191] I Cirule, SA Maria Grama, I Ludviga, I Kreituss, 2017: "Open Innovation Strategies and Business Incubation Service Impact on the Success of Incubation", *EBSCO*, January.

[192] Lai WH, CC Lin, 2015: "Constructing Business Incubation Service Capabilities for Tenants at Post-Entrepreneurial Phase", *Journal of Business Research*, November.

[193] 张瑜：《大学生创业孵化基地建设模式发展瓶颈与对策》，《科技风》2020 年第 13 期。

[194] Smilor, RW, 1987: "Commercializing Technology Through New Business Incubators", *Social Science Electronic Publishing*, May.

[195] Fsten HL, 2016:"New Technology Based Firms and Their Survival: The Important of Business Networks, and Entrepreneurial Business Behaviour and Competition", *Local Economy*, March.

[196] 段术：《基于全面预算管理的 G 公司内部控制评价体系构建》，《财会学习》2019 年第 13 期。

[197] 孔原：《基于主成分分析法的我国科技孵化器有效性评价》，《中国商论》2017 年第 28 期。

[198] 蒋林强：《众创空间发展的绩效评价指标体系研究》，上海交通大学，2019 年。

[199] 杨继香：《武汉市应届毕业生就业区域选择及影响因素分析》，中南财经政法大学，2019 年。

[200] Sarker Suprateek, Sarker Saonee, Sahaym Arvin, Bjørn-Andersen Niels, 2012: "Exploring Value Cocreation in Relationships Between an ERP Vendor and its Partners: A Revelatory Case Study", *MIS Quarterly*, January.

[201] 薛红志，张玉利：《互补性资产与既有企业突破性创新关系的研究》，《科学学研究》2007 年第 1 期。

[202] Rihoux, Benoît, 2006: "Qualitative Comparative Analysis (QCA) and Related Systematic Comparative Methods: Recent Advances and Remaining Challenges for Social Science Research", *International Sociology*, May.

[203] 杜运周，贾良定：《组态视角与定性比较分析(QCA)：管理学研究的一条新道路》，《管理世界》2017 年第 6 期。

[204] Fiss Peer C., Marx Axel, Rihoux, Benoît, 2014:"Comment: Getting QCA Right", *Sociological Methodology*, January.

[205] 张明，杜运周：《组织与管理研究中 QCA 方法的应用：定位、策略和方向》，《管理学报》2019 年第 9 期。

[206] Leppänen PT, McKenny AF, Short J. C, 2019:"Qualitative Comparative Analysis in Entrepreneurship: Exploring the Approach and Noting Opportunities for the Future", *Research Methodology in Strategy and Management*, November.

[207] Benoît Rihoux, Charles C. Ragin, 2009: *Configurational Comparative Methods Qualitative Comparative Analysis QCA and Related Techniques*, Thousand Oaks, Sage.

[208] 张承龙和夏清华：《我国非上市大学衍生企业治理结构与企业绩效间关系的实证分析——基于全国样本》，《技术经济》2012 年第 1 期。

[209] 余绍忠：《创业绩效研究评述》，《外国经济与管理》2013 年第 2 期。

[210] 王小燕:《广东省科技企业孵化器服务支持对企业绩效在孵企业绩效影响研究》,华南理工大学,2018年。

[211] Borman WC, & Motowidlo SJ, 1997: "Task Performance and Contextual Performance: The Meaning for Personnel Selection", *Hunan Performance*, October.

[212] 沈超红,罗亮:《创业成功关键因素与创业绩效指标研究》,《中南大学学报(社会科学版)》2006年第2期。

[213] Allen D, & Rahman S, 1985: "Small Business Incubators: A Positive Environment for Entrepreneurship", *Journal of Small Business Management*, April.

[214] Michael Schwartz, 2013: "A Control Group Study of Incubators' Impact to Promote Firm Survival", *The Journal of Technology Transfer*, November.

[215] 张振刚,薛捷:《中国科技企业孵化器的现状及潜在问题分析》,《中国科技论坛》2004年第2期。

[216] 王红卫:《科技企业孵化器服务创新对孵化企业绩效影响研究》,浙江大学,2008年。

[217] 曾小静:《小微企业创业孵化基地企业化运行模式及推进策略研究》,重庆大学,2016年。

[218] 李哲淼:《辽宁小微企业创业基地模式研究》,西安建筑科技大学,2016年。

[219] Baker T, Miner AS, Eesley DT, 2003: "Improvising Firms: Bricolage, Account Giving and Improvisational Competencies in the Founding Process", *Research Policy*, February.

[220] 刘昱熙:《企业绩效评价体系创新研究》,湘潭大学,2004年。

[221] Brouthers KD and Bakos G, 2004: "SME Entry Mode Choice and Performance: Transaction Cost Perspective", *Entrepreneurship Theory and Practice*, March.

[222] Kaplan RS, Norton DP, 2001: *The Strategy Focused Organization How Balanced Scorecard Companies Thrive in the New Competitive Environment*, Boston, Harvard business.

[223] Zahra S A, 1996: "Technology Strategy and Financial Performance: Examining the Moderating Role of the Firm's Competitive Environment", *Journal of Business Venturing*, March.

[224] Wiklund, Johan, Shepherd, DEAN, 2003: "Knowledge-based Resources, Entrepreneurial Orientation, and the Performance of Small and Medium-sized Businesses", *Strategic Management Journal*, Thirteen.

[225] 马马度:《领导风格、创业导向与创业绩效关系实证研究——以中国东北地区中小企业为例》,吉林大学,2014年。

[226] 李恒光:《我国科技产业、孵化器(TBI)的经营定位、发展战略及模糊评价》,《华东经济管理》2008年第1期。

[227] 张景安:《加强新时期火炬计划工作的新举措》,《中国科技产业》2001年第1期。

[228] 冯海红,曲婉:《社会网络与众创空间的创新创业——基于创业咖啡馆的案例研究》,《科研管理》2019年第4期。

[229] 吴文清,张海红,赵黎明:《科技企业孵化器与创投竞合模型及演化》,《系统管理学报》2016年第25期。

[230] 朱秀梅,陈琛,蔡莉:《网络能力、资源获取与新企业绩效关系实证研究》,《管理科学学报》2010年第4期。

[231] 聂庆婷:《沈阳市青年创业基地建设研究》,大连理工大学,2017年。

[232] 徐天瑜:《上海市众创空间国际化服务能力对创业绩效的影响研究》,东华大学,2017年。

[233] 段志勇,黎尔平:《企业孵化器知识服务对在孵企业创新绩效的影响》,《学术论坛》2019年第6期。

[234] 唐明凤,王艳,李翠文,董路:《科技企业孵化器增值服务对知识创造过程影响的实证研究》,《软科学》2016年第6期。

[235] 曾境舒:《湘潭大学生科技创业园创新创业服务体系完善研究》,湘潭大学,2018年。

[236] 温梦源:《基于生存分析法的广东省企业孵化器孵化绩效研究》,华南理工大学,2018年。

[237] 颜振军,侯寒:《中国各省份科技企业孵化器运行效率评价》,《中国软科学》2019年第3期。

[238] Jin-Liao He, Hans Gebhardt, 2014: "Space of Creative Industries: A Case Study of Spatial Characteristics of Creative Clusters in Shanghai", *European Planning Studies*, November.

[239] 刘成梅:《孵化器影响高层次人才创业绩效的机理研究》,《未来与发展》2017年第2期。

[240] 袁剑锋:《孵化网络嵌入、创新行为与在孵企业绩效关系研究》,华南理工大学,2019年。

[241] Lévi-Strauss C, 1968: *The Savage Mind*, Chicago, University of Chicago Press.

[242] Baker T, Nelson RE, 2005: "Creating Something from Nothing: Resource Construction through Entrepreneurial Bricolage", *Administrative Science Quarterly*, March.

[243] 王兆群,胡海青,张丹,张琅:《环境动态性下创业拼凑与新创企业合法性研究》,《华东经济管理》2017年第10期。

[244] 于晓宇,李雅洁,陶向明:《创业拼凑研究综述与未来展望》,《管理学报》2017年第2期。

[245] Rönkkö M, Peltonen J, Arenius P, 2013: "Selective or Parallel? Toward Measuring the Domains of Entrepreneurial Bricolage", *Advances in Entrepreneurship, Firm Emergence and Growth*, March.

[246] 赵兴庐,张建琦,刘衡:《能力建构视角下资源拼凑对新创企业绩效的影响过程研究》,《管理学报》2016年第10期。

[247] 张红:《创业学习对新创企业商业模式创新的影响:有调节的中介效应》,吉林大学,2017年。

[248] 张宇驰:《创业拼凑、创业警觉性与创业机会识别关系的实证研究》,安徽财经大学,2018年。

[249] 祁明,钟玮仪:《众创空间综合服务能力探讨及其三维评价标准的构建》,《现代商业》2019年第1期。

[250] 李燕萍,陈武:《中国众创空间研究现状与展望》,《中国科技论坛》2017年第5期。

[251] 宋晶,陈劲:《创业者社会网络、组织合法性与创业企业资源拼凑》,《科学学研究》2019年第1期。

[252] 彭伟,于小进,等:《资源拼凑、组织合法性与社会创业企业成长——基于扎根理论的多案例研究》,《外国经济与管理》2018年第12期。

[253] 梁琳,刘先涛:《基于孵化功能的企业孵化器孵化能力评价指标体系设计》,《科技与管理》2005年第4期。

[254] Senyard JM, Baker T, Davidsson P, 2009:"Entrepreneurial Bricolage: Towards Systematic Empirical Testing", *Thin Walled Structures*, April.

[255] 陈奇,郑玉华,洪珈珈,余忠:《基于CMM的众创空间服务能力评价研究》,《科技管理研究》2018年第20期。

[256] Becker-Blease JR, Sohl, et al., 2015:"New Venture Legitimacy: the Conditions for Angel Investors", *Small Business Economics*, April.

[257] Han SY, Yoo J, Zo H, et al., 2017:"Understanding Makerspace Continuance: a Self-Determination Perspective", *Telematics & Informatics*, April.

[258] 杨楠:《众创空间的运行机制与发展策略研究》,《商学研究》2018年第6期。

[259] 许慧珍:《平台视角下众创空间商业模式研究》,《商业经济研究》2017年第13期。

[260] 朱晓霞,王成亮,孟建芳,等:《"三链"融合下网络协同制造下企业合作竞争机制研究》,《现代制造工程》2019年第7期。

[261] 曹霞,张路蓬:《环境规制下企业绿色技术创新的演化博弈分析——基于利益相关者视角》,《系统工程》2017年第2期。

[262] 何海龙,李明琨:《有限管制下快递包装逆向物流三方博弈行为分析》,《工业工程与管理》2021年第1期。

[263] 曹霞,邢泽宇,张路蓬:《政府规制下新能源汽车产业发展的演化博弈分析》,《管理评论》2018年第30期。

[264] Carsten Q. Schneider, Claudius Wagemann, 2012: *12-Looking back, looking ahead, Set-Theoretic Methods for the Social Sciences*.

[265] Friedman D, 1991:"Evolutionary games in economics", *Econometrica*, March.

[266] 李燕萍,陈武:《基于扎根理论的众创空间发展质量评价结构维度与指标体系开发

研究》,《科技进步与对策》2017年第24期。

[267] 张玉利,白峰:《基于耗散理论的众创空间演进与优化研究》,科学学与科学技术管理》2017年第1期。

[268] Roberto Hernández, Giuseppina Carrà, 2016: "A Conceptual Approach for Business Incubator Interdependencies and Sustainable Development", *Agriculture and Agricultural Science Procedia*, August.

[269] 王涛:《高校众创空间的发展定位与建设路径探微》,《南京理工大学学报(社会科学版)》2015年第5期。

[270] 项振海,黄哲,李志刚:《众创空间的内涵、功能搭建与机制——对广佛智城的实证》,《规划师》2016年第9期。

[271] 徐莉,方梓旭,张正午:《我国众创空间研究综述》,《科技广场》2017年第2期。

[272] 张路,薛昊,李琳:《众创空间发展现状及模式分析》,《江苏科技信息》2018年第11期。

[273] 韩国明,吕世高,刘壮:《论我国中小企业社会化服务体系治理的主体多元化——基于治理理论合作网络途径的研究视角》,《科技管理研究》2008年第5期。

[274] 杨遂全:《论民商法制创新与制度实验》,《民商法争鸣》2013年第9期。

[275] 赵观兵,张凤娇:《众创空间服务能力调节下新创企业资源拼凑对合法性的影响》,《科技与经济》2020年第7期。

[276] 张凤娇:《众创空间服务能力调节下新创企业资源拼凑对其合法性的影响研究》,江苏大学,2020年。

[277] deap 结果解释[R].百度文库 https://wenku.baidu.com/view/670770c1bbf67c1cfad6195f3 12b3169a551ea47.html,2022-4-13。

[278] 赵观兵,谢华彬:《价值链视角下众创空间多主体协同创新演化博弈分析》,《技术与创新管理》2022年第5期。

[279] 祝德凯:《对专业孵化器经营管理的几点认识》,《全国商情(经济理论研究)》2008年第5期。

[280] 宋昌峻:《内蒙古创客星空科技孵化器有限公司发展战略研究》,内蒙古大学,2018年。

[281] 焦文慧,廉晓敏:《军民融合领域知识产权双向转化实践问题分析与建议》,《航天工业管理》2019年第5期。

[282] 杨恩军:《众创空间平台下的中小企业股权融资研究》,西北农林科技大学,2016年。

[283] 辜胜阻,杨嵋,庄芹芹,吴华君:《规范发展股权众筹支持创业创新的战略思考》,《经济纵横》2016年第7期。

[284] 张璐:《众创空间:设服务专员和政府流动服务站》,《天津日报(第6版)》2015年第6期。

[285] 王涛,李明:《政府支持、信息通信技术与淘宝村发展动因研究——基于fsQCA的

实证分析》,《江苏农业科学》2021 年第 4 期。

[286] 张鹏:《知识产权强国建设思想形成、理论构成与实践证成研究》,《知识产权》2021 年第 10 期。

[287] Singh JV, Tucker DJ, House RJ, 1986:"Organizational Legitimacy and the Liability of Newness", *Administrative Science Quarterly*, February.

[288] Kevin M. Oliver, 2016:"Professional Development Considerations for Makerspace Leaders", *TechTrends*, May.

[289] Heather Moorefield-Lang, 2015:"Change in the Making: Makerspaces and the Ever-Changing Landscape of Libraries", *TechTrends*, March.

[290] 孙雪,任树怀:《基于知识创造的众创空间构建》,《合作经济与科技》2016 年第 2 期。

[291] Gry Agnete Alsos, Ulla Hytti, Elisabet Ljunggren, 2011:"Stakeholder Theory Approach to Technology Incubators", *International Journal of Entrepreneurial Behaviour Research*, June.

[292] Robbie fordyce, Luke Heemsbergen, Paul J. Mignone, Bjorn Nansen, 2015:"3D Printing and University Makerspaces: Surveying Countercultural Communities in Institutional Settings", http://www.researchgate.net/publication/284552079, 11-25.

[293] 国家发展和改革委员会:关于加快众创空间发展服务实体经济转型升级的指导意见[EB/OL]. http://jys.ndrc.gov.cn/xinxi/201602/t20160229_790959.html. 2016-02-14。

[294] 韩莹:《众创空间盈利模式分析》,《管理方略》2016 年第 1 期。

[295] Parviz Kafchehi, Kaveh Hasani, Arman Gholami, 2016:"The Relationship between Innovation Orientation and Strategic Typology in Business Firms", *International Journal of Knowledge-Based Organizations*(*IJKBO*), February.

[296] 项振海,黄哲,李志刚:《众创空间的内涵、功能搭建与机制》,《规划师论坛》2016 年第 9 期。

[297] 刘志迎,徐毅,洪进:《众创空间:从"奇思妙想"到"极致产品"》,机械工业出版社 2016 年版。

[298] 卢亚柯:《我国众创空间的运行模式、制度环境及制度创新策略》,《商业时代》2017 年第 4 期。

[299] 胡望斌,张玉利,杨俊:《同质性还是异质性:创业导向对技术创业团队与新企业绩效关系的调节作用研究》,《管理世界》2014 年第 6 期。

[300] Ron A, Rahul K, 2010:"Value Creation in Innovation Ecosystems: How the Structure of Technological Interdependence Affects Firm Performance in New Technology Generations", *Strategic Management Journal*, March.

[301] 李维安:《公司治理》,南开大学出版社 2001 年版。

[302] Gry Agnete Alsos，Ulla Hytti，Elisabet Ljunggren，2011：" Stakeholder Theory Approach to Technology Incubators"，*International Journal of Entrepreneurial Behaviour & Research*，June.

[303] 李克强：在第十一届夏季达沃斯论坛开幕式上的致辞[EB/OL].http://www.miit.gov.cn/n1146290/n1146392/c5705915/content.html,2017-06-27,科技部.2018年全国科技工作会议在京召开[EB/OL].http://www.most.gov.cn/ztzl/qgkjgzhy/2018/2018tpxw/201801/t20180110_130385.htm,2018-01-10。

[304] 国家统计局：统计上大中小微型企业划分办法(2017)[EB/OL].http://www.stats.gov.cn/tjgz/tzgb/201801/t20180103_1569254.html,2018-01-03。

[305] 钱平凡,李志能：《孵化器运作的国际经验与我国孵化器产业的发展对策》,《管理世界》2000年第6期。

[306] 赵夫增,丁雪伟：《基于互联网平台的大众协作创新研究》,《中国软科学》2009年第5期。

[307] Barney JB, 1997: "Firm Resource and Sustained Competitive Advantage"，*Journal of Management*，January.

[308] Shane S, Stuart T, 2002: "Organizational Endowments and the Performance of University Start-ups"，*Management Science*，January.

[309] 杜运周,张玉利：《新企业死亡率的理论脉络综述与合法化成长研究展望》,《科学学与科学技术管理》2009年第5期。

[310] 侯杰泰,温忠麟,成子娟：《结构方程模型及其应用》,教育科学出版社2004年版。

[311] 卫武,黄苗苗：《中国众创空间分布及其影响因素研究》,《武汉大学学报(哲学社会科学版)》2020年第6期。

[312] Mohamed H. Elmagrhi, Collins G. Ntim, Yan Wang, Hussein A. Abdou, Alaa M. Zalata, 2020: "Corporate Governance Disclosure Index-Executive Pay Nexus: The Moderating Effect of Governance Mechanisms"，*European Management Review*，January.

[313] 科技部火炬高技术产业开发中心：《中国火炬统计年鉴(2020)》,中国统计出版社2020年版。

附 录

附录一：制度创新对众创空间孵化
服务能力影响的调查问卷

本问卷旨在了解现期众创空间发展的制度环境以及在此环境下的众创空间孵化服务能力状况，以期提升众创空间的服务工作质量。非常感谢您在百忙中参与问卷调查，请根据贵公司的实际情况回答，只要是您的真实想法，就是最好的答案。第一部分只需在□内打"√"。第二、三部分则是选择填空（无特殊说明，均为单选）。

第一部分：贵公司的基本信息

请选择您认为最合适的一项，并在该项前的□内打上"√"或者在空格内填上实际信息				
贵公司所在基地名称					
贵公司成立时间	年　月	贵公司入住众创空间的时间		年　月
贵公司所属行业	□ 电子信息　□ 新材料和新能源　□ 生物医药　□ 软件 □ 节能产品和能源综合利用　　　　□ 电子商务 □ 现代农业　　　　　　　　　　　□ 其他（标注）			
贵公司现期发展阶段	□ 种子期（技术酝酿与发明阶段） □ 起步期（技术创新与产品试销阶段） □ 成长期（技术发展和生产扩大阶段） □ 成熟期（技术成熟与大规模生产阶段）			
企业员工人数	□ 1~50　　　　□ 51~100　　　□ 101~300 □ 301~1 000　 □ 1 001~2 000　□ 2 001人以上			
创业者信息	性　别	□ 男	□ 女	
^	创业时年龄	□ 25岁及以下　□ 26~30岁　□ 31~40岁 □ 41~50岁　　 □ 51岁及以上		
^	创业时学历	□ 初中及以下　□ 高中　　□ 专科 □ 本科　　　　□ 硕士　　□ 博士		

第二部分：众创空间的制度创新环境问卷

在贵企业曾经或者目前正在从事的创业活动过程中，请问您对享受到的扶持政策以及众创空间内部运营机制的看法，在以下方面的认同程度是怎样的？

	以下是相关的创业制度，请在右边选择栏填写其对众创空间创业服务能力的"重要性"的相应数字	很不重要	不重要	一般	重要	很重要	您的选择
外部制度环境创新	1. 政府为众创空间提供各类奖励和补助政策（场地、水电、网络等软硬件设施给予补助、创新创业项目和团队专项资金奖励等）	1	2	3	4	5	
	2. 政府为众创空间提供的税收优惠政策（针对相关进口设备的进口税收优惠政策、研发费用税前加计扣除政策）	1	2	3	4	5	
	3. 政府协同众创空间提出有关科技人员引进的政策（支持科技人员、院校与众创空间构建高效"产学研"的研发机制）	1	2	3	4	5	
	4. 促进军民技术双向转化政策（大力推进军民标准通用化，引导民用领域知识产权在国防和军队建设领域运用等）	1	2	3	4	5	
	5. 提出有效调动企业参与众创空间的激励政策（符合相关规定的众创空间入孵企业可享受研发费用加计扣除政策等）	1	2	3	4	5	
内部治理制度创新	6. 形成可持续的众创空间盈利模式（产业协同；物业使用权、产权置换创业公司的股权；对种子公司直接融资获利等）	1	2	3	4	5	
	7. 实行健全的众创空间管理制度（完善的管理服务手册、入驻条件和毕业条件相关规定详尽）	1	2	3	4	5	
	8. 建立有效的众创空间运行机制（明确空间主题，引导专业发展；强化多元合作，打通出路体系等）	1	2	3	4	5	
	9. 构建稳定的众创空间组织结构（总经理、项目招商部、产业服务部、综合服务部、物业管理部、信息部等）	1	2	3	4	5	
	10. 实行完善的众创空间监管体制，量化考核评价指标体系（建立包括社会贡献能力、服务能力、成长能力三部分的评价指标体系；注重服务机构标牌、入驻企业标牌等）	1	2	3	4	5	

续表

此外,您认为众创空间的快速发展还需要哪些必要扶持政策?请列出:

第三部分:众创空间孵化服务能力问卷

在贵企业曾经或者目前正在从事的创业活动过程中,请问您对所处的众创空间的孵化服务提供,在以下方面的认同程度是怎样的?

	以下是众创空间的孵化服务能力,请在右边选择栏填写其对众创空间入孵企业发展"重要性"的相应数字	很不重要	不重要	一般	重要	很重要	您的选择
空间及设施服务能力	1. 众创空间能够提供基础的办公场所及设施(提供计算机、会议室、办公室、传真机、电话、宽带网络等)	1	2	3	4	5	
	2. 众创空间能够提供先进的公共技术性设施(3D打印、原型开发设备、机械加工设备等)	1	2	3	4	5	
	3. 众创空间能够提供舒适的公共服务性设施(食堂、咖啡厅、休息室等公共休闲场所,停车场等)	1	2	3	4	5	
基础服务能力	4. 众创空间自身具备专业高效的管理服务(丰富管理经验或创业经验的管理人员、专业的科技人员、创业项目咨询等)	1	2	3	4	5	
	5. 众创空间具有协调处理工商和税务的服务(新企业申报、工商注册、登记,财税法务代理等服务)	1	2	3	4	5	
	6. 众创空间具有基础性的物业服务(及时满足企业对水、电、暖气等需求;邮寄、电话系统或电话应答等)	1	2	3	4	5	
	7. 众创空间具有方便快捷的社交服务(组织全国众创空间洽谈会、研讨会,众创空间内部沙龙、网上论坛等)	1	2	3	4	5	

续表

	以下是众创空间的孵化服务能力,请在右边选择栏填写其对众创空间入孵企业发展"重要性"的相应数字	很不重要	不重要	一般	重要	很重要	您的选择
增值服务能力	8. 众创空间能够提供专业高效的企业管理咨询服务(战略规划、市场调查、会计、人才招聘等)	1	2	3	4	5	
	9. 众创空间能够提供高质量的企业技术支持服务(计算机、产品与工艺设计、新产品试制,立项及技术鉴定等)	1	2	3	4	5	
	10. 众创空间能够提供安全保障的企业资金融通服务(天使基金、商业银行贷款、信用担保机构、风投等)	1	2	3	4	5	
	11. 众创空间能够提供全面高效的企业信息技术服务(先进的程序、信息中心,管理信息系统,外部网络资源等)	1	2	3	4	5	
	12. 众创空间能够提供高效优质的法律咨询服务(法律建议、专利协助、知识产权保护、合同审查等)	1	2	3	4	5	
此外,您认为众创空间还有哪些其他已经提供的服务也很重要?请列出:							

附录二：治理结构对众创空间孵化服务能力影响的调查问卷

感谢您参与此次的问卷调查！本次调查的目的是对众创空间的发展和运营进行相应的了解，深入研究其结构治理和孵化服务能力的发展状况，以提升众创空间的孵化服务能力，推动双创事业更好地发展。

课题组承诺所有数据仅用于社会调查研究，为您的回答保密，感谢配合！

注意事项：

1. 请根据您的真实意向作答，所有答案无对错之分；
2. 请在第一部分问卷内打"√"，第二、三部分问卷填写数字即可。

一、贵公司信息

请在您认为合适的□内打"√"			
贵公司建立时间	年 月	贵公司入驻众创空间时间	年 月
贵公司所处行业类型	□ 农业　□ 娱乐行业　□ 文化行业　□ 批发业 □ 零售业　□ 仓储业　□ 住宿业　□ 餐饮业 □ 软件和信息技术服务业　□ 租赁和商务服务业 □ 其他行业		
贵公司人数	□ 1~10人　□ 11~30人　□ 31~50人 □ 51~80人　□ 81人		
贵公司目前发展阶段	□ 筹备期　□ 起步期　□ 成长期 □ 成熟期　□ 转型期　□ 衰退期		
注册资本	□ 10万以内　　　　　　　　□ 11万~100万(不包含) □ 101万~200万(不包含)　□ 201万~500万(不包含) □ 501万~1 000万(不包含)　□ 1 001万及以上		
创业人员基本情况	性别	□ 男　　　□ 女	

续表

创业人员基本情况	年龄	☐ 22岁以下　☐ 22~30岁　☐ 31~40岁 ☐ 41~50岁　☐ 50岁以上
	学历	☐ 初、高中、职高　　☐ 专科 ☐ 本科　　☐ 硕士　　☐ 博士及以上

二、众创空间结构治理问卷

请贵公司对以下方面的认同程度予以评价：

	请在右边栏填写其对众创空间治理结构的"重要程度"的相应数字	很不重要	不太重要	一般	重要	很重要	您的选择
外部治理结构	1. 资本治理：众创空间有多方投资者的联系网络，政府稳定的融资渠道支持	1	2	3	4	5	
	2. 政策法规：政府对众创空间提供利于入孵企业发展的政策和法规，并在政策上协助众创空间的发展	1	2	3	4	5	
	3. 人才吸引：政府出台引进人才进入众创空间的福利政策，吸引高端人才进入众创空间	1	2	3	4	5	
内部治理结构	1. 管理体系：众创空间根据自身发展情况，各部门配合情况以及入孵企业的需求，制定高效有序的管理体系	1	2	3	4	5	
	2. 支撑平台：众创空间平台高效便捷，与多方对接，入孵企业可在平台上了解信息，进行咨询，申请众创空间帮助等	1	2	3	4	5	
	3. 人才建设：众创空间重视内部员工的培训，重视员工的服务能力，并且制定考核标准，以监督员工的自身发展和工作效率	1	2	3	4	5	
	4. 发展战略：众创空间根据运行现状和前景展望，制定发展战略，提升众创空间服务质量，并对入孵企业的发展起到带动引领作用	1	2	3	4	5	
其他意见：							

三、众创空间孵化服务能力问卷

请贵公司对以下方面的认同程度予以评价：

请在右边栏填写其对众创空间孵化服务能力的"重要程度"的相应数字		很不重要	不太重要	一般	重要	很重要	您的选择
基础孵化能力	1. 硬件设施：众创空间的办公场地、办公设施设备、公共环境、网络环境、交通、通讯的配备情况	1	2	3	4	5	
	2. 文化氛围：众创空间各入孵企业对待创新创业的积极态度，众创空间内部对创新创业氛围的烘托以及对初创者相关知识的普及	1	2	3	4	5	
	3. 沟通支持：在入孵企业的孵化进程中，协助入孵企业与政府部门沟通，完成与政府部门对接的流程	1	2	3	4	5	
综合服务能力	1. 人才培养能力：培养创业者的创新思维，教授相应的创业知识，进行路演辅导，并举办多种创业交流活动	1	2	3	4	5	
	2. 技术支持能力：众创空间为入孵企业提供仪器设备、数据信息，帮助入孵企业进行技术查新等服务	1	2	3	4	5	
	3. 市场评估能力：对入孵企业在孵化中产生的产品或服务进行评估，提供进入市场的可行性建议	1	2	3	4	5	
	4. 关系网络连接：为入孵企业与众创空间内部其他企业建立联系网络	1	2	3	4	5	
增值服务能力	1. 广告营销：对接广告服务公司，为入孵企业提供广告宣传和其他营销手段	1	2	3	4	5	
	2. 法律服务：与律师事务所等机构进行对接，为入孵企业提供合同审核、专利保护、法务帮助等服务	1	2	3	4	5	
	3. 融资能力：与商业银行、保险基金等机构进行对接，帮助入孵企业获得安全稳定的金融服务	1	2	3	4	5	
	4. 专业咨询：与双创专业人士对接，为企业提供创业指导服务，搭建咨询桥梁	1	2	3	4	5	

续表

其他意见：

附录三：众创空间孵化服务能力对新创企业创业绩效影响的调查问卷

本次问卷意图了解众创空间孵化服务能力对新创企业绩效的影响,以期提高小微企业绩效。感谢您能够在百忙之中抽出时间来参与调查,请根据实际情况填写本次问卷。第一部分只需在□内打"√",第二、三部分填写数字即可。

非常感谢您的配合,祝您事业顺利!

第一部分：公司基本情况

企业成立时间	年 月 日		企业入驻时间	年 月
企业所属行业	□ 工业　□ 地产业　□ 金融业　□ 医疗　□ 商业 □ 互联网行业　　□ 其他			
企业员工总数	□ 1～5人　□ 6～10人　□ 11～20人　□ 21～50人 □ 50人以上			
企业所处阶段	□ 初创期　□ 成长期　□ 成熟期　□ 转型期　□ 其他			
个人信息	性别	□ 男　　□ 女		
	年龄	□ 25岁及以下　　□ 26～30岁 □ 31～40岁　　　□ 40岁以上		
	学历	□ 初中及以下　□ 高中　□ 专科 □ 本科　　　　□ 硕士　□ 博士		

第二部分：众创空间孵化服务能力问卷

众创空间具有多重服务,各项服务对新创企业的发展都会造成一定的影

响,请您根据实际情况和真实想法,对以下各项服务重要性进行选择:

题 项		非常不重要	不重要	一般	重要	非常重要	您的选择
基础服务	提供办公场所、会议室会客厅、计算机等基础设备以及休闲场所	1	2	3	4	5	
	提供企业共享和使用的公共物品及物业服务,包括医疗卫生、照明用具、消防设施、设施设备的维修、养护和管理、卫生的清扫、管道的疏通以及绿化设施的管理、日常安全巡查、车辆的停放	1	2	3	4	5	
	帮助企业与相关部门交涉、办理工商、税务、营业执照等相关证件	1	2	3	4	5	
增值服务	提供专业的法律法规、财务、运营、管理决策等方面的咨询服务	1	2	3	4	5	
	提供企业管理与技术开发、人才招聘、法律与金融知识等培训	1	2	3	4	5	
	引进天使投资、银行贷款等并提供担保服务	1	2	3	4	5	
专业服务	拓宽营销渠道、开拓市场、塑造品牌知名度	1	2	3	4	5	
	为企业项目申报、技术研发提供专业指导、设立企业技术交流平台	1	2	3	4	5	
	提供产品或服务创新设计、工艺设计等资源,优化生产方式、改进生产设备、设计专业化的生产流程	1	2	3	4	5	
	提供有关的政策信息、市场信息、产品发展动态等	1	2	3	4	5	

第三部分:新创企业绩效问卷

新创企业绩效可以划分为多个维度,本问卷将其划分为三大方面,并在三大方面中选取几项指标用于测量创业绩效,请您根据实际情况,对以下指标衡量创业绩效的认同度进行选择:

	题　　项	非常不重要	不重要	一般	重要	非常重要	您的选择
财务绩效	企业销售收入	1	2	3	4	5	
	企业利润率	1	2	3	4	5	
	企业投资回报率	1	2	3	4	5	
	企业投资回报期	1	2	3	4	5	
	市场占有率	1	2	3	4	5	
成长绩效	员工人数增长率	1	2	3	4	5	
	市场增长率	1	2	3	4	5	
	销售额增长率	1	2	3	4	5	
	新市场开拓成功率	1	2	3	4	5	
创新绩效	新产品开发成功率	1	2	3	4	5	
	新产品上市周期	1	2	3	4	5	
	新型管理方法	1	2	3	4	5	